WESTEND

ABRAHAM MELZER

DIE ANTISEMITEN-MACHER

Wie die neue Rechte Kritik an der Politik Israels verhindert

WESTEND

Mehr über unsere Autoren und Bücher:
www.westendverlag.de

Die Deutsche Nationalbibliothek verzeichnet diese Publikation in der Deutschen Nationalbibliografie; detaillierte bibliografische Daten sind im Internet über http://dnb.d-nb.de abrufbar.

FSC
www.fsc.org
MIX
Papier aus verantwortungsvollen Quellen
FSC® C083411

ISBN 978-3-86489-183-0

Umschlaggestaltung: Buchgut, Berlin
Satz: Publikations Atelier, Dreieich
Druck und Bindung: CPI – Clausen & Bosse, Leck
Printed in Germany

Antisemitismus bedeutet, Juden zu hassen, nur weil sie Juden sind. Es ist purer Rassismus, wie auch der Rassist Schwarze hasst, nur weil sie schwarz sind. Alles Andere und Zusätzliche ist Interpretation.
Abraham Melzer, 1989

Der Antisemitismus gehört zur deutschen DNA, wie die Liebe (des Deutschen) zum Bier.
Henryk M. Broder, 2014

Vorurteile sind nicht das Problem. Erst wenn sie zu Aggressionen werden, sind sie gefährlich.
Anonyme Stimme im Blog

Der Antisemitismus ist enthalten im Anti-Israelismus oder Anti-Zionismus, wie das Gewitter in der Wolke.
Jean Amery, 1969

Meiner lieben Frau Helga gewidmet

Inhalt

Vorwort von Moshe Zuckermann 9

1 Wie ich ein Jude in Deutschland wurde 19

2 Was ist Antisemitismus? 43

3 2000 Jahre Antisemitismus? 53

4 Antisemitismus heute 69

5 Die Mär vom neuen Antisemitismus 85

6 Israel – nicht mein Land 97

7 Nicht in meinem Namen: der Zentralrat der Juden in Deutschland 127

8 Importierter Antisemitismus unter Flüchtlingen? 143

9 Mein Antizionismus 153

10 Mein Judentum 161

11 Broder, Brumlik & Co 169

12 Meine Fehde mit Micha Brumlik 193

13 Wie Günter Grass diffamiert wurde 205

14 Honestly Concerned 215

15 Das Simon Wiesenthal Center, Claude Lanzmann oder: der Antisemitismus-Vorwurf als Lachnummer 221

16 Israels Botschafter als Propagandist 231

17 Die Antideutschen und die Querfront zur Neuen Rechten 239

18 Zensur für Israel? 251

19 Haben Juden Anlass zur Sorge? 263

Epilog 273

Anhang 277

Literatur 281

Anmerkungen 283

Vorwort

Von Moshe Zuckermann, Tel Aviv, August 2017

Der Begriff »Antisemitenmacher« ist beredt. Er verweist auf ein absichtsvoll Konstruiertes in der Auffassung des Antisemitischen, mithin auf die ideologische Grundlage der instrumentalisierenden Verwendung des Begriffs. Darin liegt seine provokante Dimension. Denn während nach 1945 der rigorose Kampf gegen den Antisemitismus zum zivilgesellschaftlichen Auftrag geronnen ist, zu einem unhinterfragbaren Muss eingedenk dessen, was in Auschwitz geschah, indiziert »Antisemitenmacher«, dass diese Notwendigkeit auch zu fremdbestimmten Zwecken vereinnahmt und – vom eigentlichen Kampf gegen das zu Bekämpfende abweichend – in einer Weise eingesetzt werden kann, dass die emanzipative Ausrichtung des Kampfes gegen den Antisemitismus heteronom eingefärbt, mithin völlig ausgehöhlt werden mag.

Dass sich darin ein struktureller Verrat am wirklich notwendigen Kampf gegen den Antisemitismus vollzieht, ist an sich schon so verwerflich, dass man es bei der generellen Verurteilung des Phänomens der manipulativen Vereinnahmung belassen könnte. Da aber das Phänomen im deutschen politischen Diskurs mittlerweile die Dimensionen einer Seuche angenommen hat, ist es notwendig, Motive und Gründe für die unbegreifliche Verbreitung dessen, was mittlerweile nichts anderes als eine perfide Verhunzung der vorgeblichen Gedenkemphase darstellt, zu erörtern. Zu zynisch sind die zunehmende Verhinderung von israelkritischen Veranstaltungen im deutschsprachigen Raum, die erzwungenen Raumverbote für deren Durchführung, die orchestrierten Besudelungs- und Verleumdungskampagnen im Internet und die daraus folgende Unterwanderung der freien Meinungsäußerung und des legitimen politischen Kampfes, als dass man diese Erscheinungen indifferent hinnehmen und zur Tagesordnung übergehen könnte. Das, unter anderem, macht die hohe Relevanz des vorliegenden Bandes aus.

Das Aufkommen der Antisemitenmacher und die seuchenartige Verbreitung ihrer öffentlichen Praxis wurzelt in den Motivationen verschiedener, vom Ziel her freilich miteinander verbandelter Gruppen bzw. sozialen und politischen Sphären, die idealtypisch wie folgt charakterisiert werden können. Da wären zunächst die jüdischen Gemeinden in Deutschland. Diese fristen noch seit der BRD-Nachkriegszeit ein prekäres jüdisches Dasein, denn nicht nur sahen sie sich zu Beginn als nicht zu Deutschland gehörig (legendär ist das Postulat vieler ihrer damaligen Mitglieder, sie säßen »auf den Koffern«, will heißen: sie sähen weder ihre eigene noch die Zukunft ihrer Kinder in Deutschland), sondern sie mussten es auch hinnehmen, dass sie unter allen diasporischen Gemeinden der Welt in den Augen fast aller jüdischen Israelis als die schändlichsten galten: Wie können Juden nach der Shoah im Land der Täter leben? – fragte man, wobei freilich in der Frage selbst schon eine Art zionistische Selbstvergewisserung angelegt war. Nicht zuletzt dieser jüdische »Blick von außen« generierte die Grundmatrix eines latenten Schuldgefühls unter den in der alten Bundesrepublik lebenden Juden. Denn selbst wenn sie nicht dezidiert zionistisch ausgerichtet waren, mussten sie sich vor sich selbst eingestehen, dass sie, nahezu allesamt Holocaust-Überlebende aus dem osteuropäischen Raum, mit ihrem schieren Dasein in Deutschland eine lebensgeschichtliche Entscheidung getroffen hatten, die nicht nur in den Augen anderer Juden, sondern auch im eigenen Selbstverständnis eine Dimension moralischer Verworfenheit beinhaltete. Diese musste kompensiert werden, und nichts konnte dem dienlicher sein als eine rigorose Solidarität mit Israel. Es war absurd: Das Judenland, dem sie fremd waren und das sie zutiefst verachtete, weil sie ein diasporisches Leben im Land ihrer Verfolger gewählt hatten, gerann ihnen zur Projektionsfläche des Wettmachens ihrer ideologisch unannehmbaren Lebensentscheidung – Israelliebe als Entschädigung für die ideelle Unwirtlichkeit eines Lebens in Deutschland.

Schon in dieser Solidarität mit Israel der in Deutschland lebenden Juden sedimentierte sich, was der Zionismus ideologisch intendierte und den in der Diaspora lebenden Juden einzubläuen trachtete: die Gleichsetzung von Judentum, Zionismus und Israel als einer nicht auseinanderzudividierenden Triade. Mochten sich die zweite und dritte Generation der in Deutschland lebenden Juden in ihren realen Lebenswelten nach und nach noch so etabliert haben und ihr Dasein in Deutschland für legitim erachten, die ideologische (wohl auch kollektiv-psychisch zu erklärende) Verinnerlichung des Konnex von Judentum – Zionismus – Israel hatten sie solchermaßen vollzogen, dass sie auch zu dezidierten Platzhaltern der negativen Umkehrung der ideologischen Vermengung avancierten, namentlich der bewusst undifferenzierten Gleichsetzung von Antisemitismus, Antizionismus und Israelkritik.

Dazu eine generelle Randbemerkung: Es ist zwar müßig und doch immer wieder erforderlich, nachzuweisen, dass Antizionisten (mitunter auch Israelkritiker) zwar von Antisemitismus angetrieben sein können, Antisemitismus, Antizionismus und Kritik an Israel jedoch strikt voneinander zu unterscheiden sind, wenn man nicht in die Falle hineintappen möchte, den Antisemitismus-Vorwurf heteronom zu funktionalisieren. Antizionistisch eingestellte (orthodoxe oder kommunistische) Juden sind nicht ihrer Gesinnung wegen schon antisemitisch; ausgepichte Antisemiten können sich ohne Weiteres als prozionistische Israelfreunde erweisen; Israelkritiker – jüdisch oder nicht – dürfen den Anspruch erheben, nach dem Sachgehalt ihrer Kritik und nicht anhand fremdbestimmter Zuschreibungen beurteilt zu werden. Müßig ist es aber deshalb, dies Selbstverständliche immer wieder hervorzuheben, weil der Antisemitismus-Vorwurf längst schon zur ideologischen Waffe verkommen ist, mit der jegliche Kritik an Israel entschärft werden soll, wenn sie ans Eingemachte geht: an die nicht mehr von der Gesamtausrichtung des zionistischen Staates zu trennende Politik, welche nicht nur das an den Palästinensern begangene historische Unrecht perpetuiert, sondern den zionistischen Staat selbst in den historischen Abgrund treibt. Mit dem Antisemitismus argumentierende Israelapologeten verkennen dabei vollends, dass sie einer Politik das Wort reden, die deshalb als antizionistisch zu werten ist, weil sie den geschichtlichen Fortbestand des zionistischen Staates, mithin des gesamten zionistischen Projekts, im Innersten infrage stellt.

Es ist nun in diesem Zusammenhang, dass die anderen Gruppen bzw. Sphären der instrumentalisierenden Verwendung des Antisemitismus-Vorwurfs anzuvisieren sind. Denn die jüdischen Gemeinden in Deutschland, welche selbst in enger Kooperation mit der israelischen Botschaft in Deutschland, indirekt also auch mit dem israelischen Außenministerium agieren, hätten in Deutschland nichts zu bestellen, wenn sie sich nicht von der offiziellen Israelpolitik Deutschlands und der nachgerade konsensuellen Ausrichtung auf Israel der hegemonialen Presse- und Medienlandschaft Deutschlands unterstützt wüssten.

Auch das hat seine spezifischen historischen Gründe. Denn das offizielle Verhältnis Deutschlands zu den Juden, an denen Deutsche Monströses verbrochen hatten, verdinglichte sich sehr bald nach 1945 zu einem interessengeleiteten Deal zwischen der BRD und dem jüngst errichteten Staat Israel: dem Wiedergutmachungsabkommen von 1952. Bezeichnend war dabei, dass Deutschland zwar auch Privatpersonen »entschädigte«, die Hauptreparation aber dem jungen Judenstaat zugutekommen ließ, einem Staat, der zum Zeitpunkt des Holocaust noch gar nicht existiert hatte, in einer Region fern dem Kontinent, auf dem die Monstrosität begangen worden war, gegründet wurde, und nicht zur neuen Heimat eines Großteils der überlebenden Opfer werden sollte. D.h., der partikularen zionistischen Ideologie entsprechend vollzog sich schon zu diesem frühen Zeitpunkt gleichsam staatsoffiziell-performativ besagte Gleichsetzung von Judentum, Zionismus und Israel. Es erübrigt sich hervorzuheben, dass von keinem der beiden Deal-Partner das

Factum brutum zur Kenntnis genommen wurde, dass nicht alle Juden Zionisten, nicht alle Zionisten Israelis und nicht alle Israelis Juden sind. Der Grund für den Abschluss des Deals bildeten, wie gesagt, kalkülbeseelte Interessen, welche ihrerseits nichts mit einer wie auch immer zu denkenden Gedenkemphase zu tun hatten: Angesichts der Blockbildung im Kalten Krieg waren die Westmächte, allen voran die USA, an einem starken westlichen Deutschland interessiert, das eine geopolitische Bastion gegen den Vormarsch des vom Osten kommenden Kommunismus bilden sollte. Hierfür war es notwendig, Deutschland seiner jüngsten verbrecherischen Vergangenheit durch Entnazifizierung zu entheben und in die »Völkergemeinschaft« zu integrieren. »Wiedergutmachung« – zumal in Form einer kalkulierbaren Materialisierung der Sühne – kam da der offiziellen Politik Deutschlands (nicht seiner Bevölkerung) wie gerufen, zumal sie als Vertrag zwischen Staaten einen formellen Status der Schuldabtragung, um nicht zu sagen: der Entschuldung, beanspruchen durfte. Israel seinerseits war am deutschen Geld in höchstem Maß interessiert – es galt, die Infrastruktur zur Aufnahme der riesigen, mehr als eine Million Menschen umfassenden Einwanderungswellen von orientalischen Juden in den 1950er-Jahren herzustellen. Dies vor allem mit dem Ziel, eine demografische Umgewichtung der nach dem 1948er-Krieg im neuen Israel entstandenen Lage, bei der gegenüber den nach Flucht und Vertreibung ca. 150 000 im Kernland Israel verbliebenen Palästinensern der Anteil der jüdischen Bevölkerung sich auf rund 650 000 belief.

Ein ideologisches Nebenprodukt dieses materiellen, von Interessen geleiteten Deals war die gleichsam stille Vereinbarung, dass Israel von der BRD stets auch politisch und diplomatisch unterstützt, mithin kaum je kritisiert werden würde. Gleiches galt für die deutschen Medien, und zwar nicht nur für die des Springer-Konzerns, bei dem die unabdingbare Israelsolidarität offizielles Postulat und praktisches Programm war. Weder die politische Klasse Deutschlands noch die hegemonialen Print- und elektronischen Medien würden sich bis zum heutigen Tag erlauben, eine rigorose Kritik an Israels Politik zu artikulieren, und wenn dies hier und da mal passiert, dann werden die Tabubrecher schnell zur Ordnung gerufen bzw. andere Offizielle der deutschen Politik (nach Israel) entsendet, um »die Wogen zu glätten«. Dieses Grundmuster hat sich seit Jahrzehnten kaum verändert, scheint sich vielmehr immer mehr verfestigt und radikalisiert zu haben. Dies ist umso bemerkenswerter, als sich in den letzten fünf Jahrzehnten einer barbarisch betriebenen Okkupation und der systematischen Knechtung der palästinensischen Bevölkerung durch ein brutales israelisches Besatzungsregime immer offensichtlichere Gründe für eine rigorose Kritik an Israel und die unumwundene Verurteilung seiner Politik generiert haben. Es ist nun aber in diesem Zusammenhang des unabweisbar sich Offenbarenden, dass man die Triade Judentum – Zionismus – Israel auf den Plan gerufen hat, um – in der perfiden manipulativen Umkehr – jede Kritik an Israel und seiner staatstragenden Ideologie des Zionismus kurzerhand als antisemitisch zu apostrophieren, mithin die Kritiker in jedweder Hinsicht in die Schranken zu weisen bzw. mundtot zu machen. Was zu Beginn noch als emanzipativer Auftrag postuliert wurde (die rigorose Bekämpfung des wahren Antisemitismus), ist zur ideologischen Waffe, mithin zum manipulativen Herrschaftsinstrument verkommen (der unbegründete Antisemitismus-Vorwurf zwecks Verhinderung einer erforderlichen Kritik am Unrecht).

Eine besondere Ausprägung dieser Konstellation der manipulativ-instrumentalisierten Verwendung des Antisemitismus-Vorwurfs bildet die Gruppe der sogenannten »Antideutschen«. Obgleich sie von der realen Anzahl ihrer erklärten Mitglieder eher eine verschwindende Minderheit darstellt, hat sie es zu einer solchen Perfektion ihrer perfiden Agitation gebracht, dass sie auf keinen Fall ignoriert werden darf. Denn ihr (Un-)Geist hat mittlerweile in studentischen Ausschüssen, in Zeitungsredaktionen, in parteilichen Verbänden und politisch agierenden außerparlamentarischen Gruppen Einzug gehalten, sodass man eher von einem Resonanzboden der ursprünglichen Ideologie als von ihren konkreten institutionellen Manifestationen zu reden hat. Ihren Ursprung hatte diese Ideologie in der nach 1989 als Reaktion auf die Vereinigung beider deutschen Staaten aufgekommenen Bewegung, die unter der Parole »Nie wieder Deutschland« ihr (damals noch emanzipativ gemeintes) »antideutsches« Selbstverständnis kritisch zu artikulieren begann. Schnell genug verabschiedete sie sich allerdings von ihren ehemals linken Impulsen – mit dem Zusammenbruch des Sowjetkommunismus fand ihr sogenannter Antifaschismus eine alternative, auf Deutschland sich beziehende Identitätskoordinate: Da Deutschland an Juden ein Menschheitsverbrechen begangen hatte, waren es nunmehr »Juden«, an denen man sich im eigenen Selbstverständnis orientierte. »Antideutsche« waren es auch, die die Gleichsetzung von Judentum – Zionismus – Israel nachgerade zur proklamierten Parole erhoben: Die Solidarität mit »Juden« projizierten sie nunmehr auf das zionistische »Israel«, hassten daher die Palästinenser und pseudokonsequent den Islam, sahen sich entsprechend auch als USA-solidarisch, weil sie in den USA die Hauptunterstützer von »Juden«, »Zionismus« und »Israel« erblickten, und so musste es kommen, dass sie die Reste ihrer ehemaligen linken Gesinnung zugunsten einer neokonservativ gefestigten Kapitalismusapologie abstreiften. Zur Parole geriet ihnen dabei auch im erwähnten Umkehrschluss der »Antisemitismus« beziehungsweise die Verfolgung von allem, was sie »antisemitisch« anmutete, zum ideologischen Fanal. Wenn es eine aus allertiefster deutscher Befindlichkeit handelnde Bewegung gibt, die als Antisemitenmacherin, ja als Inkarnation dieser ideologischen Praxis apostrophiert werden darf, dann sind es die »Antideutschen«.

Sie kennen dabei keine Grenzen, weder begrifflich vertretbare noch moralische: Alles, was sie sich zum Ziel ihrer »Antisemitismus-Bekämpfung« erkoren haben, ist ihrer hetzerischen Technik der Verleumdung, Besudelung und politischen Bezichtigung ausgesetzt. So verblendet sind sie dabei, so viel Lustgewinn scheinen sie auch bei ihren ideologischen Vernichtungsfeldzügen zu empfinden, dass sie jeden, den sie zum »Antisemiten« gemacht haben, akademisch, politisch oder sozial auszuschalten trachten; ja nicht einmal davor schrecken sie zurück, als deutsche Nachkommen der Tätergeneration, die sie nun einmal sind, kritische jüdische bzw. israelisch-jüdische Intellektuelle und Aktivisten, Kinder und Enkel von Shoah-Überlebenden, des »Antisemitismus« bzw. des »jüdischen Selbsthasses« zu bezichtigen. Wenige psycho-politische Degenerierungen können es mit dieser an Perversion aufnehmen.

Zur verlogenen Ideologie gerät dabei ihre echauffierte Agitation – letztlich aber die von allen hier erwähnten Gruppen betriebene »israelsolidarische« Aktivität – vor allem dadurch, dass »Juden« in ihr abstrahiert, der »Zionismus« enthistorisiert und »Israel« fern aller sozialen und politischen Realität dieses Landes als Kategorien verwendet werden. Weil »Juden« in »Israel« eine Zufluchtsstätte nach der Shoah gefunden haben, darf es keine Nakba der Palästinenser 1948 und keine nunmehr fünfzig Jahre währende Knechtung der Palästinenser durch Israels Okkupationspolitik gegeben haben. Der palästinensische Terror ist entsprechend gleichsam im luftleeren Raum entstanden. Dass die sozialen Klüfte in Israel bedrohlich zugenommen haben, das Land von ethnischen Konflikten und Spannungen in der Beziehung von säkularer Zivilgesellschaft und Religion gebeutelt ist, der Alltagsrassismus und andere Prozesse der Faschisierung bedenkliche Dimensionen angenommen haben – das alles tangiert die Israelsolidarisierer nicht sonderlich. Am schlimmsten (und entlarvendsten) ist jedoch ihre bewusste Ignorierung der historischen Sackgasse, in welche sich der Staat Israel über Jahrzehnte hineinmanövriert hat: Israel will offenbar weder die Zwei-Staaten-Lösung verwirklichen noch anerkennen, dass durch den selbst gewählten Fortbestand der Okkupation objektiv eine binationale Struktur entsteht, die – ob nun als binationaler Staat demokratisch offiziell abgesegnet oder, dies unterlassend, sich selbst zum Apartheidstaat erklärend – früher oder später zwangsläufig das Ende des zionistischen Staates zeitigen muss. Indem man sich aber mit einem solcherart ausgerichteten Israel solidarisiert, redet man nolens volens dem Untergang dessen, womit man sich vorgeblich solidarisiert, das Wort. Dieses Paradoxon ist bislang offenbar keinem der von abgründigen deutschen Befindlichkeiten umtgeriebenen Israelsolidarisierer auch nur zum Bewusstsein gelangt. Jene, die diese fundamentale Einsicht artikulieren, werden von ihnen schlicht als Antisemiten abgeschmettert.

Dass der Diskurs der in Deutschland agierenden Israelsolidarisierer mit der Matrix der politischen Kultur Israels (welche ihrerseits jegliche aus dem Ausland kommende Kritik am zionistischen Staat a priori als antisemitisch bewertet) korrespondiert, darf nicht darüber hinwegtäuschen, dass die heteronom bestimmten Antisemitenmacher allesamt einen Verrat begehen: einen Verrat am Kampf gegen den wirklichen Antisemitismus, einen Verrat an Israels realen politischen Interessen, einen Verrat an den durch diese schändliche Praxis Geschädigten, nicht zuletzt aber auch einen Verrat am Gedenken der historischen Opfer des Antisemitismus. Ihre Perfidie kontaminiert das, was historisch zum vordringlichen Gegenstand des emanzipativen Kampfes um eine Welt nach Auschwitz avanciert war. Die Antisemitenmacher sind ausgemachte Feinde dieses Kampfes.

1 Wie ich ein Jude in Deutschland wurde

Meine Eltern haben das Dritte Reich überlebt. Aber im Gegensatz zu vielen anderen Juden dieser Generation haben meine Eltern nicht in einem Konzentrationslager als Sklaven der Nazis überlebt, sondern als freie Menschen in der Sowjetunion, soweit man dort von Freiheit reden konnte. Sie lebten in Armut und Elend. Keiner hat ihnen dort irgendetwas geschenkt, aber es wollte sie dort auch keiner vergasen und verbrennen. Sie haben gearbeitet, gebettelt und sich irgendwie durchgeschlagen, manchmal auch mit Chuzpe – etwa, als mein Vater sich in Samarkand mit hohem Fieber aufgrund von Malaria in ein Krankenhaus begab. Es gelang ihm, den jüdischen Arzt dort zu überreden, ihn aufzunehmen, und dieser tat es nur deshalb, weil er überzeugt war, dass mein Vater die nächsten Tage ohnehin nicht überleben würde. »Sie haben recht, Herr Doktor«, sagte mein Vater, »aber ich würde gerne in einem Bett sterben.«

Doch er starb nicht. Als es ihm besser ging und der jüdische Arzt ihn aufforderte, das Bett freizugeben, da weigerte sich mein Vater mit der Begründung, es gehe ihm im Krankenhaus gut und er denke nicht daran, es zu verlassen. Es bedurfte eines Kuhhandels mit dem Arzt, dass mein Vater das Bett verließ. Dafür bekam er monatelang jeden Tag ein halbes Brot, um zu überleben. Der Arzt hielt sich an die Vereinbarung, obwohl das Vorgehen meines Vaters nichts anderes als eine Erpressung war.

Ich bin in Samarkand geboren. Diese Stadt, die man schon aus den Geschichten von Tausendundeiner Nacht kennt, liegt an der

Seidenstraße in Zentralasien, in der heutigen Republik Usbekistan. Als ich geboren wurde, gab es noch die große »Union der sozialistischen Sowjetrepubliken«, die »UdSSR«, und der Genosse Generalissimus Josef Stalin, die »Sonne der Völker«, herrschte dort uneingeschränkt. Man kann über Stalin viel sagen: Er war ein Diktator, ein Massenmörder und ein Menschenhasser, das steht außer Zweifel. Aber man muss ihm zugute halten, dass er viele Juden gerettet hat. Er hat sie nicht systematisch ermorden lassen wie Hitler, auch wenn er zuließ, dass Hunderttausende in den Gulags starben.

Die Bevölkerung in Samarkand, die Usbeken, besteht mehrheitlich aus sunnitischen Muslimen. Sie sprachen Usbekisch, aber das Arabische war ihnen auch geläufig. Meine Eltern nannten mich Abraham, in Erinnerung an einen Urgroßvater, der längst verstorben war. Die usbekischen Nachbarn nannten mich Ibrahim. Das war meine erste unbewusste Bekanntschaft mit der muslimischen Welt. Wie meine Eltern mir erzählten, gab es dort keine Feinde, keine Antisemiten, sondern nur bescheidene, arme und vom Regime verängstige Menschen, die in uns nichts mehr und nichts weniger als arme Flüchtlinge sahen und deshalb meiner Mutter von Zeit zu Zeit Milch, Reis und Brot für mich, den kleinen Ibrahim, abzweigten.

Mein Vater lief einmal einem Hund hinterher, der ein großes Stück Brot in der Schnauze hielt, und es gelang ihm, dem Hund dieses Stück Brot zu entwenden. Er brachte es stolz nach Hause und meine Mutter machte eine Brotsuppe daraus, hauptsächlich für mich. So wuchs ich heran, wusste nichts von dem Elend um mich herum und meine Eltern freuten sich, dass ich gesund und munter war.

Als ich kaum zwei Jahre alt war, wir befinden uns im Jahr 1947, beschloss die Jewish Agency, die provisorische Regierung in Palästina vor der offiziellen Gründung des Staates Israel, die Juden, die vor den Nazis in die UdSSR geflohen waren und nun hinter dem Eisernen Vorhang lebten, in den Westen zu bringen und schließlich nach Israel. Es war eine geheime Aktion, sie hieß »Habricha« (die Flucht) und wurde vom späteren ersten Botschafter Israels in der

Bundesrepublik, Asher Ben-Natan (1921–2014), organisiert. Auf unserem Weg gen Westen kamen wir durch viele zerstörte Städte, darunter auch Breslau – jene Stadt, in der meine Frau geboren und die im Krieg fast vollkommen zerstört wurde. Wenn ich an die Fotos der zerstörten Stadt Breslau denke, die ich später sah, dann denke ich daran, dass Breslau kein fester geografischer Ort ist, sondern überall dort sein kann, wo Menschen bombardiert werden und gezwungen sind, ihre Dörfer und Städte zu verlassen. Ich denke dann, dass Breslau auch in Gaza sein könnte und in all den Dörfern, die von ihren Bewohnern auf der Flucht verlassen werden mussten, und ich denke daran, dass Israel, mein Israel, heute noch behauptet, die Palästinenser seien »freiwillig« von dort geflohen. Es gibt in der Menschheitsgeschichte viele Beispiele für Vertreibungen, aber unsere tragische Geschichte gibt uns oder dem Staat Israel nicht das Recht, Land zu konfiszieren, Häuser zu zerstören, Olivenbäume, die von unzähligen Generationen gepflegt wurden, zu entwurzeln, um Lebensraum für alle Juden der Welt zu schaffen. Wer so etwas tut, verspottet die Shoah, denn genau das Gegenteil ist richtig. Und das sage ich als Sohn von Flüchtlingen, der selbst ein Flüchtling war.

In der Steiermark, in Österreich, sollte unsere Familie in einem Lager für »Displaced Persons« in Warteposition ausharren, bis Palästina in jüdische Hände übergegangen war und nur noch die Jewish Agency über Einwanderung bestimmen würde. Wir lebten etwa ein Jahr in diesem Lager in Admont, nicht weit von Graz. Dort wurde mein Bruder Zvi-Simon geboren. Mein Vater war in der Verwaltung des Lagers tätig und verantwortlich für die wöchentliche Zeitung, die auf Jiddisch erschien: »Admonter Hajnt – Cwejwochnzrift funem UNRRA-Lager Admond«[1]. Ich kann mich an diese Zeit nicht erinnern. Meine Erinnerung setzt eigentlich erst mit dem Verlassen des Lagers in Richtung Palästina ein, in der Hoffnung, dass sich das Land bis zu unserer Ankunft in Israel verwandelt haben würde. Über Triest schipperten wir auf einem klapprigen Seelenverkäufer bis vor die Küste Palästinas, bis vor die Einfahrt in den Hafen von Haifa. Es war der 10. oder 11. Mai 1948. Wir mussten noch ganze drei oder vier Tage außerhalb des Hafens warten, bis die englische Flotte an uns vorbeifuhr, vollgepackt mit den britischen Soldaten seiner Majestät König Georg VI., die nach 28 Jahren Herrschaft ihr »Mandatsgebiet« verließen.

Ankunft in Israel

Der jüdische Staat wurde gegründet und meine Familie und ich waren auf dem ersten Schiff, das in den nunmehr »jüdischen« Hafen von Haifa einfahren durfte. Dass es eigentlich ein arabisch-palästinensischer Hafen war, wusste ich damals natürlich nicht. Wir bekamen von der Regierung eine Wohnung zugewiesen, natürlich eine arabische Wohnung, in einer vorher rein arabischen Gegend. Als wir diese Wohnung betraten, unmittelbar nachdem die Araber von den israelischen Streitkräften vertrieben worden waren, fanden wir den Tisch noch gedeckt. Das nicht verzehrte Essen lag noch auf dem Tisch, den die Familie, die bis dahin dort lebte, in Eile wegen der Flucht verlassen musste. Ihr Haushalt kam uns jetzt zugute, denn wir hatten ja selbst nichts, schließlich waren wir ja auch Flüchtlinge. Auch wir hatten alles verloren und meine Eltern plagten jetzt ganz andere Sorgen, als sich über das Schicksal der arabischen Flüchtlinge Gedanken zu machen.

Ich machte mir sowieso keine Sorgen, ich war dafür zu klein. Ich ging in die Grundschule, natürlich auch eine ehemalige arabische Schule, aber keiner hat uns das damals gesagt. Darüber wurde nicht gesprochen, es war ein Tabu, als ob es die Araber niemals gegeben hätte. Zwar lebten in Haifa noch Araber, Palästinenser, die aus mir unbekannten Gründen nicht geflohen waren. Vielleicht hatten sie es nicht mehr geschafft, ein Schiff zu erreichen, das sie in den Libanon oder nach Gaza bringen sollte, vielleicht wollten sie ihre Heimat einfach nicht verlassen. Oder vielleicht waren sie geblieben, weil ein subalterner Offizier der neu gegründeten israelischen Armee Ben-Gurions Befehl zur ethnischen Säuberung aus ethischen Erwägungen nicht nachkommen wollte? Diesen Befehl gab es.

Zuweilen sahen wir Kinder Araber und verspotteten sie mit unserem Hohn und, ich muss es leider sagen, mit unserer Verachtung und sogar Hass. Wir sangen: »Arawi saken, masriach we misken.«, zu Deutsch: Alter Araber, er stinkt und ist bemitleidenswert. Es reimte sich, aber ich war mir der Bedeutung der Worte eigentlich nicht bewusst. Wir lernten in der Schule, diese Menschen zu verachten und zu hassen, weil sie unsere Feinde waren, obwohl sie uns persönlich nichts getan hatten. Wir hatten Angst, in die Gegenden zu gehen, in denen sie wohnten. Aber manchmal verirrte sich einer von ihnen in unsere »jüdische« Gegend, weil er Obst und Gemüse verkaufen wollte oder weil er auch nur sein Haus oder seine Wohnung sehen wollte, in der er vor der Vertreibung wohnte.

Am 2. Juni 1948 schrieb Israels erster Premier David Ben-Gurion an den damaligen jüdischen Bürgermeister von Haifa, Abba Chushi, über den britischen Konsul in Haifa, Ceyril Marriott: »Ich höre, dass Mr. Marriott für die Rückkehr der Araber nach Haifa sorgt. Ich weiß nicht, wieso das die Sache von Mister Marriott ist – aber bis zum Ende des Kriegs sind wir nicht daran interessiert, dass der Feind zurückkehrt. Alle Institutionen müssen nach dieser Linie handeln.« Nach dem Ende des Krieges war diese Rückkehr noch weniger erwünscht. So konnte keiner der Vertriebenen in sein Haus oder seine Wohnung zurückziehen. Der Staat Israel hat mit seiner Entstehung Palästina ausgelöscht. Hellsichtig schrieb Ben-Gurion bereits 1948 in einem Brief an seinen Sohn: »Bald werden wir der Welt nicht mehr ins Gesicht schauen können.«

Nach wenigen Jahren zogen wir in eine »bessere« Gegend, eine rein jüdische Gegend, wohin sich kein Palästinenser verirren konnte und tatsächlich auch nie verirrt hat. Es war ein vollkommen »weißer« Vorort von Haifa, wohin sich auch keine sephardischen Juden verirrten, die aus den arabischen Staaten stammten und für uns wie Araber aussahen. Sie kamen nicht, weil sie bei uns nichts zu suchen hatten, dort keine Verwandten wohnten und sie auch sonst niemanden kannten. Es war eine elitäre Gemeinschaft, rein jüdisch, wie in einem Ghetto.

In Israel wusste ich nicht, dass ich Jude bin. Ich war Israeli. Umso mehr wunderte ich mich, als ich Jahre später meinen ersten israelischen Personalausweis bekam und feststellen musste, dass als meine Nationalität dort »Jude« eingetragen war. Als ich später meinen Reisepass erhielt, konnte ich feststellen, dass man in Israel zwischen Nationalität und Staatsbürgerschaft unterschied. Meine Staatsbürgerschaft war israelisch, aber »Jude« blieb weiterhin meine Nationalität. Obwohl mein Vater nicht religiös war, sondern sozialistisch geprägt, lernten wir zwar die jüdischen Feiertage kennen, aber die Synagoge und alles, was damit zusammenhing, war uns fremd. Besonders liebte ich Ostern und da eigentlich nur den ersten Tag mit der Feier des »Seders«[2]. Das, was meine Mutter jedes Jahr vorbereitet hat, war für mich eine Köstlichkeit vom Feinsten. Noch heute bin ich verrückt nach Kneidlach, eine Art Knödel als Suppeneinlage, und was es sonst noch so gab. Ich wuchs frei auf, ohne Minderwertigkeitskomplexe und stolz darauf, Israeli zu sein, stolz auf Israel und alles, was damit zusammenhing.

In der Schule des Zionismus

In der Schule gingen wir in gemischte Klassen, Mädchen und Jungen lernten zusammen, und wir durften uns in den paramilitärischen Jugendorganisationen austoben. Davon gab es viele, denn jede der zahlreichen Parteien in Israel unterhielt ihre eigene Jugendorganisation, die sie entsprechend politisch beeinflusste. Ich war Mitglied bei den »Hamachanot Haolim«, einer zionistisch-sozialistischen Jugendbewegung, die sich für den Aufbau einer gerechten und gleichberechtigten Gesellschaft einsetzte und in Frieden mit ihren Nachbarn leben wollte. Diese Bewegung war 1926 gegründet worden. Einerseits war es eine strenge Kaderschule, andererseits bot sie uns ein Leben voller Abenteuer wie bei Tom Sawyer, es fehlte nur noch der Mississippi. Das erinnert mich an eine Begegnung mit einem schwarzen, anglikanisch-amerikanischen

Soldaten, der Anfang der 1950-Jahre nach Israel kam und unbedingt zum Jordan wollte. Er wusste nicht, dass der Jordan nicht mehr als fünf bis zehn Meter breit ist und sehr wenig Wasser führt. Als er am Ufer stand, konnte man ihm seine Überraschung und seine Enttäuschung am Gesicht ablesen, denn er war am Mississippi aufgewachsen und glaubte als gläubiger Christ, der Jordan müsse ein mächtiger Strom sein, viel mächtiger als der Mississippi. Wir haben alle viel gelacht damals.

In dem Vorort von Haifa besuchte ich die Volksschule und errang bei den Abschlussprüfungen sogar ein Stipendium für eine höhere Schule. Das konnte ich aber nicht mehr in Anspruch nehmen, weil mein Vater beschloss, nach Deutschland zurückzukehren, wo er bis 1933 gelebt hatte. Für meine Mutter war das ein Schock: Sie hatte ihre ganze Familie, fünf Schwestern und einen Bruder samt Eltern, Großeltern, Tanten, Onkel, Cousins und Cousinen in Auschwitz verloren – alle, fast die gesamte Verwandtschaft. Sie wollte in Israel bleiben, aber der Entschluss meines Vaters stand fest und war unumkehrbar. Er wollte zurück zur deutschen Literatur, zum deutschen Buch, zur deutschen Sprache, obwohl er ein viel besseres Hebräisch sprach als meine Mutter. An die abendlichen Diskussionen zwischen meinen Eltern kann ich mich noch gut erinnern. Doch es half alles nichts. Wir mussten alles Hab und Gut in eine große Kiste packen, und diese wurde nach Köln verschifft.

Viele Jahre später, als ich seine Memoiren las, die er auf seiner gebrauchten Erika-Schreibmaschine ins Papier eingehämmert hatte, musste ich feststellen, dass sich mein Vater in Israel nicht wohlgefühlt hatte, dass ihm der zunehmende Nationalismus, die vielen Fahnen, der blinde Gehorsam und die Propaganda, dass alle Welt uns Juden hassen würde, wie uns immer wieder eingetrichtert wurde, dass ihn all das an die Zeit vor der Machtübernahme durch die Nazis erinnerte. Meiner Beteiligung bei der paramilitärischen Jugendbewegung sah er missbilligend zu und flüsterte manchmal: »Die Hitlerjugend war auch nicht anders.« Und so war es nur konsequent, dass er die erste Gelegenheit, die sich ihm bot, nutzte, um das Land zu verlassen.

Vom Israeli zum Juden in Deutschland

Ich war damals dreizehn Jahre alt und für mich war alles ein Abenteuer: die Überquerung des Mittelmeers bis nach Genua und die Fahrt mit dem Zug quer durch die Alpen und die Schweiz, mit einer kurzen Pause und Aufenthalt bei Verwandten in Basel und dann weiter nach Köln. Als ich in Köln ankam und dort zur Schule ging, war ich plötzlich kein Israeli mehr. Ich wurde plötzlich zum Juden, ohne es bewusst gewollt zu haben. Ich lebte plötzlich ein anderes Leben. In der Schule wurde ich in der neuen Klasse als Abraham aus Israel vorgestellt – tatsächlich fühlte ich mich aber bereits als Abraham, der Jude.

Kaum hatte ich mich gesetzt, es war eine Geschichtsstunde, fragte der Lehrer: »Abraham, wir behandeln jetzt den dreißigjährigen Krieg. Kannst du mir sagen, wie lange er gedauert hat?«

»Von 1618 bis 1648«, antwortete ich. Schröder, so hieß der Lehrer, war völlig überrascht. Er stotterte etwas, das ich nicht verstand, und seitdem hatte er so viel Achtung vor mir, dass er es im Gegensatz zu allen anderen Schülern nie gewagt hat, mich zu ohrfeigen. Überhaupt, die Ohrfeigenstrafe war mir fremd und unheimlich, weil ich so etwas aus Israel nicht kannte. Schröder ließ den bei irgendeiner Sünde erwischten Schüler vortreten und fragte trocken: »Hast du schon einmal Mittelohrentzündung gehabt?« »Nein«, antwortete der Schüler, und noch bevor er seinen Mund wieder geschlossen hatte, bekam er schon die mit Schwung heftig ausgeführte Ohrfeige. Das Klatschen hörte man deutlich, und die Backe war rot wie die Fahne der UdSSR. Dem Schüler schossen die Tränen in die Augen, aber keiner wagte zu weinen.

Am Anfang fühlte ich mich wie ein Fremdkörper in der Klasse, die religiös gespalten war in Katholiken und Protestanten. Ich war der einzige Jude, und je mehr mir dies bewusst wurde, desto mehr wurde ich Jude. Einmal nahm ich am Religionsunterricht der Katholiken teil, ein anderes Mal bei den Protestanten und es konnte vorkommen, dass ich bei den Katholiken saß und plötzlich ein Klassenkamerad aus der protestantischen Klasse kam und sagte, der

Lehrer bäte mich, zu den Protestanten zu kommen. Es stellte sich heraus, dass eine Bibelfrage nicht gelöst werden konnte, auch nicht durch den Lehrer. Deshalb rief man mich, da mir in der Schule ein Ruf als Kenner des Alten Testaments anhing.

Die Nachmittage verbrachte ich in der Jüdischen Gemeinde in der Kölner Roonstraße am Rathenauplatz. Ich war auch einer der Ersten, der dort 1959 die berüchtigten Schmierereien an den Außenwänden der erst vor Kurzem restaurierten und eingeweihten Synagoge sah. Ich glaube, dass ich da zum ersten Mal überhaupt Hakenkreuze gesehen habe. In der Jüdischen Gemeinde, die zum großen Teil aus Juden bestand, die wieder aus Israel zurückgekommen waren, kümmerte man sich sehr rührend um die Jugendlichen, die plötzlich keine Israelis mehr waren, aber auch noch keine Deutschen – eben nur Juden in Deutschland. In Israel nannte man uns »Jordim« (Absteiger) – im Gegensatz zu den Neueinwanderern, die man »Olim« (Aufsteiger) nannte. Die Gemeinde beschäftigte einen israelischen Studenten, einen Armeeveteranen, der uns mit allem Möglichen beschäftigte und uns den Zionismus lehrte.

Einmal fuhren wir zu einer Gedenkveranstaltung nach Bergen-Belsen, die mich emotional sehr mitnahm, und verbrachten die Oster-, Sommer-, und Weihnachtsferien in jüdischen Einrichtungen in Bad Sobernheim an der Nahe oder in Wembach im Schwarzwald, wo wir jüdische Jugendliche aus anderen Teilen Deutschlands kennenlernten und wo ich mich in ein jüdisches Mädchen aus Frankfurt verliebte. In Wembach, wo wir immer im Winter hinfuhren, habe ich vergebens versucht, das Skifahren zu erlernen. Mit der zionistischen Jugend fuhren wir einmal in die Schweiz und weilten in einem Dorf nahe Zürich. Immer wieder sprachen wir über Israel, über das Recht der Juden, dort zu leben, und über die blutrünstigen Araber, die grundlos versuchten, das zu verhindern. Es war noch eine einfache Welt, die in Gut und Böse unterteilt war, und uns wurde beigebracht, dass wir die Guten sind.

In Gesprächen untereinander konnte man spüren und merken, aus welchen Familien die einzelnen Jugendlichen stammten: ob es Familien von Überlebenden der Todeslager wie Auschwitz oder Bergen-Belsen waren oder Familien, die den Holocaust im Exil überlebt hatten. Es gab Jugendliche unter uns, deren Eltern solche Lager überlebt und ihre ganze Jugend im Schatten des Holocaust verlebt hatten. Sie wagten nicht, über eigenes Leid zu sprechen, denn was war schon ihr Leid im Vergleich zu dem, was ihre Eltern erlebt hatten? Was war schon ihre Trauer im Vergleich zu der Trauer über die vielen Toten, Bekannten und Verwandten und vor allem Familienangehörigen, die im Rauch der Verbrennungsöfen gen Himmel aufgestiegen waren?

Ich bin nicht in diesem Schatten aufgewachsen und war deshalb anders. Meine Eltern haben die rauchenden Schornsteine nicht gesehen und nicht erlebt. Sie kannten sie höchstens aus den Erzählungen von Überlebenden, aber diese haben eher geschwiegen, als darüber zu sprechen. In vielen dieser Jugendlichen lebt die Shoah bis heute weiter, und wenn ich an meinen ehemaligen Freund« Henryk Broder denke, dann habe ich Mitleid mit ihm, weil ihn die Shoah nie verlassen hat. Ich hatte meine Erinnerungen an eine glückliche Kindheit in Israel, wo ich auch Lausbub sein durfte.

Für Broder und viele andere hingegen schien die Last der Shoa immer sichtbar zu sein. Bei jeder passenden oder unpassenden Gelegenheit fühlten sie sich augenscheinlich daran erinnert, dass Millionen von jüdischen Kindern keine Streiche mehr machen können.

Mein sehnlichster Wunsch war es, die deutsche Sprache zu beherrschen. Ich litt darunter und bin heute dankbar, dass mein Vater mich permanent verbessert hat. Das war noch viele Jahre später, als ich schon einigermaßen gut Deutsch sprach und schrieb, der Fall. Meine zarten Versuche, zu schreiben, hat er schweigend begleitet und wenn er einmal einen Text gut fand, dann fragte er: »Wer hat das geschrieben?« Für mich war das ein Zeichen, dass mein Text gut war. Ich erinnere mich, wie ich einmal eine Postkarte, die mein Vater an einen Bekannten in Hamburg geschrieben hatte, zum Briefkasten brachte und unterwegs den Text las, in dem mein Vater seinen Besuch in Hamburg ankündigte. Wir waren damals noch nicht lange in Deutschland und ich war stolz darauf, den Inhalt verstanden zu haben. Ich erzählte es Bekannten und wusste nicht, dass mein Vater nicht wollte, dass ausgerechnet diese Personen von seiner Reise erfuhren. Das Ergebnis war ein cholerischer Wutanfall meines Vaters, der mich ratlos machte, weil ich glaubte, dass er stolz sein würde, dass ich so schnell die Sprache lernte.

Eines fiel mir bei meinen Gesprächen mit den anderen jüdischen Jugendlichen sehr bald auf: Deren Leben war viel mehr vom Holocaust, von den Konzentrationslagern, von den Vernichtungslagern der Nazis geprägt als meines. Es lag wohl an der Tatsache, dass meine Eltern diese Welt nicht kannten und nichts hatten, was sie mir verheimlichen mussten. Mein Vater hat mir sehr ausführlich von seiner Verschleppung nach Russland erzählt und meine Mutter hatte auch nichts, worüber sie nicht reden wollte. Ihre Geschwister sind in Auschwitz umgebracht worden, aber sie konnte nichts darüber erzählen, weil sie selbst nicht in Auschwitz war. Meine Mutter hat Deutschland nicht geliebt und die Deutschen auch nicht. Es war bei uns zu Hause einfach kein Thema. Man blickte nach vorn mit viel Hoffnung und Neugier und nicht zurück in Zorn und Trauer.

Lehrjahre im Verlag und Militärdienst in Israel

Ich beendete meine Schulzeit im Aufbaugymnasium in Köln und begann eine Verlagslehre beim Düsseldorfer Werner-Verlag, einem Verlag für Baufachliteratur. Nichts lag mir ferner als der Inhalt der Bücher, mit denen ich jetzt zu tun hatte. Aber auch hier fand ich immer wieder Gelegenheiten, mich einzubringen, indem ich zum Beispiel hin und wieder einen Schutzumschlag für ein Fachbuch entwerfen durfte. Der eine oder andere Entwurf wurde sogar angenommen und gedruckt, worauf ich damals besonders stolz war. Noch während der Lehrzeit gründete ich zusammen mit Christian von Zittwitz, der dort auch Lehrling war, die Zeitschrift *Buchmarkt*, die der Juniorchef vom Werner-Verlag finanziert hat. Bis heute ist diese Zeitschrift im Besitz von Christian, der seitdem dabeigeblieben ist.

Nach der Lehre in Düsseldorf ging ich nach Frankfurt und arbeitete fast ein ganzes Jahr bei der Universitätsbuchhandlung Blazek & Bergmann in der Goethestraße. Daneben gab ich in Köln und später in Düsseldorf zusammen mit Henryk M. Broder die jüdische Zeitschrift *Kontakte* heraus.

Es war das Jahr 1967, und ich war erst 22 Jahre alt. Im Sommer brach der Sechstagekrieg zwischen Israel und seinen arabischen Nachbarn aus, der mit der krachenden Niederlage der arabischen Staaten endete. Die israelische Besatzung Ost-Jerusalems, des Westjordanlands, der Golanhöhen und des Gazastreifens bildet seither die Grundlage für den bis heute ungelösten Nahost-Konflikt.

Ich wechselte damals von der Buchhandlung in den Verlag, der auch die literarische Satire-Zeitschrift *pardon* herausgab. Bei dem ehemaligen Drucker Stroucken habe ich alles gelernt, was ich über die Produktion von schönen Büchern heute weiß. Immerhin gelang es mir später, für zwei meiner Produktionen einen Preis für »das schönste deutsche Buch« zu erhalten. Zwar lebte ich da schon über zehn Jahre in Deutschland, aber die israelische Armee hatte mich nicht vergessen und hatte auch nicht vor, das zu tun. Ich bekam regelmäßig seit meinem achtzehnten Geburtstag Briefe aus Israel mit der Aufforderung, mich bei der Armee zu melden zwecks Rekrutierung. Irgendwann kam der letzte Brief, in dem mir angedroht wurde, mich als Deserteur zu klassifizieren, wenn ich nicht sofort zurückkäme – und das hätte bedeutet, dass ich nicht mehr in das Land hätte fahren dürfen.

Das wollte ich vermeiden, weil ich Israel damals noch liebte und Israel brauchte, um mein Selbstbewusstsein zu stärken und mich für das Leben in Deutschland, in der »Diaspora«, zu wappnen. Ich fühlte mich in Deutschland nicht unwohl, mir fehlte aber die Freiheit, die ich in Israel verspürte, und ich dachte, dass ich nur in Israel für ein ganzes Jahr auftanken könnte. Und so fuhr ich einmal jährlich mit meinem deutschen Pass nach Israel, um »freie« Luft zu atmen und ein weiteres Jahr in Deutschland überstehen zu können. Heute machen es viele Israelis genau umgekehrt.

Ich fuhr damals also nach Israel und meldete mich bei der Armee. Ich musste vor einem Militärgericht erscheinen, das aus einem jungen Leutnant bestand, der nicht älter war als ich. Es war eine Farce, und wenn ich heute darüber nachdenke, dann muss ich lachen. Als Erstes sagte er mir, dass sie noch einige andere Kandidaten wie mich hätten, die aber bisher nicht gekommen seien. Dass ich aber gekommen sei, spreche für mich. Dann stellte er mir persönliche Fragen bis hin zu der Frage, ob ich verheiratet sei oder eine Freundin habe. Als ich ihm sagte, dass ich in Deutschland eine Freundin hätte, fragte er: »Ist sie auch Jüdin?« »Nein«, sagte ich. »Das ist aber nicht gut«, lautete seine unmittelbare Reaktion. »Macht aber nichts, du wirst hier in der Armee bestimmt ein neues Mädchen kennenlernen. Dafür ist unsere Armee bekannt. Sie ist der größte Heiratsmarkt im Land.« Nach einer zweistündigen Unterhaltung, die nichts mit einem Militärgericht zu tun hatte, in der ich ihm aber alles über mein Leben in der »Diaspora« erzählen musste, sagte er: »Was mach ich jetzt mit dir? Ich muss dich doch verurteilen. Bist du einverstanden, ein halbes Jahr zu dienen und danach als freier Mann die Armee ehrenvoll zu verlassen?« »Und wenn nicht?«, fragte ich zurück. »Macht nichts«, antwortete er, »ich werde trotzdem so urteilen.« Und so absolvierte ich mein halbes Jahr in der angeblich moralischsten Armee der Welt und durfte die eine oder andere Schweinerei beobachten oder sogar dabei mitmachen.

Vom ersten Tag an fing ich an, rückwärts zu zählen, und sehnte den Tag herbei, an dem ich meine Uniform und Waffen wieder zurückgeben würde. Schon am Tag nach der Abmusterung saß ich im Flieger nach Deutschland. Während dieses halben Jahres bei der Armee war ich zum Feldsanitäter ausgebildet worden. Zum Glück trug ich die Urkunde bei mir, denn am Flughafen in Frankfurt fielen den Beamten die unzähligen Stiche auf, die ich an beiden Armen aufwies. Beim entsprechenden Kurs waren wir in Zweiergruppen aufgeteilt worden, und jeder musste am Körper des anderen üben. Unzählige Spritzen und sogar Bluttransfusionen, die gewöhnlich nur ein Arzt machen darf, wurden so gesetzt. Als einem Offizier beim Training einmal der Stich nicht gelang und ihm eine Blutfontäne ins Gesicht spritzte, sagte er ruhig und gelassen: »Macht nichts, so was passiert am Anfang ein- zwei Mal, bis ihr es gelernt habt.« Und als wir mit dem Lehrgang fertig waren und zum Schlussgespräch der oberste Feldsanitäter kam und wir ihm sagten, dass wir nach diesen vier Wochen nicht sicher seien, ob wir im Ernstfall helfen könnten, sagte er nur knapp: »Macht nichts. Der Erste wird euch unter den Händen sterben, der Zweite vielleicht auch. Aber ab dem Dritten werdet ihr wissen, wie man es macht.« Das war das letzte Mal, dass ich dieses »Macht nichts« gehört habe. Ich befand mich nun auf dem Weg nach Hause. Doch einige meiner Kameraden mussten schon bald darauf in den Krieg ziehen, wo sich die Schlussworte des obersten Feldsanitäters bewahrheiteten und ihnen tatsächlich viele verwundete Soldaten unter den Händen wegstarben.

Im Rausch von 1968

Als ich nach Frankfurt zurückkehrte, fand dort im Verlag meines Vaters gerade ein Aufstand statt. Die gesamte Belegschaft des Melzer Verlags, vom Verlagsleiter Jörg Schröder bis zum linken Lektor KD Wolf, hatten den Verlag verlassen. Lehrling, Sekretärin und Verlagshersteller hatten es nicht einmal für nötig befunden, ordentlich zu kündigen und sich an faire Kündigungsfristen zu halten. Es war die »antiautoritäre Bewegung«, die damals herrschte. Der Verlag war damals in einem Flachbau mit einem geräumigen Keller – in einem Seitenflügel der Litho-Anstalt Haußmann – untergebracht. In diesem Keller machte sich nun Schröder mit seinen Mitstreitern breit. Den Keller hatte er zuvor als Untermieter übernommen – vom Steuerberater des Verlages, der glaubte, meinem Vater, der gerade für einige Tage im Ausland weilte, einen Gefallen zu tun, wenn er die Festkosten minderte. So denken nun mal Buchhalter.

Als ich im März 1969 in den Verlag kam, saßen alle Angestellten unten im Keller, die Räume oben waren gespenstisch leer. Ich ging in den Keller und stellte fest, dass alles, was sich dort unten befand – Tische, Stühle, Schreibmaterial und sogar mehrere Projektordner –, vorher dem Melzer Verlag gehört hatten. Ich fragte Jörg Schröder, ob er dieses Inventar ordentlich erworben hätte und von wem. Verächtlich schmiss mir KD Wolf einen Bleistift zu und sagte: »Hier, nimm das, es gehört ja deinem Vater.« Ich war schockiert und sprachlos, unerfahren und schüchtern. Ich wusste nicht, was ich tun sollte. Später kam mein Vater und schickte den naiven und noch unerfahreneren Steuerberater vor, um die Lage zu klären. Das Ganze endete damit, dass Jörg Schröder, der inzwischen seinen MÄRZ Verlag gegründet hatte, mit einer Zahlung von 50 000 D-Mark davonkam. Der wirkliche Schaden, den ich später ermittelte, lag bei mehreren Hunderttausend Mark.

Schröder hatte seit 1965 im Melzer Verlag gearbeitet und dort das Programm um damals junge deutsche Autoren wie Dieter Hülsmanns, Bazon Brock, Peter O. Chotjewitz sowie den US-amerikanischen Beat-Poeten Jack Kerouac (*On the Road*) erweitert. Außerdem veröffentlichte er Victor Klemperers Buch *Lingua Terteii Imperii* über die Sprache des Dritten Reiches und politische Texte von Fidel Castro und Che Guevara. Mein Vater war an die Seite gedrängt, denn diese Titel und diese neuen Autoren waren nicht seine Welt. Schröder schmiss allein den Verlag. Den größten Erfolg landete er mit der Übersetzung des sadomasochistischen Romans *Die Geschichte der O.*, die sich über 100 000 Mal verkaufte. Doch als er den Verlag abrupt verließ, hinterließ er einen Scherbenhaufen.

Die ersten Tage nach meiner Rückkehr im Verlag waren aufregend und niederschmetternd. Aus Gründen, die ich bis heute nicht kenne, kündigte die Bank für Gemeinwirtschaft, die BfG, unseren Kredit nicht und ließ uns noch ein ganzes Jahr vor uns her wurschteln. Doch es kam, wie es kommen musste: Der Verlag war am Ende, zumal Schröder sich die Rechte an den Titeln des Verlags Olympia Press unter den Nagel gerissen hatte. Der amerikanische Verlag war auf erotische Literatur spezialisiert. Die Zeit war gerade reif dafür, und Schröder hatte die deutschen Rechte für den Melzer Verlag erworben und im Zuge der Trennung den Vertrag unerlaubt auf sich übertragen. Die Lizenz für die Olympia-Press-Titel sorgte für Millionenumsätze. Schon im Melzer Verlag hatte Schröder mit dem Bestseller *Die Geschichte der O.* für einen Millionen-Umsatz gesorgt. Leider hatte er diese Millionen genauso schnell ausgegeben, wie er sie eingenommen hatte, und als er den Melzer Verlag verließ, hinterließ er eine halbe Million Mark Schulden.

Solange die Bank für Gemeinwirtschaft es zuließ, versuchte ich, den Verlag zu retten. Ich stellte das Programm auf den Kopf, verlegte Comics und psychedelische Bücher wie das Haschisch-Kochbuch von Hans Georg Behr, von dem bis heute gut ein Dutzend Raubdrucke angefertigt wurden. Auf der letzten Seite veröffentlichte ich eine Liste von Freunden und Kollegen, die angeblich bei der Beurteilung der Backergebnisse dabei waren – aber nur mit Vornamen. Zu meiner Überraschung standen einige Tage nach Erscheinen des Buches zwei Polizisten vom Rauschgift-Dezernat der Frankfurter Polizei vor meiner Tür: Sie wollten von mir die vollen Namen und Adressen dieser Freunde erfahren. Ich weigerte mich aber und verwies sie auf das öffentliche Telefonbuch, und so gingen sie, wie sie gekommen waren.

Die Bekanntschaft mit Hans Georg Behr eröffnete mir eine völlig unbekannte, neue Welt. Dazu gehörten gelegentliche Drogen-Trips ins Nirwana und Begegnungen mit Größen der damaligen Szene wie den Helden der Kommune 1, Rainer Langhans und Uschi Obermaier, oder den Musikern der Krautrockband Amon Düül, die damals in einer Kommune in der Leopoldstraße in München lebten. Ich traf auch Größen aus der Comicwelt, etwa Hal Foster, den Zeichner von Prinz Eisenherz, sowie Will Eisner, den berühmten jüdischen Karikaturisten, der mit seiner Serie *The Spirit* Weltruhm erworben hat.

Ich verlegte aber auch politische Bücher wie die *Gespräche mit israelischen Soldaten*, die von Amos Oz herausgegeben worden waren, der damals noch keine literarische Größe war, oder den *Schulreport* des späteren Bundestagabgeordneten der Linken, Diether Dehm, der darin eine schonungslose Kritik an der Bildungspolitik äußerte. Ich verlegte auch das Buch *Aktiver Streik: eine Dokumentation zu einem Jahr Hochschulpolitik am Beispiel der Universität Frank-*

furt/Main und war damit mittendrin in den studentischen Unruhen der 1970er-Jahre in Frankfurt. Die antiautoritäre Bewegung der damaligen Zeit drang auch in den Verlag, und auf der letzten Seite von *Aktiver Streik* habe ich die interne Verlagskalkulation des Titels veröffentlicht, aus der hervorging, dass wir beim Verkauf der ersten Auflage von 3000 Exemplaren am Ende 10 000 Mark verloren hätten. Darauf waren wir sogar stolz.

Ich nahm in den 1970er-Jahren an den Demonstrationen teil, bei denen auch Joschka Fischer und Daniel Cohn-Bendit dabei waren, und erinnere mich, dass Fischer nach der Demo betont proletarisch eine Bockwurst aß, während Cohn-Bendit chinesisch essen ging. Ich erinnere mich auch noch, dass darüber heftig diskutiert wurde: ob ein Linker chinesisch essen gehen darf. Aus heutiger Sicht fast unvorstellbar. In der gemieteten Verlagsvilla in der Frankfurter Oststraße, gegenüber vom Ostpark, wo ich in der zweiten Etage wohnte, habe ich wilde Feste gefeiert, mit diversen Drogen von LSD bis Kokain, in allerdings sehr bescheidenen Portionen. Ich kann mich erinnern, wie einmal der Schriftsteller Gerhard Zwerenz vorbeikam und erstaunt war, dass ich so besoffen war, weil er sich nicht vorstellen konnte, dass ich kurz davor LSD geschluckt hatte.

Eine besonders denkwürdige Feier hat die Frankfurter Schriftstellerin Eva Demski sogar ausführlich in einem ihrer frühen Romane beschrieben. Harry Rowohlt, den ich noch aus den Tagen meiner Verlagslehre kannte, kam auch vorbei und spannte mir meine damalige Freundin aus, die ich am nächsten Tag von seiner Wohnung abholen sollte. Tja.

Wir lebten damals intensiv und ausgelassen, genossen die sexuelle Revolution und die Früchte der Flower-Power-Bewegung, protestierten gegen den Axel-Springer-Verlag und gegen den Krieg in Vietnam, riefen zum Boykott des Apartheidregimes in Südafrika auf (Israel war damals noch kein Thema) und waren sicher, dass wir »die Guten« sind. Damals stand Henryk M. Broder noch auf unserer Seite. Auch sein allererstes Buch, *Wer hat Angst vor Pornografie?*, ist im Melzer Verlag erschienen, und Broder war damals ständiger Gast bei uns zu Hause. Mein Vater mochte und schätzte ihn und wurde nicht müde, mir zu sagen: »Aus dem wird was werden.« Leider ahnte er nicht, was genau dann aus ihm werden sollte.

Familienleben und Intifada

Als 1980 mein Sohn Benjamin geboren wurde, hatte die exzessive Zeit ein Ende. Ich wurde ruhiger und produzierte in einer gemieteten Jugendstilvilla in Buchschlag bei Frankfurt Bücher für meinen kleinen Verlag und für große Kunden wie Bertelsmann, Weltbild oder den Fourier Verlag. Es ging mir gut, bis das Unrecht, das weiter in Palästina herrschte, mich dazu bewog, mich wieder stärker mit dem Nahost-Konflikt zu beschäftigen. Noch 1984 fuhr ich mit einer Gruppe von Freunden nach Israel, um ihnen stolz »mein Land« zu zeigen. Damals argumentierte ich noch rein zionistisch und schob die ganze Schuld für den Unfrieden den Palästinensern in die Schuhe. Wir fuhren an arabischen Dörfern vorbei, in denen prächtige Villen standen. Darin sah ich den Beweis, dass es den Palästinensern gut gehe. Aber es herrschte eine trügerische Ruhe im Land, denn unter der Oberfläche bebte es. 1987 brach die erste Intifada aus, der erste Aufstand der Palästinenser gegen die Besatzung, und seitdem hat mich das Thema nicht mehr losgelassen. Manche werfen mir vor, mein Einsatz für die Palästinenser sei obsessiv und somit Verrat an Israel und am Judentum. Ich gründete die Zeitschrift *SEMIT*, zusammen mit dem Journalisten Oswald Le Winter, einem seltsamen Genie, der ein Buch über Shakespeare geschrieben hatte und danach beim CIA gelandet war.

Mit Le Winter zusammen brachte ich also die Zeitschrift heraus, mit der wir uns jede Menge Ärger einhandelten, jede Menge Feinde machten und sehr wenige Freunde. Die Zeitschrift fand sehr schnell fast zweitausend Abonnenten und Käufer und wurde unter anderem an Bahnhöfen vertrieben, aber Anzeigen wurden leider kaum geschaltet. Wie mir eines Tages ein Bekannter mitteilte, damals ein leitender Angestellter der Dresdner Bank, wandte sich seine Bank, bei der ich eine Anzeige akquirieren wollte, an den Zentralrat der Juden mit der Frage, ob sie in SEMIT inserieren dürfe. Die Frage wurde prompt beantwortet: »Nein!«

Die Zeitschrift war aber als offizielles Presseorgan angemeldet, und so erhielt ich eines Tages, anlässlich des Jüdischen Neujahrs im Herbst 1991, eine Einladung zu einer Pressekonferenz des Zentralrats der Juden in Deutschland. Ich warf die Einladung in den Papierkorb, da ich nicht vorhatte, dorthin zu gehen. Umso mehr wunderte ich mich, als ich drei Tage vor dem Termin einen Anruf aus dem Sekretariat des Zentralrats bekam, in dem man mir mitteilte, dass es sich bei der Einladung um ein Versehen gehandelt habe. »Herr Galinski möchte nicht, dass Sie kommen. Man würde Sie nicht einlassen«, teilte man mir mit.

Dieser Anruf bewirkte genau das Gegenteil: Jetzt erst recht, dachte ich mir, besorgte mir zwei dicke Plakate aus Pappe und machte daraus ein sogenanntes »Sandwich«, das ich auf den Schultern tragen konnte. Darauf schrieb ich mit großen, fetten Buchstaben: »Ich bin jüdischer Journalist und Kritiker des Zentralrats. Ich darf an dieser Pressekonferenz nicht teilnehmen.« Damit fuhr ich nach Berlin und stellte mich auf den Bürgersteig vor den Eingang zur Pressekonferenz im Gemeindehaus in der Oranienburger Straße. Alle Journalisten, die zur Pressekonferenz kamen, mussten zwangsläufig an mir vorbei, und als sie den Text lasen und meine Geschichte hörten, machten sie Fotos, die am nächsten Tag von Berlin bis New York und sogar in Israel in der Zeitung erschienen, zusammen mit einem kritischen Kommentar. Im Konferenzsaal selbst musste sich das auch herumgesprochen haben, denn es dauerte nicht lange, bis der Sekretär des Zentralrats herauskam und mich bat, hereinzukommen. Ich aber lehnte höflich ab.

Kurz nach der Wende tobte in Berlin eine Auseinandersetzung zwischen der alten Jüdischen Gemeinde im Westen der Stadt unter der Leitung von Heinz Galinski und der neu gegründeten Synagogen-Gemeinde Adass Jisroel, die 1869 als Gegenbewegung zur eher reformorientierten Jüdischen Gemeinde zu Berlin gegründet worden war. Die Gestapo hatte im Dezember 1939 die Zerschlagung der Adass Jisroel und deren Eingliederung in die von den Nazis gegründete »Reichsvereinigung der Juden in Deutschland« angeordnet. Im Jahr 1986 hatten Nachfahren ehemaliger Gemeindemitglieder in Ost-Berlin das Gemeindeleben wieder neu aufgenommen, und die Regierung der DDR bestätigte im Dezember 1989 die früheren Rechte der Gemeinde. Auch das Grundstück in der Tucholskystraße kam wieder in ihren Besitz, der inzwischen stark verfallene Friedhof wurde notdürftig wieder instandgesetzt. Nach der Wiedervereinigung wurde die Gemeinde erst nach einer gerichtlichen Klärung durch das Bundesverwaltungsgericht im Jahre 1997 als Körperschaft des öffentlichen Rechts wieder anerkannt.

Nachdem ich auf den Streit aufmerksam wurde, wurde ich in diese Auseinandersetzung hineingezogen. Besonders empört hat mich die Einstellung von Heinz Galinski, dem Vorsitzenden der Jüdischen Gemeinde in Berlin. Er war der Meinung, dass der Besitz von Adass Jisroel der offiziellen, vom Berliner Senat anerkannten Gemeinde gehöre, und berief sich dabei ausgerechnet auf die Verfügung der Gestapo, wonach alles dem »Reichsverband« gehörte, als dessen Erbe Galinski sich fühlte. Dass sich ein Jude auf eine Naziverfügung berief, fand ich nicht nur absurd, sondern auch hinterhältig und zynisch. Die Auseinandersetzung mit diesem autoritären Präsidenten des Zentralrats der Juden in Deutschland und gleichzeitig Vorsitzenden der Jüdischen Gemeinde in Berlin, die er fast schon als sein Privateigentum betrachtete, endete beinahe vor Gericht. Leider kam es aber nicht mehr dazu, denn am 19. Juli 1992 verstarb Galinski im Alter von 80 Jahren.

Mein verlegerisches Engagement hat mich auch in meiner Familie Sympathie, Anerkennung und familiäre Bindung gekostet. Die Beziehung zu meiner in Israel lebenden Schwester ist vollkommen zerrüttet, bis auf den üblichen Glückwunsch zum Geburtstag haben wir kaum Kontakt. Sie sieht in mir einen Verräter, wenn nicht sogar Schlimmeres. Mein Bruder, der in München lebt, hat den Kontakt zwar nicht ganz abgebrochen, aber erkalten lassen. Er vermeidet politische Debatten und gibt sich mir gegenüber unpolitisch. Dies hilft mir zu verstehen, was gemeint war, als wir in der Schule in Israel gelernt haben, dass die Dreyfus-Affäre die Franzosen gespalten hat, und diese Spaltung durch die Familien ging. Ich konnte es mir als Kind und Jugendlicher nicht richtig vorstellen. Aber genauso ist es beim Nahost-Konflikt: Auch er spaltet Familien, jüdische wie nichtjüdische.

Seit mehr als 35 Jahren kämpfe ich schon an dieser Front, mit viel Herzblut und Hartnäckigkeit. Ich möchte mir mein menschliches Antlitz nicht von gehässigen Zionisten verzerren lassen. Ich werde weiter kämpfen für das, was Uri Avnery als eines der humansten Sätze der Bibel nennt, Genesis 1, 27: »Gott schuf also den Menschen als sein Abbild, als Abbild Gottes schuf er ihn.« Damit wird gesagt und durch die Wiederholung auch ermahnt, dass alle Menschen, ohne Ausnahme, als Abbild oder Ebenbild Gottes geschaffen wurden: ohne Unterschied, ob sie Juden oder Araber oder von anderer Herkunft oder Religion sind.

Meine erste Begegnung mit Antisemitismus

In Israel hatte ich keine Ahnung von Antisemitismus – außer, dass wir in der Schule lernten, dass alle Völker der Welt die Juden immer gehasst haben. Ich war Israeli, sprach Hebräisch und war Mitglied einer zionistischen Jugendorganisation – allerdings nicht aus ideologischen Motiven und nicht, weil meine Eltern mich gezwungen hätten, sondern einfach, weil meine israelischen Kameraden dort auch waren.

Jude wurde ich erst, nachdem ich im August 1958 Israel verlassen habe und nach Deutschland kam. Erst hier habe ich erfahren, was Antisemitismus ist, als ein Mitschüler im Gymnasium in Köln mich eines Tages einen »dreckigen Juden« nannte. Womöglich hatte der Mitschüler das in seinem Elternhaus aufgeschnappt, und ich weiß nicht einmal, ob er wusste, was er da eigentlich sagte. Wahrscheinlich wusste er gar nicht, wer oder was ein Jude ist, und nach dem Vorfall war unsere Beziehung wie früher. Noch heute werde ich regelmäßig zu Klassentreffen eingeladen, und niemals hatte ich das Gefühl, dass man in mir etwas anderes gesehen hat als einen Klassenkameraden wie andere auch. Bis auf diesen einen, bedauerlichen Zwischenfall bin ich niemals ausgegrenzt oder schlechter behandelt worden. Möglicherweise haben jüdische Schüler anderswo in Deutschland da und dort unangenehmere, auch unangenehmste Erfahrungen gemacht. Ich bin aber felsenfest davon überzeugt, dass dies Einzelfälle sind, die ganz und gar nicht symptomatisch sind für die Lage in Deutschland.

Meine zweite Begegnung mit dem Antisemitismus war am ersten Weihnachtstag 1959, und sie hat tiefere Spuren hinterlassen. Die frisch restaurierte Kölner Synagoge war in der Nacht vom 24. auf den 25. Dezember 1959 mit Hakenkreuzen beschmiert worden, und ich entdeckte sie gleich früh am Morgen, denn wir wohnten um die Ecke. Bereits am nächsten Tag wurden zwei Mitglieder der rechtsradikalen Deutschen Reichspartei als Täter gefasst, festgenommen und verurteilt. Trotzdem war die kleine Jüdische Gemeinde verständlicherweise ängstlich und in Aufruhr. Man versammelte sich vor der Synagoge und blickte fassungslos und ungläubig auf die Hakenkreuze.

Für mich und meine aus Israel stammenden Freunde war es ein Schock. Es war allerdings auch ein dreizehnjähriger Junge dabei, der nicht aus Israel stammte und der besonders verunsichert war, er hieß Henryk M. Broder. Vielleicht hat dieses Ereignis bei ihm tiefere Spuren hinterlassen als bei uns »Israelis«. Wir sprachen unter uns Hebräisch, Henryk konnte uns nicht verstehen und war immer Außenseiter. In meinen ersten Jahren in Deutschland verbrachte ich meine Zeit mehr im Jugendzentrum der Jüdischen Gemeinde als sonst irgendwo. Kontakt zur nichtjüdischen Umwelt gab es kaum, außer in der Schule. Im Gemeindezentrum waren wir unter uns, wir konnten miteinander Hebräisch sprechen. Wir hatten einen israelischen »Madrich« (Leiter), einen Armeeveteranen, der in Köln studiert hatte, und die Jüdische Gemeinde sorgte für alles, auch für eine gemeinsame Reise aller Jugendlichen zum Beispiel nach Bergen-Belsen.

Zum Bruch mit der Gemeinde kam es, als ich zusammen mit Henryk M. Broder 1965 die Herausgabe einer Zeitschrift plante und schließlich auch herausgab, die dem Gemeindevorstand nicht gefiel. Wir nannten die Zeitschrift *Kontakte*, weil wir uns mit ihr unserer nichtjüdischen Umgebung öffnen wollten. Wir hatten die Zeitschrift mit Spenden und Anzeigen finanziert, und sie wurde auch in anderen jüdischen Gemeinden unter der Hand verteilt. Natürlich waren Henryk und ich damals Rebellen und kritisierten alles, was sich kritisieren ließ, wir hatten auch keine Angst, jüdische Autoritäten anzugreifen. Besonders peinlich war es für uns, als Henryk einen brisanten Artikel über und gegen den Herausgeber der *Allgemeinen Jüdischen Zeitung* schrieb, der Karl Marx hieß.[3] Dieser war einen Tag vor Erscheinen der Zeitschrift gestorben.

Wir entschieden, die Zeitschrift dennoch auszuliefern, weil wir der Meinung waren, dass es in der Kritik nicht um Persönliches ging, sondern um grundsätzliche Fragen der jüdischen Einstellung zu Deutschland und zu ehemaligen Nazis. Wir legten einen Zettel bei und erklärten: »Das vorliegende Heft der *Kontakte* war bereits gedruckt, als wir die Nachricht vom Ableben von Karl Marx erhielten. Unsere in diesem Heft veröffentlichte Polemik richtete sich nicht gegen eine bestimmte Person, als vielmehr gegen ein durch diese Person institutionell gewordenes Presseorgan, das, wie wir meinen, sich Funktionen anmaßt, die über die Kompetenz dieses Organs hinausgehen. Wir glauben, dass bestimmte gesellschaftliche Erscheinungen mit dem natürlichen Ablauf eines biologischen Prozesses leider nicht zu Ende gehen; aus diesem Grunde halten wir den hier veröffentlichten Text nach wie vor für aktuell«. Den Skandal hatte es aber trotzdem gegeben. Broder hatte Marx kritisiert, weil dieser Kurt Georg Kiesinger im Wahlkampf unterstützt hatte mit der Begründung, dieser sei ein »lupenreiner Demokrat«, allein schon deshalb, weil er angeblich kein Antisemit war.

Seitdem ist viel Wasser den Rhein herunter geflossen. Dennoch verging in den ersten Jahren kein Tag mehr, an dem ich mir nicht bewusst war, dass ich Jude bin und im Land der Täter lebe. Erst seitdem ich mich mit der Politik Israels zu beschäftigen begann, wurde mein Leben hier normaler und erträglicher. Mit den Jahren habe ich mich mehr und mehr von einem nationalistischen und rassistischen Verständnis des Judentums entfernt, und es rückte in den Hintergrund. Ich war Verleger und beschäftigte mich mit der Produktion von Comics, von Disney-Büchern, Prinz Eisenherz, Little Nemo und anderen klassischen Comics, aber auch mit linken politischen Sachbüchern über Anarchismus oder über den Faschismus in Griechenland. Hinzu kamen unzählige Bücher über Judentum, jüdische Riten und Symbole, ein Talmud Lexikon sowie kritische Bücher über Israels nationalistische und chauvinistische Politik, bis hin zur Veröffentlichung des Berichts der Untersuchungskommission der Vereinten Nationen über das israelische Massaker an der Bevölkerung des Gazastreifens 2008/2009, den sogenannten Goldstone-Report, der für großes Aufsehen sorgte. In den letzten Jahren habe ich mich sehr intensiv mit dem Nahost-Konflikt beschäftigt und wurde zwangsläufig, ohne dass ich es geplant habe, zu einem Widersacher von Henryk M. Broder, mit dem ich in jungen Jahren befreundet war und der mich eine kurze Zeit auf meinem immer noch andauerndem kritischen Weg begleitete.

2 Was ist Antisemitismus?

Seit dem Völkermord unter Hitler ist der Antisemitismus geächtet. Man muss sich aber wundern, wenn es selbst auf Tagungen über Antisemitismus heute noch Menschen gibt, die sich und die Referenten fragen, woher eigentlich der Antisemitismus komme. Man muss sich wundern, dass es möglich ist, Tausende Jahre christlicher und kirchlicher Gehirnwäsche zu ignorieren. Zwar gibt es den christlichen und den daraus folgenden rassistischen Antisemitismus kaum noch. Aber die Vorurteile und die Art und Weise, wie der Antijudaismus über Tausende von Jahren in der abendländischen Kultur fortlebte, haben ihre Spuren hinterlassen. Die kleinen und großen Eruptionen, wie anlässlich der Kreuzzüge, der Bauernkriege, der Pest und zuletzt während der Naziherrschaft über Deutschland, haben ganze jüdische Gemeinden unter sich begraben und zuletzt im Holocaust, oder, wie es die Juden nennen, der Shoah, fast ein Drittel der europäischen Judenheit ausgelöscht.

Doch der Antisemitismus ist keine statische Größe, die seit Jahrhunderten unverändert geblieben ist. Der Antisemitismus wandelt sich und verändert sich mit der Zeit. Er passt sich der jeweiligen Mode und dem Zeitgeist und den politisch herrschenden Mächten an.

Der Fachausdruck »Antisemitismus« ist ein relativ moderner Begriff, der erst in der Mitte des 19. Jahrhunderts entstanden ist und rasch unter Intellektuellen und Professoren Verbreitung fand. In jener Zeit bekannten sich viele Judenhasser noch voller Stolz zu ihrer

Überzeugung und bezeichneten sich selbst als Antisemiten. Eigentlich war dieser Antisemitismus aber nichts anderes als der alte Judenhass, der von seiner religiösen Komponente befreit und »ethnisiert« wurde und später von einer bösen und verworrenen Rassentheorie untermauert werden sollte. Das Wort »Antisemitismus« taucht 1865 erstmals im *Rotteck-Welckeschen Staatslexikon* auf. Seine Erfindung wurde später irrtümlich dem deutschen Journalisten Wilhelm Marr (1819–1904) zugeschrieben. In seiner populären Schrift *Der Sieg des Judenthums über das Germanenthum* von 1879 definierte Marr die Juden als »orientalische Fremdlinge« einer »semitischen Race«, die er mit »Parasiten« verglich. Der Agitator Marr rief im gleichen Jahr zur Gründung einer Antisemiten-Liga auf und gab *Antisemitische Hefte* heraus. 1880 initiierte er die Berliner Bewegung und eine Antisemiten-Petition, mit der er Reichskanzler Otto von Bismarck dazu aufforderte, die erfolgte gesetzliche Gleichstellung der jüdischen Bürger im Deutschen Reich wieder zurückzunehmen. Von da an bezeichnete »Antisemitismus« allgemein die Haltung von deren Unterzeichnern und Marrs Anhängern.

Kaum wurde der Begriff populär, da gab es auch schon die erste Antisemitismus-Debatte, in der sich 1879–1881 der antisemitische Historiker Heinrich von Treitschke und der Historiker Theodor Mommsen als Hauptprotagonisten gegenüberstanden. Bis zum Ersten Weltkrieg erschienen zahlreiche Bücher zur sogenannten »Judenfrage«, nicht selten mit äußerst antisemitischer Tendenz. Die Lage verschärfte sich nach dem Ersten Weltkrieg, als die »Dolchstoß«-Legende aufkam, mit der die Niederlage auf dem Schlachtfeld den angeblich »verräterischen« Juden in die Schuhe geschoben wurde. Den Höhepunkt der antisemitischen Literatur bildete Adolf Hitler mit seinem Buch *Mein Kampf*, in dem er eigentlich alles, was später folgen sollte, schon vorwegnahm. Die Epoche zwischen den beiden Weltkriegen war eine von Antisemitismus geprägte Zeit, die am Ende zum Holocaust führte, zur Vernichtung der europäischen Judenheit.

Die grenzenlose Barbarei des Naziregimes hat den offenen Antisemitismus für immer desavouiert – auch den »ehrenwerten Antisemitismus« des Bürgertums, der früher weitgehend salonfähig war, oder den alltäglichen Antisemitismus im Arbeitermilieu, den August Bebel einmal als »Sozialismus der dummen Jungs« bezeichnete.

Der Judenhass als solcher ist aber schon sehr alt. Es ist der Hass der Kirche, als Konkurrentin des Judentums, aus dem die christliche Religion entstammt. Die enttäuschte Hoffnung, alle Juden würden sich zur Kirche hinwenden und ihre jüdische Religion ablegen, führte zum offenen Hass. Dieser Hass richtete sich gegen die jüdische Religion, in der das Christentum die größte Gefahr für seine Heilverkündung sah. Ein Jude, der die Religion wechselte und zum Christentum konvertierte, war das Stigma aber los. Die Konversion war für ihn, wie Heinrich Heine es formulierte, ein »Entree Billet in die europäische Kultur«.

Bis Mitte des 19. Jahrhunderts war es möglich, sich dieser Feindschaft zu entziehen, indem man sich taufen ließ und Christ wurde. Dasselbe gilt auch für die muslimische Welt, wo Juden auch benachteiligt waren und diese Benachteiligung loswurden, wenn sie zum Islam konvertiert sind. Das änderte sich, als Mitte des 19. Jahrhunderts die ersten »Rassentheorien« aufkamen und man begann, Juden aufgrund ihrer Abstammung zu verurteilen.

Ein jüdischer Witz, der damals die Runde machte, lautet: »Moische konvertiert zum Christentum und wird Katholik. Wenige Wochen später konvertiert er wieder und wird Protestant. Als Freunde ihn fragen, warum er schon wieder konvertiert ist, meinte er: Damit ich, wenn man mich fragt, was ich vorher war, antworten kann: katholisch.‹«

Der Antijudaismus ist zweifellos ein unzertrennlicher Bestandteil der europäischen Kultur. Es gibt ihn seit Jahrhunderten. Die Juden waren lange Zeit – und sind es für manche auch jetzt noch – die idealen Sündenböcke, auch wenn sich in letzter Zeit der Hass und die Verachtung zunehmend auf Muslime verlagert.

Uri Avnery, einer der bekanntesten israelischen Journalisten, Schriftsteller und Friedensaktivisten, hat einmal folgende Erklärung für den Antisemitismus gegeben: »Überall in Europa und Amerika hören christliche Kinder in ihrer frühen Jugend die Geschichten des Neuen Testaments. Sie lernen, dass die jüdischen Massen in Jerusalem das Blut von Jesus verlangt haben, während der römische Stadthalter, Pontius Pilatus, mit aller Macht versucht hat, das Leben des schöngeistigen Predigers zu retten. Der römische Stadthalter wird als anständiger und humaner Mensch geschildert, während die Juden als hässlicher, niederträchtiger und schändlicher Pöbel beschrieben werden.«

Diese Erklärung mag zutreffen. Überall im römischen Imperium haben die örtlichen Stadthalter potenzielle Aufrührer gekreuzigt. Das Verhalten der jüdischen Führung mag sich auch nicht mit dem jüdischen Gesetz gedeckt haben. Aber das Neue Testament wurde erst lange Zeit nach diesen Ereignissen geschrieben und sicherlich für die Römer, die die Christen bekehren wollten, bewusst so geschrieben, dass es schließlich den Juden schadete.

Das und mehr: Die Christen waren eine verfolgte und gedemütigte Sekte im jüdischen Jerusalem und ihr Hass gegenüber ihren jüdischen Verfolgern lebt teilweise heute noch. Dieses Bild der bösen Juden, die die Kreuzigung Jesus verlangt haben, wurde tief in das Unterbewusstsein der christlichen Massen eingraviert und erzeugte Generation für Generation Hass gegenüber den Juden. Das Resultat waren Massaker ohne Ende, Massenvertreibungen, Inquisition, Verfolgungen jeder Art, Pogrome und am Ende der Holocaust.

Ab Mitte des 19. Jahrhunderts begann sich der rassistische Judenhass zu verbreiten, und der Wechsel ins Christentum war keine Garantie mehr, diesem Hass zu entkommen, denn die Juden konnten zwar ihre Religion wechseln, nicht aber aus ihrer Haut schlüpfen. Und so verwandelte sich religiöser Judenhass in modernen rassistischen Antisemitismus, der sich im Laufe von hundert Jahren zu dem steigerte, was wir in den 1930er-Jahren in Deutschland erlebt haben. Diese Rassentheorie führte schließlich zum größten Verbrechen der modernen Zivilisation, zum Mord an sechs Millionen Menschen jüdischer Herkunft, nur, weil sie Juden waren.

Über die »jüdische Rasse« wurden die abenteuerlichsten Lehren und Theorien verbreitet. Könnte es ein Treppenwitz der Geschichte sein, dass ausgerechnet in Mitteleuropa, wo sich zig Völker im Laufe der Jahrhunderte und Jahrtausende vermischt haben und immer noch vermischen, die Lehre von der »reinen Rasse« entstanden ist und die Idee einer »rein arischen Rasse« erfunden wurde? Tatsache ist aber, dass diese wahnsinnige Lehre zum Massenmord an Millionen von Juden, Sinti und Roma, Russen, Ukrainern und anderen als »minderwertig« angesehenen Völkern geführt hat.

Jüdische Antisemiten

Es gab damals in der Tat auch jüdische Antisemiten. Schon im Mittelalter finden sich Beispiele für Juden, die radikal mit ihrer Religion und ihrer Herkunft brachen. Der Dominikaner Johannes Pfefferkorn (1469–1521) etwa war ein deutscher Jude, der zum Christentum konvertierte. Er befürwortete die Verbrennung des Talmuds und wurde vor allem durch seine Auseinandersetzung mit dem Humanisten und frühen christlichen Hebraisten Johannes Reuchlin über die Bewertung der Thora bekannt. Um die Wende zum 20. Jahrhundert kamen dafür die Bezeichnungen »jüdischer Selbsthass« und »jüdischer Antisemitismus« auf. Der deutsch-jüdische Philosoph und Schriftsteller Theodor Lessing (1872–1933) veröffentlichte 1930 im Jüdischen Verlag dazu ein Buch mit dem Titel *Der jüdische Selbsthass*. Darin widmete sich Lessing seinen überassimilierten und deutschnationalen Zeitgenossen wie dem Wiener Philosophen Otto Weininger (1880–1903), der nach seinem Selbstmord mit 23 Jahren posthum zum Kultautor aufstieg, dem Arzt und Moralphilosophen Paul Rée (1849–1901) und dem Schriftsteller und Industriellensohn Arthur Trebitsch (1880–1927), der die NSDAP in ihrer Anfangsphase finanziell unterstützte.

Juden, wie der österreichische Philosoph Otto Weininger, begingen Selbstmord, weil sie es hassten, Jude zu sein, aber eben nicht aus ihrer Haut konnten. Weininger wäre lieber ein »blonder, blauäugiger Arier« gewesen, aber das war ihm, trotz Taufe, nicht möglich. Im *Neuen Lexikon des Judentums* heißt es über den

Schriftsteller Otto Weininger, er habe zum »Kampf der *Arier* gegen das Judentum» aufgerufen,

Auch der Dichter Heinrich Heine (1797–1856) spürte einst die Nachteile des rassistischen und völkischen Hasses auf Juden, dem er sich trotz seiner Taufe und Konversion zum Christentum nicht entziehen konnte. Er hatte auch noch Gelegenheit, einem überzeugten Antisemiten wie Richard Wagner zu begegnen, der alle Juden aus dem Kultur- und Gesellschaftsleben entfernen wollte, nur weil sie Juden waren. Wagner griff antijudaistische und frühe antisemitische Stereotype und Reflexe auf, die er in seinem geistigen Umfeld vorfand. Antisemitismus gehörte damals zuweilen durchaus zum »guten Ton«, vor allem Wagners Ehefrau Cosima soll eine extreme antisemitische Einstellung gehabt haben. Wagner gab antisemitische Stereotype seiner Zeit jedoch nicht nur wieder, sondern entwickelte sie mit Schriften wie *Das Judenthum in der Musik* auch weiter. Er hatte damit großen Einfluss auf den englischen Schriftsteller Houston Stewart Chamberlain, den Verfasser der *Grundlagen des neunzehnten Jahrhunderts,* eines Werks, dessen schwärmerischer Germanenkult von antisemitischem und rassistischem Gedankengut durchzogen ist. Chamberlain heiratete 1908 Wagners zweite Tochter Eva und gilt unumstritten als einer der ideologischen Wegbereiter des nationalsozialistischen Antisemitismus. Mit seinen Schriften versuchte er, auch Wagners Werke im Sinne des Nationalsozialismus umzudeuten. Bis heute wird Richard Wagner für seine Musik gefeiert – und für seinen Judenhass verurteilt. Wagner lässt niemanden kalt. Der Dirigent der Berliner Philharmoniker, Daniel Barenboim, selbst Jude, wirbt weiterhin dafür, dass Wagner auch in Israel gespielt werden möge. Zu den Errungenschaften der Demokratie gehöre es, zwischen Schöpfer und Werk unterscheiden zu können. Der Komponist, ein Kind des 19. Jahrhunderts, hat zwar gegen Juden gehetzt. Aber, sagt Barenboim, Wagners Musik sei nicht antisemitisch.

Reste antisemitischer Überzeugungen sind immer noch in allen europäischen Gesellschaften zu finden. Allerdings sind sie dort meist nur am Rande der Gesellschaft zu Hause und nicht mehr wie früher in ihrer Mitte. Rechte und ehemals rechtsextreme Parteien wie in Frankreich, Österreich oder Holland stellen fest, dass sie die antisemitische Programmatik in ein neues Gewand kleiden müssen, um Erfolg zu haben. In Deutschland musste sich die AfD ebenfalls von antisemitischen Mitgliedern distanzieren, auch wenn dies nur halbherzig geschah.

Antisemitisches Denken, Reden und Handeln haben keinen Platz in Deutschland und in vielen Ländern Europas. Der Stuttgarter Rabbiner Joel Berger etwa sagt unmissverständlich, dass man nur dann von Antisemitismus sprechen könne, wenn Juden von Staats wegen verfolgt werden. Dennoch gebraucht auch er diesen Begriff gelegentlich als Ersatz oder Synonym für Antizionismus oder Kritik an Israel. Seit dem Zweiten Weltkrieg hat der Antisemitismus weitgehend seine Gefahr verloren – auch wenn es durchaus noch Ewiggestrige gab und gibt, die sich verzweifelt daran klammerten und klammern: Revanchisten, Holocaust-Leugner oder katholische Piusbrüder.

Antisemiten sind mir egal

Dass Antisemitismus in Deutschland keinen Platz mehr hat, wird schon in § 1 unseres Grundgesetzes ausgedrückt: »Die Würde des Menschen ist unantastbar.« Damit sind alle Menschen gemeint, selbstverständlich auch Juden. Unsere Demokratie garantiert uns die Freiheit der Meinungsäußerung und das Recht, demonstrieren zu dürfen. Unser Grundgesetz garantiert uns, dass wir nicht diffamiert, beleidigt und ausgegrenzt werden dürfen.

Wenn ein junger Rabbiner heute in Berlin von einem jungen Palästinenser verprügelt wird, dann ist das zweifellos eine Straftat. Doch junge Palästinenser oder Araber aus anderen Staaten, die sich mit dem Leid und dem Kampf der Palästinenser identifizieren, sind aber gerade keine typischen Vertreter des traditionellen europäischen oder deutschen Antisemitismus. Dieser Antisemitismus ist ein Produkt made in Europe, der erst im 19. Jahrhundert in den

Orient exportiert wurde. In ihren Taten mischen sich politische Motive mit Vorurteilen gegen und Ablehnung von Juden insgesamt.

Es ist nicht einfach, hier rote Linien zu ziehen und zu unterscheiden, was tatsächlicher Judenhass und was ein Resultat des Konfliktes zwischen Israelis und Palästinensern ist. Aber in Israel geschehen furchtbare Dinge, und sie geschehen im Auftrag der Regierung und im Namen des Judentums. Dagegen müssen Menschen wie ich protestieren. Wenn wir in der Presse lesen oder im Hörfunk hören, dass Land mit Gewalt enteignet wird oder Olivenbäume durch fanatische Siedler entwurzelt werden, mit der Macht israelischer Gesetze, die nur dazu dienen, Palästinenser zu benachteiligen und zu demütigen, dann müssen wir aufbegehren.

Warum sind mir Antisemiten egal? Wollen sie mich denn nicht vielleicht vernichten? Ich lebe in einem Rechtsstaat, der verpflichtet ist, mich und jeden anderen Juden und Nichtjuden zu schützen – ganz egal, welche Partei sie gewählt haben, welche Musik sie lieben oder welchen Sex sie bevorzugen. Es gibt in unserem Bürgerlichen Gesetzbuch eine Menge von Paragrafen, die das vom Staat verlangen. Es reicht mir, zu wissen, dass es diese Gesetze gibt, dass es eine Polizei gibt, deren Aufgabe es ist, die Gesetze durchzusetzen und mich zu beschützen. Warum soll ich mir den Kopf zerbrechen, was Antisemiten wollen oder nicht wollen? Warum soll ich mir Gedanken machen, was sie denken? Die Gedanken sind in unserem Land frei und jeder hat das Recht, zu denken, was er will. Das kann sowieso keiner kontrollieren, denn keiner kann in die Köpfe anderer Leute hineinschauen – auch im engsten Bekanntenkreis nicht. Viele Antisemiten werden ohnehin den Deuwel tun, sich als solche erkennen zu geben. Und nicht jeder, der schreit: »Ich bring dich um«, tut das auch. Manch einer sagt es aus einer bestimmten Situation, aus spontaner Wut heraus. Gleichwohl möchte ich mich nicht mit echten Antisemiten an einen Tisch setzen, mit ihnen befreundet sein oder von ihnen auch noch gelobt werden, wie es manche reaktionäre Juden dulden, wenn es in ihren Augen der israelischen Sache dient. Ich bin da aber ganz ruhig, denn die Leute, die ich kenne und mit denen ich verkehre, sind garantiert frei von jedem Verdacht.

Der ehemalige Mitarbeiter des Bayerischen Rundfunks, Hans Krieger, schrieb am 17. Juli 2017, als besorgter Bürger zum Antrag von Münchner CSU und SPD israelkritischen Organisationen keine Räume mehr zur Verfügung zu stellen: »Antisemitismus muss bekämpft werden, keine Frage. Aber wappnen müssen wir uns auch gegen eine Antisemitismus-Schnüffelei, mit der Israels völkerrechtswidrige Besatzungspolitik vor legitimer Kritik geschützt werden soll. Wer die gewaltsame Vertreibung von 750 000 Palästinensern im Jahr 1948 ›ethnische Säuberung‹ nennt, ist kein Antisemit, sondern benennt drastisch einen von israelischen Historikern erforschten geschichtlichen Tatbestand. Wer die Boykottkampagne BDS unterstützt oder rechtfertigt, ist nicht allein deswegen schon ein Antisemit (schließlich tun das auch viele Israelis), noch stellt er das Existenzrecht Israels in Frage. Er will lediglich die friedenverhindernde, also selbstzerstörerische Besatzungspolitik Israels mit einem Mittel beenden, über dessen Zweckmäßigkeit und Legitimität man streiten kann (im Fall Südafrikas war es erfolgreich). Der Boykott richtet sich ja nicht gegen Juden als Juden, sondern gegen das staatliche Unrecht einer schleichenden Annexion unter dem Deckmantel der Selbstverteidigung.

Schließlich: für die Programmgestaltung im Gasteig oder im Eine-Welt-Haus wie auch in den Kammerspielen ist weder der Stadtrat noch der Kulturreferent noch der Oberbürgermeister zuständig. Eine Vorzensur durch den Immobilienbesitzer ist im Grundgesetz nicht vorgesehen. Wenn Gideon Levy Deutscher wäre und in deutschen Zeitungen so mutig und unbeirrbar deutsches Unrecht anklagte, wie er in Israel israelisches Unrecht geißelt, würde München ihm den Geschwister-Scholl-Preis verleihen. Und dieser tapfere, aufrechte Humanist soll in einer Stadtgesellschaft, die sich für liberal und weltoffen hält, nicht auftreten dürfen? Ja, wo leben wir denn?«

3 2000 Jahre Antisemitismus?

Immer wieder heißt es, dass der Antisemitismus schon 2000 Jahre alt ist. Aber stimmt das? Der deutsche Hobby-Historiker polnischer Herkunft, Arno Lustiger, schrieb einmal im Feuilleton der *Frankfurter Allgemeinen Zeitung*, dass es schon im ersten Jahrhundert »judenfeindliche Ergüsse des alexandrinischen Schriftstellers Apion«, gegeben habe, den er deshalb einen »antiken Julius Streicher« nannte. Apion war ein Geschichtsschreiber, der im ersten Jahrhundert nach Christus wirkte. Der Nachwelt war er vor allem durch seine Polemiken bekannt, auf die Josephus in seiner Schrift *Contra Apionem* (»Gegen Apion«) reagierte.

Apion mit dem Herausgeber des nationalsozialistischen *Stürmer* zu vergleichen ist eine dumme und gemeine Übertreibung und vor allem unhistorisch. Er ist aber typisch für den Versuch, vermeintliche Kontinuität zu behaupten, wo es keine gibt. Denn Apions antike Judenfeindschaft lässt sich nicht mit dem neuzeitlichen Antisemitismus vergleichen – und schon gar nicht mit jenem der NS-Zeit, der sich auf eine Rassenlehre bezieht, die es in der damaligen Epoche noch gar nicht gab. Vielmehr bezog sich Apions Ablehnung auf die angeblich »elitären Riten« des Judentums und die Überheblichkeit, die eigene Religion als die einzig wahre zu propagieren, und seine Kritik richtete sich hauptsächlich gegen Flavius Josephus und dessen Beschreibung der Geschichte der Juden. Apion forderte auch keineswegs dazu auf, Juden zu vernichten, sondern griff lediglich ihre Religion an. Flavius Josephus wiederum versuchte in seiner

Entgegnung »Gegen Apion«, andere Glaubensrichtungen als »falsche Religion« abzuqualifizieren und das von ihm verehrte Judentum als »wahre Auffassung von Gott« und »wahrste Frömmigkeit« zu präsentieren. Andere Religionen sah er als »Unordnung« an.

Indirekt stützte sich der Religionsstreit zwischen Apion und Flavius Josephus auf bereits in der Antike bestehende kulturelle Animositäten zwischen Juden und Ägyptern. Aufgrund der religiösen Überlieferungen des Judentums fiel die Darstellung des ägyptischen Volks von jüdischer Seite sehr negativ aus. Das wiederum provozierte judenfeindliche Schriften von ägyptischer Seite, die von zahlreichen Autoren aufgenommen und weiterverbreitet wurden. Flavius Josephus versuchte, diese judenfeindlichen Schriften zu widerlegen, um deren Ausbreitung nach Rom zu verhindern.

In der Antike existierten viele verschiedene Religionen, und es herrschte eine weitgehende Religionsfreiheit – erst recht im größten aller Reiche des Westens, im Römischen Imperium. Dort gab es viele Götter und jeder Bereich hatte seinen eigenen Gott. Jeder konnte seinen Gott anbeten, ob er aus Holz, Metall oder Marmor war, solange er nicht andere daran hinderte, ihre Götter anzubeten. Das Judentum war im Römischen Reich nur eine Religion unter vielen.

In Rom interessierte man sich auch nur dann für die Juden, wenn diese sich weigerten, dem Kaiser oder dessen Statthaltern zu gehorchen und ihnen das zu geben, »was des Kaisers ist«, oder wenn sie Kultstätten griechischer oder römischer Götter zerstörten – kurz, wenn sie revoltierten. So geschah es während des Aufstands der Makkabäer im zweiten Jahrhundert vor Christus und später während des Krieges der Juden gegen die Römer, der im Jahr 66 nach Christus begann und vier Jahre später mit der Eroberung Jerusalems und der Zerstörung des jüdischen Tempels in Jerusalem endete.

Dieser Krieg wird im berühmten Geschichtsbuch von Josephus Flavius, der Geschichte des jüdischen Krieges – Bellum Judaicum – beschrieben. Es handelte sich um den Versuch der Juden, sich von der römischen Herrschaft zu befreien. Im zweiten Jahrhundert nach Christus gab es erneut einen Aufstand der aufsässigen Juden gegen das Römische Reich, der mit der vollkommenen Zerstörung Palästinas endete. Dabei ging es stets um weltliche Macht und um Geld: Das Imperium wollte in Ruhe seine Steuern kassieren und nicht einen Glauben verbreiten. Antijudaismus oder gar Antisemitismus waren dabei nicht im Spiel.

Im Allgemeinen war das Judentum in jener Zeit sogar ziemlich angesehen, und im alten Rom konvertierten viele Römer – auch aus angesehenen Familien – zum Judentum. Der Übertritt zum Judentum war lange Zeit nicht strafbar. Denn die meisten Römer waren als überzeugte Polytheisten anderen Glaubenssystemen gegenüber tolerant, und das Judentum war offiziell erlaubt. Der römische Politiker, Schriftsteller und Philosoph Cicero berichtete schon im ersten Jahrhundert vor unserer Zeit über die große Zahl von Menschen in Rom, die dem jüdischen Glauben anhingen.

Das Buch Esther

Die Behauptung einer generellen Judenfeindschaft kann nicht aufrechterhalten werden. Nichtsdestotrotz erzählt man sich unter Juden seit Generationen als Beispiel, wie der Großwesir Haman, der höchste Beamte des persischen Königs Xerxes (486 bis 465 vor Christus), der lange Zeit vor Apion lebte, einst die Juden an einem Tag vernichten wollte. Nachzulesen in der Bibel im Buch Esther ist, wie die Königin Esther sie davor mithilfe des Juden Mordechai errettete. Nach jüdischer Überlieferung wurde das Buch Esther um 400 v. Chr. verfasst. Es zählt zu den fünf Festrollen (Megillot) der hebräischen Bibel. Das Purimfest erinnert an die Errettung des jüdischen Volks vor dieser Gefahr. Heute behaupten manche, dass im Buch Esther von der ersten antisemitischen Judenverfolgung berichtet werde. Bei näherem Einsehen und beim Durchlesen der zwölf Seiten des ziemlich kurzen Berichts in der Bibel stellt sich heraus, dass sich die Geschichte ganz anders ereignete.

Man muss auch berücksichtigen, dass das Buch Esther erst viel später in den Kanon der Bibel aufgenommen wurde, und ebenso die Tatsache, dass es keine historischen Belege für diese fantastische Geschichte gibt, wie es auch sonst kaum Belege für die biblischen Geschichten und Mythen gibt. Bemerkenswert ist auch, dass in dem Buch das Wort »Gott« nicht ein einziges Mal vorkommt. Dabei hat Haman, der in israelischen Schulen heute gerne mit Hitler verglichen wird, keinen einzigen Juden ermordet. An dem Baum, an dem er den Juden Mordechai aufhängen wollte, wurde schließlich er selbst aufgeknüpft. Dennoch wird diese Geschichte als Blaupause für alle späteren Verfolgungen der Juden gedeutet, und ganz besonders für die Verfolgung durch die Nazis.

Haman ärgerte sich nicht über die Juden an sich, sondern einzig und allein über den stolzen Mordechai, der ihm nicht die erwartete Ehrerbietung entgegenbrachte. So beschloss er, diesen widerspenstigen Menschen, der »nicht vor ihm niederfiel und ihm nicht huldigte«, zu bestrafen. Immerhin war Haman der erste Minister des Königs und leitete daraus ein Recht darauf ab, mit Respekt und Ehrerbietung behandelt zu werden. »Aber es schien ihm nicht genug, nur Mordechai zu beseitigen. Da man ihm gesagt hatte, welchem Volk Mordechai angehörte, wollte Haman alle Juden im Reich des Xerxes vernichten – das ganze Volk Mordechais«. So ist im Buch Esther 3, 4-6 nachzulesen.

Doch, so berichtet uns das Buch Esther, dazu kam es nicht. Im Gegenteil: Die geretteten Juden ihrerseits übten an der übrigen Bevölkerung ein Gemetzel aus und rächten sich durch Massaker an Tausenden von unschuldigen Menschen. Die Bibel berichtet von 75 000 Toten, aber man weiß, dass man diesen Zahlen nicht trauen kann – es können weniger, aber auch mehr gewesen sein. Natürlich habe ich nicht die Absicht, hier Unrecht gegen Unrecht gegeneinander aufzurechnen. Allerdings verlief die Geschichte manchmal anders, als es uns die Mythen und die Feste erzählen.

Die Entstehung des christlichen Antijudaismus

Eine neue Epoche brach an, als Jesus' Impresario Petrus das Christentum nach Rom brachte. Das Christentum war eigentlich ein Judentum light, das sich durch den Verzicht auf die Beschneidung und so manche anderen strengen Gebote und Verbote des Judentums auszeichnete. Es verbreitete sich sehr schnell innerhalb des römischen Bürgertums und auch des römischen Adels, und wurde dadurch zu einer Gefahr für den römischen Staat. Seine Anhänger wurden deshalb verfolgt und von Kaiser Nero beschuldigt, die Stadt Rom in Brand gesetzt zu haben. Dennoch wuchs das Christentum, seine Anhängerschaft wurde immer größer und stärker, bis es schließlich im vierten Jahrhundert zur Staatskirche erklärt wurde.

Es dauerte einige Zeit, bis das Christentum an Macht und Einfluss gewann. Aber dann grenzten Christen die Juden ab dem 9. Jahrhundert zunehmend aus den meisten Berufsbereichen aus und überließen ihnen nur noch von ihnen verachtete Berufe wie den Trödelhandel, das Pfand- und das Kreditwesen. Später begründeten sie ihre Judenfeindschaft genau damit: Juden galten ihnen nun als Wucherer und arbeitsscheu und bei den Kreuzzügen im 11. und 12. Jahrhundert und auch während der Pestpandemie im 14. Jahrhundert kam es zu ersten Pogromen gegen Juden in Europa, später auch auf dem europäischen Festland und besonders in Deutschland. Um 1450, als die spanische Reconquista mit der Rückeroberung der iberischen Halbinsel von den Mauren endete, führte die Inquisition unter Torquemada und seinen Nachfolgern den Begriff der »limpieza de sangre« (spanisch für »Reinheit des Blutes«) ein: Nur Christen, die nicht von zwangsgetauften Juden (Marranen) oder Muslimen (Morisken) abstammten, galten als unverdächtig. 1492 vertrieben die katholischen Könige Spaniens, Ferdinand und Isabella, die dort lebenden Juden.

Aber nicht nur die katholischen Christen hatten etwas gegen die Juden. Auch der Reformator Martin Luther erteilte in seiner Schrift *Von den Juden und ihren Lügen* 1543 den Fürsten den Rat, Synagogen und jüdische Wohnungen in ihrem Herrschaftsbereich zu zerstören. Im 19. Jahrhundert ging dann die christliche begründete Judenfeindschaft in einen judenfeindlichen Rassismus über, der sich auf vermeintlich »wissenschaftliche«, biologistische Argumente stützte. Gemeinsam belebten Antijudaisten und Antisemiten die Ritualmordlegende neu. Im späten 19. und 20. Jahrhundert waren nationalistische Christen oft auch Antisemiten, so wie die evangelische Kirchenpartei Deutsche Christen in der NS-Zeit.

Doch in den ersten sieben bis acht Jahrhunderten n. Chr. lebten die Juden mehr oder weniger wie alle anderen Völker. Es gab keine spezifischen Verfolgungen, im Gegenteil: Im Reich Karls des Großen genossen die Juden sogar einen besonderen Schutz. Er benutzte sie als Vermittler zu den Reichen im Osten und auch im Inneren des Reiches. Die Juden hatten überall Verbindungen und sie waren dem Kaiser schon deshalb nützlich, weil die jüdischen Gemeinden von Amsterdam bis Saloniki auf Hebräisch miteinander kommunizierten und Karl deshalb Geheimbotschaften verschicken konnte. Es ist bekannt, dass er am liebsten jüdische Gesandte benutzte, weil er wusste, dass er sich auf ihre Sprachkenntnisse und Verbindungen zu jüdischen Gemeinden verlassen konnte.

Der Kirche ging es in diesen frühen Jahrhunderten nicht darum, Nichtgläubige zu bekämpfen, sondern eher, sie zu bekehren oder auszubeuten. Nichtchristen, besonders Juden, mussten besondere Steuern zahlen. Mit der Zeit wurden sie auch von bestimmten Berufen ferngehalten, und am Ende mussten sie abgesondert für sich in Ghettos leben. Aber all das wäre nicht zu vergleichen mit dem, was mit den Indianern in Nord- und Südamerika, mit den Eskimos in der Arktis oder den Aborigines in Australien geschah, als sich die christlichen Nationen Europas auf ihren Kontinenten ausbreiteten. Sie beanspruchten das Land für sich, die Prärie Nordamerikas und das Grasland und sogar die Eisberge der Antarktis, und verdrängten deshalb die einheimische Bevölkerung. Auch die Hereros in Südwestafrika wurden regelrecht ausgerottet, doch bei diesem Völkermord ging es nicht mehr um Religion, sondern um Land. Die Deutschen wollten auch einen »Platz an der Sonne«, sie wollten ihr Reich expandieren.

Die Juden in Europa aber überlebten trotz Hass, Verachtung und diverser Verfolgungen, während andere Völker in dieser Zeit untergegangen und verschwunden sind. Ganz schlimm war es für sie während der Kreuzzüge, als marodierende Horden durch die Judengassen der Städte im Rheinland liefen und Häuser plünderten, Frauen vergewaltigten, Kinder und Greise töteten und Synagogen in Brand setzten. Aber auch das überlebten die jüdischen Gemeinden immerhin ein ganzes Jahrtausend. Auch die späteren Bauernaufstände und Luthers Aufruf zur Vernichtung der Juden waren eine Gefahr für die jüdischen Gemeinden in Europa, und besonders in Deutschland. Viele Juden flohen nach Polen und wurden dort von König Kasimir freundlich empfangen und zum Bleiben überredet. Sie behielten ihre deutsche Sprache bei, aus der sich später das Jiddisch der Ostjuden entwickelte.

Zwar wuchs auch in Polen und später in Russland ein gefährlicher Antisemitismus heran, der von der orthodoxen Kirche geschürt wurde, und es kam hin und wieder zu Unruhen und Pogromen, denen viele Juden zum Opfer fielen. Eine völlige Vernichtung drohte ihnen aber nicht – jedenfalls nicht bis zur »Endlösung« durch die Nazis. Die Juden lebten bis dahin über die Jahrhunderte, mehr schlecht als recht, ziemlich autonom in ihren Dörfern und bildeten in vielen Schtetls die Mehrheit. Ihre Kultur und Religion wurde erst Mitte des 20. Jahrhunderts durch den Vernichtungsfeldzug der Deutschen ausradiert.

Juden unter muslimischer Herrschaft

In der arabisch-muslimischen Welt ging es den Juden über die Jahrhunderte hinweg viel besser. In Andalusien lebten Juden und Muslime zwischen dem 10. und dem 15. Jahrhundert, mehr als fünfhundert Jahre lang, in Frieden neben- und miteinander. Es waren die andalusischen und nordafrikanischen Juden, die die griechischen Philosophen und Dramatiker aus dem Arabischen ins Lateinische übersetzten und so für die Nachwelt überlieferten. Die Mauren bildeten zwar die herrschende Schicht, und Muslime standen zwar an der Spitze der Hierarchie. Juden und Christen aber lebten frei und in Frieden. Ungeachtet der strengen Vorschriften, die den einzelnen Religionen auferlegt waren, vermischten sich die Kulturen: Juden schenkten ihren arabischen Nachbarn Matzen und luden sie zum traditionellen Sederessen ein, wofür sich diese revanchierten, indem sie den Juden am Ende des Passahfestes frisch gebackenes Brot brachten. Oft wurden muslimische Knaben von einem jüdischen Beschneider, dem Mohel, beschnitten.

Diese Epoche einer fruchtbaren Symbiose endete 1492 jäh mit dem Dekret der kastilischen Könige, welches zur Auswanderung der Juden aus Spanien führte. Die meisten wurden mit dem »Alhambra-Edikt« von 1492 vertrieben.

Das Edikt ordnete die Vertreibung der Juden aus allen Territorien der Krone von Kastilien und der Krone von Aragón zum 31. Juli desselben Jahres an, sofern sie bis dahin nicht zum Christentum übergetreten waren.

Wer blieb, musste sich taufen lassen und Christ werden. Wer dabei erwischt wurde, im Geheimen weiter seinem jüdischen Glauben nachzugehen, wurde verfolgt und von der Inquisition angeklagt. Nach älteren Berichten der Katholischen Kirche handelte es sich bei 90 Prozent der zwischen 1478 bis 1530 vor der katholischen Inquisition Angeklagten um zum Christentum konvertierte Juden, die angeblich an ihrem früheren Glauben festgehalten hatten. In der Hälfte aller Fälle – etwa 900 allein in Toledo – wurden sie zum Tode auf dem Scheiterhaufen verurteilt und beim feierlich begangenen Autodafé (»Glaubensgericht«) hingerichtet.

Als Sephardim bezeichnen sich die Juden und ihre Nachfahren, die bis zu ihrer Vertreibung 1492 und 1513 auf der Iberischen Halbinsel lebten. Nach ihrer Flucht siedelten sie zum größten Teil im Osmanischen Reich und in Nordafrika, dem Maghreb. Anders als die christlichen Armenier, die Anfang des 20. Jahrhunderts von den Jungtürken aus ihren Städten und Dörfern in Anatolien vertrieben wurden und zu großen Teilen in der Wüste verhungert sind, konnte sich ein großer Teil der spanischen Juden retten. So kommt es, dass das spanische Judentum unter anderem in Nordafrika und auf dem Balkan, in Istanbul, Alexandria und Thessaloniki, Amsterdam und Hamburg zu neuem Leben erwachte. Die prächtigen sephardischen Synagogenbauten in Amsterdam, Hamburg, Istanbul, Thessaloniki und im Maghreb legen davon bis heute Zeugnis ab. Das sephardische Judentum hat trotz aller Verfolgungen überlebt und bildet im heutigen Israel eine nicht unwesentliche Kraft.

In vielen muslimisch geprägten Staaten wie Algerien, Marokko, Tunesien, Ägypten, der Türkei, Iran, dem Irak, Syrien und dem Libanon lebten Juden Jahrhunderte in Frieden und guter Nachbarschaft mit Muslimen und auch Christen zusammen. Auch wenn sie nicht die vollen Rechte genossen, wurden sie geachtet und geschätzt. Erst mit der Entkolonialisierung und der Entstehung moderner Nationalstaaten, mit denen auch ein türkischer, ein persischer und ein arabischer Nationalismus aufkamen, wuchsen die Animositäten zwischen den einzelnen Gruppen gefährlich an. Westliche Staaten und das neu gegründete Israel waren daran nicht ganz unbeteiligt. Die Auswanderung der Juden aus dem Irak, aus Ägypten und Marokko nach Israel wurde von israelischen Agenten des Mossad organisiert – zum Teil gegen den Willen der örtlichen Behörden und dem Willen der betroffenen jüdischen Gemeinden. Manche der Juden, die auf Drängen der Zionisten aus Marokko und Algerien, aus dem Irak und Ägypten nach Israel eingewandert sind, würden heute am liebsten wieder zurückkehren, wenn das möglich wäre. Sie berichten vom Hass der arabischen Nachbarn, aber mehr noch berichten sie von der Achtung und dem Respekt, der ihnen in der muslimischen Welt entgegengebracht worden ist.

Mohammed, der Religionsstifter, mahnte seine Gläubigen, gerecht und friedlich mit den Juden umzugehen, die er als »Volk des Buches« achtete. Der Prophet Mohammed hatte einige Auseinandersetzungen mit jüdischen Stämmen, die er verfluchte. Aber der Koran enthält auch genaue Anweisungen, wie man sich gegenüber den anderen Buchreligionen und ihren Anhängern, den Juden und den Christen, verhalten sollte – etwa, dass man sie gegen eine Kopfsteuer vom Militärdienst befreien und ihnen mit Respekt und Anstand begegnen sollte. Im Verlauf der Jahrhunderte kam es zwar auch in muslimisch geprägten Ländern gelegentlich zu Übergriffen auf Juden und Christen. Aber die Lage der Juden in der muslimischen Welt war ungleich besser als in der christlichen Welt – sonst hätte es das »Goldene Zeitalter« der muslimisch-jüdischen Symbiose in Andalusien nicht gegeben, und das Osmanische Imperium hätte nicht Hunderttausende von Juden, die aus Spanien vertrieben wurden, aufgenommen. Der größte jüdische Denker seiner Zeit, der berühmte Arzt und Philosoph Rabbi Moshe ben Maimon – im christlichen Europa als Maimonides bekannt – stieg sogar zum Leibarzt und Berater des großen muslimischen Sultans Salach-al-Din-al-Ajubi auf. Als er im Jahr 1204 starb, soll halb Kairo hinter seinem Sarg hermarschiert sein.

Kurz gesagt: Man kann es getrost ins Reich der Mythen verweisen, dass Juden das am meisten verfolgte Volk auf Gottes Erde sein sollen. Das Verbrechen des Holocaust ist in seinen industriellen Ausmaßen historisch sicherlich einmalig. Was den Armeniern im Osmanischen Reich angetan wurde, den Ukrainern durch Stalin, den Indianern Süd- und Nordamerikas durch die weißen Europäer oder Millionen Tutsis durch radikale Hutus in Ruanda angetan wurde, auch das gehört zu den dunklen Seiten der Geschichte der Menschheit.

Leider gehört es für viele Juden seit Generationen zu ihrem Selbstverständnis, sich als einziges Opfer der Geschichte zu sehen. Einerseits ist man stolz darauf, von Gott »unter allen Völkern« ausgewählt worden zu sein. Andererseits hadert man mit demselben Gott, weil er es zulässt, dass man »uns Generation um Generation verfolgt und ausrotten will«. Nüchtern und objektiv betrachtet, erging es manchen anderen Völkern zu bestimmten Zeiten durchaus schlechter als den Juden. Die Indianer Nordamerikas sind fast vollständig ausgerottet worden und die Sinti und Roma in Europa werden heute noch verfolgt und schlecht behandelt. So erging es religiösen oder nationalen Minderheiten in vielen Jahrhunderten, und so ergeht es heute noch unter anderem den Tibetern, Kurden und Palästinensern. Völker müssen, ob sie wollen oder nicht, um ihre

Gleichberechtigung, ihre Freiheit und ihre Unabhängigkeit kämpfen. Hoffentlich kommen wir ja einmal dahin, dass dies nicht mehr so ist und Völker friedlich neben- und miteinander leben können.

Der rassistische Antisemitismus

Erst der moderne Antisemitismus ließ Juden keine Möglichkeit mehr, aus ihrer angeborenen Haut zu schlüpfen und sich, etwa durch Konversion zum Christentum, eine andere Identität zuzulegen. Besonders deutlich wurde dies in Frankreich durch den Skandal um den jüdischen Hauptmann Alfred Dreyfus, der beschuldigt wurde, für die deutsche Armee spioniert zu haben, und 1894 wegen Landesverrats verurteilt wurde. Obwohl seine Unschuld offensichtlich war, wurde er mit Schimpf und Schande aus der Armee geworfen und auf die französische Teufelsinsel in der Karibik verbannt. Bei der erniedrigenden Degradierung am 5. Januar 1895 im Hof der École Militaire war ein österreichisch-ungarischer Schriftsteller jüdischer Herkunft namens Theodor Herzl zugegen. Er war von der Zeremonie so ergriffen und fühlte sich selbst so erniedrigt, dass er beschloss, sich politisch für sein Volk einzusetzen. Der Publizist und Journalist wurde zum Begründer des modernen politischen Zionismus und gilt deshalb als zentraler Vordenker und aktiver Wegbereiter eines modernen jüdischen Staates, der später in Form des modernen Staates Israel Realität wurde.

1896 veröffentlichte Theodor Herzl sein Buch *Der Judenstaat*, das er unter dem Eindruck der Dreyfus-Affäre in nur drei Wochen niedergeschrieben hatte. Herzl glaubte, dass nur ein eigener Staat die Juden vor dem Antisemitismus retten könnte. Es sollte allerdings noch weitere 50 Jahre dauern, bis seine Vision Wirklichkeit werden sollte. In der Zwischenzeit wurden die Hälfte des westeuropäischen und fast das gesamte osteuropäische Judentum vernichtet.

1924 hatte der Gefreite Adolf Hitler, ein »Veteran« des Ersten Weltkrieges, während seiner Festungshaft in Landsberg am Lech ein anderes Buch geschrieben, das Geschichte machen sollte, nämlich *Mein Kampf.* Hitler schuf eine nationale Organisation, die Nationalsozialistische Deutsche Arbeiter-Partei (NSDAP). Seine Ideologie basierte auf einem fanatischen unbarmherzigen Nationalismus und auf rassistischem Antisemitismus. Es handelte sich um einen sehr primitiven Antisemitismus, der die Juden für den Kapitalismus verantwortlich machte, aber gleichzeitig auch für den Kommunismus. Hitler nannte sie geldgierig und machtgeil, Diebe geistigen Eigentums ihrer Gastvölker, zweitrangige Wissenschaftler und Gelehrte, Schwindler, Ausbeuter und Profiteure des jeweiligen Systems. Sein Ziel war es, die europäischen Juden, und ganz besonders die deutschen Juden, zu vertreiben oder zu vernichten. Sechs Millionen Juden wurden vergast, erschossen und verbrannt, bevor Hitler selbst im April 1945, als Deutschland den Krieg verloren hatte und bedingungslos kapitulieren musste, seinem Leben ein Ende setzte.

Ausgerechnet der israelische Ministerpräsident Benjamin Netanjahu rüttelte im Oktober 2015 an diesen historischen Tatsachen, als er vor dem 37. Zionistenkongress in Jerusalem eine Rede hielt. Dort behauptete er ganz ernsthaft und dreist, dass Hitler die Juden »nur« habe vertreiben wollen. Erst der Mufti von Jerusalem, der Anführer der Palästinenser Mohamed Amin al Husseini, habe ihn bei seinem Besuch in Berlin im November 1941 dazu überredet, die Juden zu »verbrennen«. Zu diesem Zeitpunkt hatte der Reichsführer der SS, Heinrich Himmler, zwar schon längst die Errichtung eines Konzentrationslagers in Auschwitz angeordnet, und in Babi Jar in der Ukraine waren schon mehr als 30 000 Juden ermordet worden. Netanjahu aber bog die bekannten historischen Tatsachen in einer perfiden und dummen Art und Weise so zurecht, dass sie seiner aktuellen politischen Agenda dienten, um die Palästinenser in ein moralisch und auch historisch schlechtes Licht zu rücken.

Mit Hitlers Tod und dem Ende des Zweiten Weltkriegs ging auch das Kapitel des modernen, rassistischen Antisemitismus zu Ende. Es mag noch echte Antisemiten geben. Aber für die meisten Überlebenden und für die folgenden Generationen ist der Judenhass ein Relikt aus vergangenen Zeiten. Das hindert die zionistischen Agitatoren von heute aber nicht daran, alle Jahre wieder einen vermeintlichen Antisemiten durchs Dorf zu jagen oder öffentlich vorzuführen – so wie unlängst Jakob Augstein, der plötzlich auf einer dubiosen Liste stand, die vom Simon Wiesenthal Center in Kalifornien jährlich neu aufgestellt wird, und auf der er zu den zehn gefährlichsten Antisemiten der Welt gezählt wurde. Daran allein sieht man schon, dass der Antisemitismus-Vorwurf zu einer Jahrmarktsensation geworden ist, die von Dorfdeppen veranstaltet wird.

Solche Antisemitenmacher werden nicht müde zu behaupten, dass Menschen wie Hajo Meyer, Noam Chomsky, Alfred Grosser und andere Juden, die den Staat Israel kritisieren, »Jüdische Selbsthasser« oder gar »Jüdische Antisemiten« seien. Auch der Philosophin Hannah Arendt (1906–1975) warf man einst vor, von jüdischem Selbsthass angetrieben zu sein, weil sie den Mut hatte, in ihrem Buch über den Eichmann-Prozess in Jerusalem einige Thesen aufzustellen, die dem jüdischen Establishment nicht passten. Sie vertrat zum Beispiel die ungeheuerliche These, dass Adolf Eichmann vielleicht gar kein überzeugter Antisemit war, sondern nur ein fleißiger Beamter, der alles zur vollsten Zufriedenheit seiner Vorgesetzten erledigen wollte. Es hat sie überrascht und zum Nachdenken gebracht, als Eichmann im Gerichtssaal in Jerusalem vollkommen überzeugt behauptet hat, dass er die Juden nicht gehasst, sondern nur seine Pflicht erfüllt habe, und dass er selbst auch keinen einzigen Juden umgebracht habe, sondern nur Juden in Züge verfrachtete, die nach Auschwitz fuhren. Er fühlte sich ab dem Zeitpunkt, an dem die Züge abgefahren waren, nicht mehr für sie verantwortlich. Hannah Arendt meinte, dass Eichmann auch Chinesen, Eskimos oder Buddhisten in Züge verfrachtet hätte, wenn man es ihm befohlen hätte. Es war die totale *Banalität des Bösen*, die absolute gefühllose und verwaltungsmäßige Ermordung von Millionen von Menschen, die man nicht kannte und gegen die man persönlich gar nichts hatte.

Als Reaktion auf diese These gab es einen gewaltigen Aufschrei, und man warf Hannah Arendt vor, sie würde den Judenmord der Nazis relativieren und die Täter als harmlose, unschuldige Opfer darstellen. Das war natürlich keineswegs ihre Absicht. Die Taten waren monströs, auch wenn die Täter vielleicht keine Monster waren, und mit keinem Wort wollte sie diese Taten relativieren. Sie wollte nur zu bedenken geben, dass nicht viel nötig ist, um solche Taten zu begehen. Sie sagte das auch nicht zuletzt im Hinblick auf das, was in Israel geschah und leider immer noch geschieht. Besonders übel hat man ihr das Wort »Banalität« genommen. Ihre Formulierung von der *Banalität des Bösen* wurde in Deutschland zu einem geflügelten Wort.

Der Philosemitismus der Nachkriegszeit

Nach dem Krieg zogen sich viele alte Nazis und überzeugte Antisemiten zurück und schwiegen in der Öffentlichkeit, weil offener Judenhass nun gesetzlich verboten war. Diese Ewiggestrigen starben nach und nach aus, und heute gibt es eine neue Generation von Deutschen, die tendenziell recht weltoffen, liberal, demokratisch und friedliebend ist. Manchmal erscheint es aber auch, als ob Ewiggestrige unausrottbar sind.

Eine Zeitlang hatte man den Eindruck, dass der Antisemitismus vollkommen verschwunden war. Stattdessen erlebten wir eine Welle des Philosemitismus, der Klezmer-Begeisterung und der naiven Begeisterung für Israel, den ersten jüdischen Staat. Diesen übertriebenen Philosemitismus haben viele Juden zutiefst verachtet. Ein normales, unverkrampftes Verhältnis zu Juden konnte so nur schwer entstehen – und in Deutschland erst recht nicht, das mit der Last des Holocaust immer eine dunkle Wolke über sich trug und bis heute trägt.

In einem deutsch-israelischen Kongress, der 2014 in Berlin stattfand, versuchten vorwiegend israelische Teilnehmer, sich dem deutschen Philosemitismus zu nähern. Jemand meinte, dass Deutsche in den Juden nur passive Opfer sähen, denen man nicht böse sein könne. Das sei auch der Grund, warum in Deutschland immer wieder behauptet wird, dass Israel nicht aggressiv sei, sondern sich lediglich selbst verteidige. Der Philosemitismus, so wurde argumentiert, sei ein Teil der deutschen Selbstliebe. Die Deutschen liebten die Juden, um sich selbst dafür lieben zu können, wie sehr sie aus der Geschichte gelernt hätten.

Der Philosemitismus kam im 19. Jahrhundert auf, parallel zum Antisemitismus. Die deutschen Aufklärer jener Zeit waren philosemitisch – hauptsächlich, weil sie antichristlich eingestellt waren. Gotthold Ephraim Lessing (1729–1781) und Johann Gottfried Herder (1744–1803) liebten das Alte Testament und die Juden. Es gab eine romantische Judenliebe, die sich auch in der Begierde nach einer heißblütigen, schwarzhaarigen, intellektuellen Jüdin äußerte, von denen einige in Berlin eigene Salons betrieben, die zu den wichtigsten intellektuellen Treffpunkten jener Epoche aufstiegen. Der gegenwärtige Philosemitismus ist aber intellektuell fade. Er nährt sich aus Gefühlen von Schuld und Sühne, weshalb es kein Zufall ist, dass man in proisraelischen Kreisen und bei deren Demonstrationen viele Christen trifft. Die »Christen für Israel« bilden innerhalb der christlichen Kirchen eine starke Bewegung. Insbesondere unter Evangelikalen, also einer christlich-konservativen Strömung, ist die Israel-Liebe sehr ausgeprägt. Und vielleicht ist diese christliche Prägung auch ein Grund, warum Angela Merkel sich traditionell an die Seite Israels stellt. Seltsamerweise begegnen wir antisemitischen Einstellungen seltener bei den Kritikern der israelischen Politik als bei solchen Philosemiten, die zu glauben scheinen, dass sie uns Juden vor Antisemiten verteidigen müssen – und besonders vor anderen Juden, die nicht zionistisch sind.

Philosemiten lieben Juden, aber in erster Linie lieben sie sich selbst, und der Philosemitismus stärkt ihr Selbstwertgefühl. Sie sind stolz auf sich selbst, dass sie so gute Menschen sind, und sie empfinden dabei eine Art von seelischer Selbstbefriedigung: »Ich hasse die Juden nicht, also muss ich ja gut sein.« Das ist zu einem geflügelten Satz geworden und steigerte sich zu Aussagen wie: »Ich lese Kishon, also kann ich kein Antisemit sein« und geht mittlerweile über in »Ich diffamiere andere als Antisemit, also kann ich selber keiner sein.« Unzählige Exponenten der deutschen Öffentlichkeit ließen sich aufzählen. Für Philosemiten sind Juden eben etwas ganz besonderes.

Viele Deutsche haben sich nach dem Krieg als anständige und gute Deutsche verstanden, allein schon deshalb, weil sie selbst keine Juden ermordet hatten. Dass sie durch ihr Schweigen das Morden ermöglicht hatten, das verdrängten sie lieber.

Natürlich bin ich beunruhigt, wenn es Menschen gibt, die mich hassen, nur weil ich Jude bin. Gegen verbale Angriffe kann ich mich aber gut selbst verteidigen. Wie soll ich mich aber gegen Philosemiten verteidigen? Es gibt ja bei uns Juden den Spruch: »Gott schütze mich vor meinen Freunden, vor meinen Feinden werde ich mich selbst schützen.« Philosemiten sind peinliche, unangenehme und lästige Freunde. Ich will nicht als Jude gehasst werden, noch weniger aber will ich als Jude geliebt werden, oder, besser gesagt: nur, weil ich Jude bin. Ein ehrlicher Antisemit ist mir immer lieber als ein verlogener Philosemit. Wie heißt es so schön: »Philosemiten sind Antisemiten, die Juden lieben.«

4 Antisemitismus heute

Wenn zukünftige Historiker auf die deutsch-jüdischen Beziehungen der letzten 25 Jahre schauen werden, dann werden sie vermutlich feststellen müssen, dass es in dieser Zeit so gut wie keinen Antisemitismus gegeben hat, jedenfalls nicht von offizieller oder staatlicher Seite. Ganz im Gegenteil: Kanzlerin Angela Merkel wird von allen Seiten und insbesondere von israelischen und jüdischen Institutionen bescheinigt, strikt an der Seite Israels zu stehen. Alle politischen Parteien bis hin zu den Grünen wie Volker Beck und Claudia Roth stellen sich unkritisch vor Israel und drücken vor dessen Kriegsverbrechen und Verletzungen des Völkerrechts sowie seiner beschämenden Behandlung der Palästinenser beide Augen zu, weil sie glauben oder hoffen, dadurch auf der richtigen Seite der Geschichte zu stehen. Die jungen Grünen wollten die Sünden ihrer Väter, gegen die sie revoltierten, wiedergutmachen, indem sie jetzt zu den Sünden der Israelis schwiegen und immer noch schweigen. Die evangelische Kirche will damit ihr Verhalten im Dritten Reich sühnen, als sie stramm und treu hinter Hitler stand und viele Protestanten als »Deutsche Christen« zum Verbrechen an den Juden schwiegen und sich mitschuldig machten. Nicht viel anders sieht es bei der katholischen Kirche aus, die auch ihre Leichen im Keller hat. Leider gibt es auch bei den Linken Leute wie Petra Pau, die obsessiv ihre persönliche Wiedergutmachung betreiben und jede noch so geringste und harmlose Kritik an Israel als Zeichen für Antisemitismus werten. Die Art und Weise, wie diese

Politiker letztlich israelische Interessen in Deutschland vertreten, ist mir peinlich.

Wer wissen will, was handfester Antisemitismus ist, kann sich in den Geschichtsbüchern informieren. Es gibt genügend literarische und biografische Zeugnisse, die das beschreiben. Jüdische Kinder mussten vor dem Zweiten Weltkrieg täglich am eigenen Leib erfahren, was Antisemitismus ist. Es reicht, die wenigen Zeilen zu lesen, die zum Beispiel Paul Celan noch 1933 an seine Tante in Palästina schrieb, als er den Hass auf Juden in seiner Schule beklagte, den er als unerträglich empfand.

Ich habe nach dem Zweiten Weltkrieg in Deutschland die Schule besucht und kann, bis auf einen einzigen bedauerlichen Vorfall, keine negativen Erlebnisse berichten. Das Gegenteil ist der Fall. Ich werde bis heute zu jedem Klassentreffen eingeladen und mit Freude und Respekt begrüßt. Und ich bin fest davon überzeugt, dass dies keine Ausnahme und kein Einzelfall ist. Der alte Judenhass existiert nicht mehr. Der alte, klassische Antisemitismus ist tot, er ist mit dem Dritten Reich untergegangen. Es ist deshalb lächerlich und unverantwortlich, die leiseste Kritik an Israel mit Antisemitismus gleichzusetzen.

Wie steht es mit dem Antisemitismus in Deutschland? Entfalten die »giftigen« Mythen über die Juden als Blutsauger, Schwindler und Spekulanten auch heute noch ihre Wirkung? Und wenn ja, in welcher Weise spiegeln sie sich als Einstellungen und Zwischenfälle wider?

Das Innenministerium erhebt regelmäßig die Zahl »antisemitischer Straftaten«. Darunter fallen Delikte wie Pöbeleien gegen Jüdinnen und Juden, Brandanschläge auf Synagogen, Schändungen jüdischer Friedhöfe oder die Zerstörung von Stolpersteinen, deutlich seltener auch Gewalttaten. Langfristig betrachtet, lässt sich dabei kein Aufwärtstrend feststellen, die Zahlen schwanken von Jahr zu Jahr. In den meisten Fällen handelt es sich um Propagandadelikte, Sachbeschädigungen, Volksverhetzungen sowie Verstöße gegen das Versammlungsgesetz. Gewaltdelikte, wie beispielsweise im Fall von Brand- und Sprengstoffanschlägen gegen Gedenkstätten oder Synagogen, seien auch so gut wie nie systematisch geplant, sagt das Innenministerium. Und die Kriminalstatistik zeigt auch, dass sich nur ein Bruchteil der politisch motivierten Kriminalität in Deutschland gegen Juden oder jüdische Institutionen richtet. 2012 etwa meldete das Innenministerium 2464 politisch motivierte Gewaltdelikte, davon wurden aber nur 41 Fälle als »antisemitische Gewalttat« deklariert. Diese Zahl zeigt, wie gering solche Vorfälle sind. Auch wenn jede Tat für sich allein gesehen furchtbar und abzulehnen ist, so eignen sie sich nicht, von einer »Welle des Antisemitismus« zu sprechen.

Auch die folgende Statistik raubt mir persönlich nicht den Schlaf. Aus einer Studie der Friedrich-Ebert-Stiftung zu rechtsextremen Einstellungen in der Bevölkerung (»Die Mitte im Umbruch«) aus dem Jahr 2012 gingen folgende Zahlen hervor:

- 28 Prozent glaubten, Juden hätten in der Welt zu viel Einfluss.
- 36 Prozent fanden, Juden zögen aus der Vergangenheit Vorteile und ließen die Deutschen dafür zahlen.
- 61 Prozent fanden, man solle einen Schlussstrich unter die Debatte über die Judenverfolgung ziehen.

Was kümmert es mich, was 28 Prozent der Deutschen glauben und ob 61 Prozent finden, dass endlich ein Schlussstrich unter die Diskussion um die Judenverfolgung gezogen werden sollte? Mir ist das egal. Wir leben in einem freien Land und jeder darf denken und glauben, was er möchte. Und ich vertraue auf den Rechtsstaat.

Antisemitische Straftaten

Der erste Antisemitismusbericht des Deutschen Bundestages, der im Jahr 2012 vorgestellt wurde, hielt fest, dass rund 90 Prozent aller als antisemitisch deklarierten Straftaten von Tätern begangen werden, die dem politisch rechten Spektrum zugeordnet werden. Latent antisemitische Einstellungen, also Denkmuster, seien darüber hinaus »in erheblichem Umfang« bis »in die Mitte der Gesellschaft« hinein verbreitet. Die Wissenschaftler und Fachleute, die den Bericht erarbeiteten, schätzten, dass dieser latente Antisemitismus bei etwa 20 Prozent der Bevölkerung anzutreffen sei. Besonders gefährlich erschien ihnen die »Anschlussfähigkeit des bis weit in die gesellschaftliche Mitte reichenden und nicht hinreichend geächteten Antisemitismus für rechtsextremistisches Gedankengut«. Der Bericht erwähnt das Internet als Medium, über das antisemitische Einstellungen verbreitet würden, und in dem Rechtsextreme, Holocaustleugner und extremistische Islamisten ihre Propaganda verbreiten. Der Expertenkreis empfahl deshalb, die Enquete-Kommission »Internet und digitale Gesellschaft« solle antisemitische Stereotypisierungen und antisemitische Inhalte im Internet thematisieren. Tatsächlich wird im Internet jede Menge Unsinn verbreitet – zum Beispiel von Henryk M. Broder, der dort auf seinem Blog »Achse des Guten« vorzugsweise gegen Muslime, politische Gegner und andere Andersdenkende hetzt.

Latenten Antisemitismus gibt es sicherlich. Die Frage ist aber, welche Kriterien man anwendet, um das zu messen. Bedenklich ist es, wenn man die Deutungshoheit über solche Begriffe Leuten überlässt, die ihre eigenen Vorstellungen dazu haben. Jüngst wurde eine Studie der Bundesregierung zum Rechtsextremismus veröffentlicht, die klar belegt, was den eigentlichen Nährboden für rechtsextremes Gedankengut bildet. Zu diesen Hintergründen hört man von Broder, Ditfurth und Co. aber nichts.

Bei der ersten Anhörung zum Thema Antisemitismus am 17. Juni 2008 im Bundestag führte ausgerechnet Henryk M. Broder aus, »dass man es beim Antisemitismus nicht mit einem Vorurteil, sondern mit einem Ressentiment« zu tun habe. »Ein Vorurteil zielt auf das Verhalten eines Menschen, ein Ressentiment auf dessen Existenz. Der Antisemit nimmt dem Juden nicht übel, wie er ist und was er tut, sondern, dass er existiert.« Broder selbst pflegt seine Ressentiments gegen Muslime, die er gerne mit Islamisten gleichsetzt und zu Terroristen und einer Gefahr für unsere westliche Zivilisation erklärt. Andere haben Ressentiments gegen Schwarze, Juden oder

Sinti und Roma, die sie geringschätzig und rassistisch als »Zigeuner« bezeichnen.

Es ist in der Tat auch schwer, sich gegen solche Ressentiments zu wehren. Und ich merke an mir selbst, dass auch ich gelegentlich Ressentiments habe. So habe ich entdeckt, dass ich zum Beispiel Vorbehalte gegen verschleierte Frauen habe und erst recht gegen Frauen, die mit einem Ganzkörperschleier herumlaufen. Ich habe aber auch Vorbehalte gegen Juden, die mit einem Davidstern auf der Brust ihr Judentum vor sich her tragen, als wäre es eine Medaille, die man vorzeigen muss. Auch Christen mit einem Kreuz um den Hals sind mir suspekt und fallen mir unangenehm auf.

Meine Abneigung richtet sich aber nicht gegen die Menschen, sondern gegen das Tragen religiöser Symbole. Wenn es eine Migrantin ist, versuche ich Verständnis dafür aufzubringen, indem ich mir einrede, dass es mit ihrer Tradition zu tun hat. Dieses Verständnis habe ich bei konvertierten deutschen Frauen nicht. Vom Verstand her weiß ich, dass es falsch ist, aber ich kann mich nicht dagegen wehren. Es ist aber nur ein vorübergehendes Gefühl und es verschwindet, sobald die verschleierte Person aus meinem Gesichtsfeld verschwunden ist.

Es ist jedoch falsch, lächerlich und gefährlich, den Antisemitismus, der zum Tod so vieler Juden geführt hat, auf ein Ressentiment zu reduzieren. Antisemitismus ist purer Rassismus, er ist gefährlich und muss deshalb auch bekämpft werden.

Jeder von uns hat dagegen Vorurteile oder Ressentiments. Die meisten von uns merken es nicht einmal und bei den wenigsten führt es zu Aggressionen. Menschen mit Ressentiments und Vorurteilen sind in der Regel nicht gefährlich. Anders verhält es sich mit Hass und Verachtung. Hass ist eine Leidenschaft, ähnlich wie Eifersucht, und deshalb sucht auch Hass mit Eifer alles, was Leiden schafft. Man kann von Hass geheilt werden. Schwieriger ist es mit der Verachtung, denn das ist eine Charaktereigenschaft, die auf ein Defizit an Empathie zurückzuführen ist. Empathie kann man nicht lernen. Ich glaube, dass gerade Verachtung am ehesten dazu führt, andere Menschen – Juden, Muslime, Sinti und Roma oder Schwarze – abzuwerten und am Ende sogar vernichten zu wollen.

Hegen Israelis Vorurteile oder Ressentiments gegen Araber? Ja, natürlich haben sie Vorurteile. Aber noch stärker als das ist in Israel die Verachtung gegenüber Arabern ausgeprägt. Viele Israelis hassen die Araber nicht einmal, sie verachten sie, und diese Verachtung erlaubt es ihnen, angesichts ihres Schicksals und sogar ihres Tods keine Schuldgefühle zu empfinden.

Und versteht es sich nicht von selbst, wenn Palästinenser Juden nicht lieben, ja nicht lieben können, nach alldem, was die Juden ihnen angetan haben und immer noch antun? Man hört in diesem Zusammenhang oft die naive Behauptung, dass Araber keine Antisemiten sein können, weil sie selbst Semiten sind. Dabei muss man wissen: Antisemitismus ist lediglich das akademische Fachwort für Judenhass. Als Semiten werden (historische) Völker bezeichnet, die eine semitische Sprache sprechen. Dazu gehören Araber, Juden, Aramäer u.a.

Die Araber sind eine semitischsprachige Ethnie auf der Arabischen Halbinsel und in Nordafrika, die überwiegend in den arabischen Ländern beheimatet ist. Juden sind ebenfalls eine semitischsprachige Ethnie und Angehörige des jüdischen Volkes, das für mich eine Schicksalsgemeinschaft darstellt. Nicht alle Juden sind Israelis und nicht alle Israelis sind Juden. Viele Deutsche hatten Vorurteile gegen Juden, die jahrhundertelang gewachsen und gepflegt worden sind. Aber erst durch die Naziideologie und die Manipulation der Menschen durch die Propaganda, die schon im Kindergarten einsetzte, gelang es, die Deutschen dazu zu bringen, Juden zu verachten und ekelhaft zu finden – so, wie man Ratten ekelhaft findet – und nicht mehr als Menschen wahrzunehmen. Juden wurden in der Nazipropaganda mit Ratten verglichen, wodurch vorhandene Vorurteile und Ressentiments in Verachtung und Ekel umschlugen. Deshalb konnte man sie in Massen töten, ohne dabei ein schlechtes Gewissen zu haben. Man kann Massenmorde nur begehen, wenn keine Emotionen im Spiel sind. Ressentiments allein reichen nicht aus, um Millionen Menschen zu töten. Dazu braucht es Menschen wie Adolf Eichmann, die leidenschaftslos Befehle ausführen, ohne sich viel dabei zu denken und sich höchstens zu fragen, ob sie ihre Arbeit gut und effizient gemacht haben.

Auch Philosophen beschäftigten sich mit dem Begriff des Ressentiments. Friedrich Nietzsche etwa meinte, dass jemand, der Ressentiments gegenüber einer Person oder Gruppe hegt, eine unterschwellige, manchmal auch unbewusste Abneigung verspürt. Diese Abneigung hat ihren Ursprung meist in Vorurteilen, Neid, Unterlegenheitsgefühlen oder Ähnlichem.

In Frankreich sind die offiziellen Daten zu antisemitischen Straftaten etwas genauer. Im ersten Halbjahr 2012 etwa gab es in Frankreich 310 antisemitische Vorfälle, davon waren 81 Gewalttaten. Statistiken der letzten Jahre zeigen, dass antijüdische Gewalttaten in Frankreich häufiger von Menschen muslimischer oder arabischer Herkunft verübt werden als von Rechtsradikalen. Inoffizielle Schätzungen gehen davon aus, dass etwa die Hälfte der antisemitischen Gewalttaten auf das Konto junger Muslime gehen. Bei einem Bevölkerungsanteil von etwa acht Prozent Muslimen ist das erheblich. Dennoch hat das weniger mit dem klassischen rassistischen Antisemitismus zu tun. Wenn Menschen mit arabischem Hintergrund in Frankreich oder Deutschland ihren Frust an Juden auslassen, dann hat das auch mit dem Nahost-Konflikt zu tun. Auch die französischen Juden stellen sich teilweise sehr massiv und leidenschaftlich hinter Israel, und manche machen aus ihrer Abneigung gegenüber Muslimen keinen Hehl. Sie begehen allerdings keine Straftaten und Gewaltakte gegen Araber, zumindest nicht in Frankreich.

Umfragen zeigen auch in Deutschland erhöhte antisemitische Einstellungen unter jungen Muslimen, und Angriffe auf Juden durch Jugendliche mit muslimischem oder arabischem Hintergrund kommen auch in Deutschland vor. In einer bereits 2010 von Jürgen Mansel und Viktoria Spaiser[1] veröffentlichten Umfrage stimmten 24,9 Prozent der befragten Jugendlichen mit türkischem Hintergrund und 40,4 Prozent der Jugendlichen mit arabischem Hintergrund vorbehaltlos der Aussage zu, dass »Juden in der Welt zu viel Einfluss haben«. Bei den Jugendlichen ohne Migrationshintergrund waren es nur drei Prozent. Trotzdem meine ich, dass das noch kein Indiz für Antisemitismus ist, sondern ein Vorurteil – und es liegt an uns allen, solche Vorurteile zu beseitigen. Zu Antisemitismus wird ein solches Vorurteil erst, wenn daraus Hass oder Verachtung gegen alle Juden erwächst.

Empirischen Studien zufolge ist der Antisemitismus in der Bundesrepublik seit den 1960er-Jahren im Rückgang begriffen. Jüngere Umfragen, wie zum Beispiel die Studie von Prof. Wilhelm Kempf »Antisemitismus und Israelkritik« haben ergeben, dass nur noch etwa 13 Prozent der deutschen Bevölkerung antisemitische Vorbehalte hegen. Das ist 13 Prozent zu viel. Eine in Umfragen häufig gestellte Frage lautet: »Was würden Sie empfinden, wenn Sie einen Bürger jüdischen Glaubens als Nachbarn hätten?«. Eine satte Mehrheit von 85 Prozent der Deutschen antwortet auf diese Frage mit: »Ist mir egal.« Lieber keinen jüdischen Nachbarn zu haben, dafür entschieden sich nur zwei Prozent. Bei solchen Zahlen ist es schwer, von einem latenten Antisemitismus bei den Deutschen zu sprechen. Die meisten jungen Leute zwischen 14 und 28 Jahren haben damit nichts am Hut, in dieser Altersgruppe gibt es die wenigsten Vorbehalte. Und was interessieren mich als Jude Vorbehalte, die manche Menschen, die ich gar nicht kenne, gegen mich haben? Es gibt auch weitverbreitete Vorbehalte gegen Sinti und Roma, »Zigeuner«, gegen Schwule, gegen Schwarze und Obdachlose. Und auch Juden haben zuweilen Vorbehalte: gegen Deutsche, gegen Polen, gegen Araber oder Muslime.

Die Vorbehalte gegen Juden nehmen manchmal zu, wenn Israel zum Beispiel rücksichtslos den Gazastreifen bombardiert und dabei den Tod von vielen Zivilisten in Kauf nimmt und die Welt die Bilder davon täglich im Fernsehen sieht.

Vorbehalte gegenüber der Politik Israels in den besetzten Gebieten sind weiter verbreitet als gegenüber Juden. Dieselbe Umfrage hat auch ergeben, dass viele Menschen in Europa glauben, dass sich viele Juden vor allem gegenüber Israel und nicht gegenüber dem eigenen Land loyal fühlten. Manche Antisemitismusforscher meinen, dass dies ein Indiz für latente Judenfeindlichkeit sei, weil es sich um ein altes antisemitisches Vorurteil handle.

Leider machen es sich diese Forscher zu leicht. Denn es ist durchaus so, dass viele Juden und ganz besonders deren offizielle Vertretung, der Zentralrat der Juden in Deutschland, loyal zu Israel stehen und in öffentlichen Reden oft betonen, dass Israel ihre Heimat sei und ihr Herz dort sei. Wenn man in jüdischen Gemeinden eintritt, hängen dort Porträts israelischer Politiker und es weht die israelische Flagge. Warum also sollte man sich wundern, wenn manche Menschen in Deutschland glauben, Juden seien gar keine Deutsche, sondern Israelis? Die israelische Regierung tut das Ihre dazu und vereinnahmt, bei jeder passenden und unpassenden Gelegenheit, alle Juden der Welt für sich.

Es mag sein, dass Kritik an Israel für manche zu einem Ventil wird, um antijüdische Emotionen und Einstellungen zu artikulieren. Bei der Mehrheit der Kritiker der israelischen Politik spielen antijüdische Emotionen aber keine Rolle – erst recht nicht, wenn es sich selbst um Juden handelt, ob sie nun Judith Butler oder Noam Chomsky, Daniel Barenboim oder Naomi Klein heißen. Den meisten dieser Kritiker geht es auch nicht darum, dem Staat Israel das Existenzrecht abzustreiten oder Israel pauschal zu »delegitimieren«, sondern einzig darum, einen gerechten und fairen Weg zur Lösung des Nahost-Konflikts zu finden. Dass sich hinter mancher Kritik an Israel tatsächlich Antisemitismus verbergen mag, das berechtigt noch lange nicht dazu, sämtliche Kritiker israelischer Politik als Antisemiten zu diffamieren – insbesondere dann nicht, wenn sie selbst Juden sind, und zumal Israel fast täglich genug Gründe liefert, um seine Politik zu kritisieren und abzulehnen.

Aus einer anderen Studie, welche die Bertelsmann-Stiftung Anfang 2015 veröffentlichte, geht hervor, dass viele Deutsche Israel immer kritischer sehen. 48 Prozent der Deutschen haben eine schlechte Meinung über Israel, bei den Jüngeren im Alter zwischen 18 und 29 Jahren sind es sogar 54 Prozent. Fast zwei Drittel der Deutschen sehen die israelische Regierung negativ. Die Forscher stellen außerdem fest, dass die Kritik an der israelischen Politik gegenüber den Palästinensern zugenommen hat. Ärgerlich ist dabei, dass die »Israel-Experten« der Bertelsmann-Stiftung diese Kritik zum Teil als »israelbezogenen Antisemitismus« bewerteten, obwohl es sich hier eher um Antizionismus handelte. Solange hier nicht deutlicher und klarer unterschieden wird, sind solche Studien wertlos. Denn wenn einerseits der Antisemitismus bei jungen Leuten zurückgeht, aber andererseits gerade bei dieser Altersgruppe die Kritik an Israels Politik zunimmt, müssen die Kategorien eindeutiger sein.

Auschwitz und israelischer Nationalismus

Die Menschheitskatastrophe Auschwitz wurde von Israel komplett vereinnahmt und beschlagnahmt. Israel betrachtet Auschwitz als eine ausschließlich jüdische Angelegenheit und ignoriert die vielen anderen Völker, die auch dort ermordet wurden. Das Gedenken an Auschwitz wurde zu einem israelischen Nationalfeiertag erklärt, und man schickt seine Schulabgänger jährlich nach Auschwitz, damit sie dort zu besseren Juden werden, die bereit sind, ihr Leben für Israel zu opfern.

Eigentlich ist es aber in erster Linie die Aufgabe Deutschlands, sich mit Auschwitz auseinanderzusetzen und die Erinnerung daran für das Gedächtnis der Menschheit aufzubewahren. Der israelische Professor für Geschichte und Philosophie, Moshe Zuckermann, der an der Universität von Tel Aviv lehrt, schrieb dazu in seinem bereits 2014 erschienenen Buch *Israels Schicksal – wie der Zionismus seinen Untergang betreibt* Folgendes: »Denn insofern der Holocaust nicht als Menschheitskatastrophe begriffen wurde, sondern eben als Shoah der Juden, war die Vereinnahmung durch die partikulare – nämlich national ausgerichtete – Sinngebung gewissermaßen strukturell angelegt: Da sich die individuellen Gruppenidentitäten der Ermordeten im ›Sechs Millionen‹-Kode verflüchtigten, die ›Juden‹ somit zur übergreifenden, Diskrepanzen aufhebenden Kategorie wurden; da darüber hinaus die nicht nach Israel emigrierten

Überlebenden in ihren neuen Ländern keine klar überschaubare, eigenständige soziale Gruppe ausmachten und die in Israel eingewanderten über Jahre beschwiegen wurden, konnte der Zionismus den vakant gewordenen historischen Raum gleichsam besetzen und mit Sinn ausstatten. Dass dabei dem Sinnlosen als Kulminationspunkt zivilisatorischer Entwicklung – nämlich dem zum Selbstzweck gewordenen Mordexzess, mithin also der Gewissheit um das permanente Potenzial des Rückfalls in die Barbarei – ein quasi ›positiver‹ säkularer Sinn beigemessen werden konnte, machte besagte Vereinnahmung des Monströsen, nicht nur im Hinblick auf das partikulare politische Interesse, sondern auch im Hinblick auf das Wesen dessen, was in Auschwitz geschah – und zwar in seinem gesamtzivilisatorischen, universellen Zusammenhang – zur heteronomen Ideologie.«

Das wirft einen Schatten auf die deutsch-israelischen Beziehungen. Eine Instrumentalisierung des Holocaust für politische Zwecke ist nicht hilfreich. Ich möchte den Antisemitismus in Deutschland keinesfalls verharmlosen. Die Angst jüdischer Bürger oder jüdischer Jugendlicher sollte man nicht ignorieren, auch wenn man davon ausgehen darf, dass sie in manchen Gemeinden gezielt geschürt wird. Aber Deutschland ist ein weltoffenes Land, in dem es beispielsweise eine große Hilfsbereitschaft gegenüber Flüchtlingen gibt. Eine Erhebung der evangelischen Kirche im Sommer 2016 ergab, dass mehr als 80 Prozent der Deutschen der Meinung waren, dass man Menschen in Not helfen muss. Das ist die Zahl, auf die es für mich ankommt.

Keine neue Welle des Antisemitismus

Erleben wir in Deutschland eine neue Welle von Antisemitismus? Nein, sagt eine Studie vom Berliner Forum für Gewaltprävention. Im Januar 2015 veröffentlichten Michael Kohlstruck und Peter Ullrich vom Zentrum für Antisemitismusforschung an der Technischen Universität Berlin die Studie »Antisemitismus als Problem und Symbol – Phänomene und Interventionen in Berlin«. Herausgegeben und in Auftrag gegeben wurde die Studie von der Landeskommission gegen Gewalt der Berliner Senatsverwaltung für Inneres und Sport. Die Studie sollte die Erscheinungsformen des Antisemitismus in Berlin für die Jahre 2010 bis 2013 darstellen, deren Ursachen erforschen und Leitlinien für dessen Bekämpfung umreißen.

Das zentrale Ergebnis der Studie ist, dass sie keinen Anstieg von Antisemitismus feststellen konnte. Das stand im Gegensatz zum medial verbreiteten Bild einer »neuen antisemitischen Welle« und eines »neuen Antisemitismus«, der vor allem von Jugendlichen mit Migrationshintergrund ausgehen sollte. Doch im Bereich der polizeilich erfassten Straftaten gehen die meisten antisemitisch motivierten Delikte nach wie vor von Rechtsextremen aus. Kohlstruck und Ullrich gehen in ihrer Studie differenziert auf die unterschiedlichen (und teils problematischen) Definitionen und Erfassungsmethoden von Antisemitismus ein. Antijüdische Ideologien, Äußerungen, Argumentationsmuster und Delikte werden im Zusammenhang mit ihrem jeweiligen soziopolitischen und historischen Kontext analysiert.

Die Studie des renommierten Zentrums für Antisemitismusforschung (ZfA) von Anfang 2015 warnte auch vor einem überzogenen »Anti-Antisemitismus«. Wer nur den jüdischen Staat ablehne, aber nichts gegen Juden als Juden habe, solle nicht das Stigma des Antisemitismus tragen müssen. Eigentlich eine Selbstverständlichkeit.

Im Anschluss an die Veröffentlichung übte das American Jewish Committee (AJC) in Berlin scharfe Kritik an der Studie. Die Wissenschaftler nähmen »die Ängste und Sorgen von Juden in Deutschland nicht ernst und räumten diesen keine ausreichende Bedeutung ein«, schrieb das AJC in einer Pressemitteilung. Anstatt Antisemitismus »zu benennen und zu bekämpfen«, beschränke sich dic Studie auf eine Analyse und »Wegerklarung« des Phänomens. Zudem legitimiere die Studie Antisemitismus sogar, wenn sie eine unter Palästinensern verbreitete Feindseligkeit gegenüber

Juden beispielsweise auf deren unmittelbare Betroffenheit im Nahost-Konflikt zurückführe.

Die Salaam-Shalom-Initiative in Berlin dagegen begrüßte den Ansatz der Studie, die zwischen den verschiedenen Erscheinungsformen von Antisemitismus differenzierte, und kritisierte die einseitige und unqualifizierte Kritik des AJC. Die Initiatoren von Salaam-Shalom gerieten dadurch selbst ins Kreuzfeuer. Ihr Gründer, der Rabbinerstudent Armin Langer, wurde im März 2016 auf Betreiben des Zentralrats der Juden aus dem Abraham-Geiger-Kolleg in Potsdam, wo er studierte, von dessen Direktor Walter Homolka persönlich hinausgeworfen. Es war eine rein politische Entscheidung – angeblich hätte der Rabbinerstudent den Zentralrat der Juden in einem *taz*-Kommentar beleidigt.

Die Autoren der Studie betonten, dass der Antisemitismus einer christlich sozialisierten Mehrheitsgesellschaft in politischer, soziologischer und historischer Hinsicht grundsätzlich von antisemitischen Elementen in der Kritik an der israelischen Politik zu unterscheiden sei. Dieser Hinweis soll antisemitische Einstellungen unter hier lebenden Palästinensern aufgrund deren persönlicher Erfahrungen mit israelischer Politik nicht legitimieren. Er macht nur einen Unterschied zwischen kulturrassistischem Antisemitismus und einer politisch motivierten Kritik an der israelischen Politik, die in Antisemitismus umschlagen kann.

Während außer Frage stehe, dass antisemitische Motive in diese Kritik Einzug halten können, so könne man dies nicht zum Anlass nehmen, diese Kritik von palästinensischer Seite pauschal zu delegitimieren. Oder, wie es jüdische Mitglieder der Salaam-Shalom-Initiative formulierten: »Wir müssen uns mit der Tatsache auseinandersetzen, dass die palästinensische Zivilbevölkerung für die vermeintliche Sicherheit des jüdischen Staates einen immensen Preis zahlte und weiterhin zahlt. Das Anerkennen der persönlichen Betroffenheit von Palästinensern in Bezug auf den Konflikt legitimiert dementsprechend keinen Antisemitismus, sondern ist eine fundamentale Voraussetzung für den Dialog und das Zusammenleben in Berlin.«

Warum Zionisten den Antisemitismus brauchen

Die Salaam-Shalom-Initiative wehrt sich dagegen, den Antisemitismus in der deutschen Gesellschaft auf Muslime im Allgemeinen und Palästinenser im Besonderen »abzuschieben«. Diese Strategie, die medial und politisch immer wieder wirksam in Szene gesetzt wird, verhindert eine Auseinandersetzung der deutschen Mehrheitsbevölkerung mit den eigenen, verinnerlichten und oft unbewusst reproduzierten antisemitischen Argumenten und Motiven. Zum anderen dient diese Strategie dazu, einen fundamentalen Gegensatz zwischen Juden und Muslimen in Deutschland zu konstruieren. Obgleich eine Zusammenarbeit beide Seiten stärken könnte, werden sie gegeneinander aufgebracht.

Indem man in letzter Zeit verstärkt versucht, den Antisemitismus exklusiv in der muslimischen Minderheit zu verorten, »befreit« sich die deutsche Mehrheitsgesellschaft auch davon, dem eigenen antimuslimischen Rassismus ins Auge zu sehen. Das Thema »Antisemitismus« wird damit per se in einen kulturrassistischen Kontext gestellt: Muslime müssen »von uns« erzogen werden, von Deutschen wie Juden. Doch die Bekämpfung von Antisemitismus – sowohl in der deutschen Mehrheitsgesellschaft als auch unter Muslimen – wird damit erschwert. Der Kampf gegen den Antisemitismus, so wie er von Organisationen und Institutionen wie dem AJC geführt wird, gefährdet sogar das Miteinander in Deutschland lebender jüdischer und muslimischer Bürger, weil er im Dienste einer israelischen Politik steht und dieses Ziel leicht zu durchschauen ist.

Ich lebe schon 60 Jahre in diesem Land, und mir sind in all diesen Jahren so wenige Antisemiten begegnet, dass ich sie an den Fingern einer Hand abzählen kann. Antisemiten sind mir deshalb egal. Meine Zeit ist mir zu schade, um mich mein Leben lang nur mit ihnen zu beschäftigen und in jedem Menschen, der Israel kritisiert oder einen Juden schief anblickt, einen potenziellen Antisemiten auszumachen, so, wie es ein Henryk M. Broder macht. In Berlin sollen inzwischen mehr als 20000 Israelis wohnen, hat die *Süddeutsche* Zeitung errechnet, und selbst die israelische Botschaft hat schon vor Jahren zugegeben, dass sich allein in Berlin Tausende Israelis niedergelassen haben. Inzwischen sind noch unzählige Tausende dazugekommen. So schlimm kann es da mit dem Antisemitismus in Deutschland wohl nicht bestellt sein.

Den Juden in Europa und den USA geht es gut. Und es ist erfreulich, dass die meisten Juden in Europa und den USA nicht auf die Parolen der israelischen Regierung hereinfallen, die für eine Auswanderung nach Israel wirbt und deshalb jeden noch so harmlosen Vorfall benutzt, um die Juden aufzufordern, ihrer Heimat in Europa den Rücken zu kehren. Israel braucht diese Juden, um den demografischen Zuwachs der palästinensischen Bevölkerung auszugleichen. Hätte es Erfolg, würde auf lange Sicht doch noch der Traum aller Nazis und Rechtsradikalen, Europa »judenrein« zu machen, wahr werden. Und es ist klar, dass für jeden eingewanderten Juden in Israel ein Palästinenser um seinen Platz fürchten müsste.

Der Zionismus ergänzt den Antisemitismus vortrefflich, beide sind wie Yin und Yang. Der Antisemitismus wollte die Juden nach Palästina vertreiben und der Zionismus war damit einverstanden, dass sie auswandern, denn das war auch sein Ziel. Es ist deshalb absolut absurd, Zionismus und Antisemitismus als gegnerische Ideologien darzustellen. Man kann beide Ideologien nicht gleichsetzen, aber vergleichen sollte man sie doch, wenn man beide besser verstehen will.

Wir erleben heute ein enges Zusammengehen von Antisemitismus und Zionismus, wie die Attentate in Paris und Kopenhagen im Frühjahr 2015 und die Reaktionen darauf in Jerusalem zeigten. Doch auf den Aufruf des israelischen Ministerpräsidenten Netanjahu an alle Juden der Welt, nach Israel auszuwandern, reagierten der damalige französische Präsident Hollande und die deutsche Kanzlerin, indem man seinen jüdischen Bürgern die volle Solidarität zusicherte und sie bat, nicht nach Israel auszuwandern. Und die Israel gegenüber kritische jüdische Organisation J-CALL schaltete eine ganzseitige Anzeige in einer renommierten Tageszeitung: »No, Mr. Netanyahu, you do not represent us!«

5 Die Mär vom neuen Antisemitismus

Immer, wenn Israels Propaganda-Ministerium nicht mehr weiß, wie es der zunehmenden Kritik an der israelischen Politik begegnen soll, holt man den Mythos von der »Globalisierung des Antisemitismus« aus der Mottenkiste und beklagt das Märchen von der »Delegitimierung Israels«. Und so warnt auch der Zentralrat der Juden in Deutschland, als einer der aktivsten Propaganda-Außenposten, vor einem neuen, sich »weltweit ausbreitenden Antisemitismus«.

Dabei deuten alle Statistiken, die in den letzten Jahren von wissenschaftlichen Institutionen[1] erstellt worden sind, auf das Gegenteil hin – dass nämlich der Antisemitismus weltweit abgenommen hat und weiter abnimmt. Und wenn man, so wie ich, in Deutschland lebt, dann merkt man, dass Antisemitismus im Alltag absolut nicht mehr relevant und kaum noch bemerkbar ist. Wenn man jedoch jede Kritik an Israel mit Antisemitismus verwechselt und jeden, der Israels Politik kritisiert, gleich als Antisemiten abstempelt, kann es leicht passieren, dass man die Welt voller Antisemiten sieht.

Es sei ein »neuer Antisemitismus«, der sich angeblich im Gewand des Antizionismus und der Kritik an Israel einschleiche, behaupteten dessen Kritiker. Auf die Idee, dass es tatsächlich nur »Antizionismus« sein könnte, wollten und wollen die Verteidiger der israelischen Politik nicht kommen. Wir führen deshalb seit Jahren eine falsche Debatte, nämlich über Antisemitismus, statt über die völkerrechtswidrigen Teile der Politik Israels, weil unsere Politiker und unsere Intellektuellen und weite Teile der Presse Angst haben, die

Dinge beim Namen zu nennen. Dass es keinen Aufschrei gegen den Vorwurf des Antisemitismus gibt, der so oft gegen honorige deutsche Bürger, Intellektuelle, Künstler, Politiker und Rentner erhoben wurde und wird, zeigt, wie weit die Einschüchterungen mittlerweile gediehen sind. Es zeigt aber auch, wie beliebig dieses perfide Mittel im politischen Kampf eingesetzt wird und wie hohl der Antisemitismusbegriff inzwischen geworden ist.

Dennoch kommt es immer wieder zu Debatten darüber. Um das Jahr 2000 herum entbrannte um den später tödlich verunglückten FDP-Politiker Jürgen Möllemann eine Antisemitismus-Debatte. Es folgten weitere dieser Art bei vielen anderen, kleineren oder größeren Gelegenheiten, und zuletzt beim Gaza-Krieg im Jahre 2014. Dabei ist heute vieles, was man Antisemitismus nennt, nichts anderes als eine Reaktion auf den real existierenden Zionismus, der als aggressive Expansionspolitik auf Kosten eines anderen Volkes weltweit auf Widerstand und Protest stößt.

Tausende und Abertausende von Büchern, Essays und Artikel sind dazu erschienen, in allen Zeitungen, von der *taz* bis zur *FAZ*. Ein Ausschnitt: Die *Frankfurter Rundschau* titelte: »Es geht um Israel, nicht um die Juden.« In der *Rheinischen Post* verteidigte sich Jakob Augstein: »Ich bin kein Antisemit.« Die *Jüdische Allgemeine* weist auf die historische Antisemitismus-Debatte in der UNO hin. In der *FAZ* fragt man, inwieweit der Antisemitismus-Vorwurf dazu diene, absolut jede Kritik an Israels Politik in Deutschland zu unterbinden. *DIE WELT* warnt vor einem »gefährlichen Geplapper über Judentum und Islam«. Im *Freitag* schreibt der Soziologe Ulrich Beck über einen »neuen Antisemitismus«. In der *Süddeutschen Zeitung* beweist ein Mitarbeiter seinen ganzen Mut und geht »mit der Kippa durch München«. Die *Süddeutsche Zeitung* schreibt »über den alltäglichen Antisemitismus in Deutschland« und im Deutschlandfunk bezeichnet man den Antisemitismus in Deutschland als »ein Stück Realität«. Michel Friedman teilt uns in der *Frankfurter Rundschau* mit: »Dieses Gift ist eine Bedrohung für uns alle«, und meint den Antisemitismus. Und Josef Joffe schreibt in der *ZEIT*, dass »sich Juden ausgerechnet in Deutschland wieder bedroht« fühlten. Sogar die nationalkonservative *Junge Freiheit* mischt sich in die Debatte ein und behauptet, der Antisemitismus in Europa sei »kein Nischenphänomen, es ist eine wachsende Strömung«, und zwar unter Muslimen.

Auch Bücher über den »neuen alten Judenhass« sind Legion. Eines der ersten dieser Art erschien 2003: ein Sammelband herausgegeben von Klaus Faber, Julius H. Schoeps und Sacha Stawski, die 26 »Experten« versammelt hatten, um nachzuweisen, dass der Antisemitismus noch lebt und heute Antizionismus heißt. Ein weiteres Buch erschien im Frühjahr 2015: es heißt *Israel ist an allem schuld. Über den Entlastungsantisemitismus in Deutschland*, und stammt von Esther Schapira und Georg M. Hafner, beide Mitarbeiter des Hessischen Rundfunks. Esther Schapira hat sich als radikale Zionistin einen Namen gemacht. In ihrem Buch denunziert sie jede Kritik an Israels Politik und jeden Antizionismus als »neuen Antisemitismus«. Ich kann mir ehrlich gesagt nicht vorstellen, dass das Buch tatsächlich von den beiden geschrieben worden ist.

Aufgrund meiner Erfahrung weiß ich aber, dass so etwas möglich ist. Als 1969 das Buch *Die Geschichte des PG 2633930 Kiesinger* erschien, firmierte damals Beate Klarsfeld als Autorin. Sie hatte sich einen Namen gemacht, als sie den damaligen Bundeskanzler Kurt Georg Kiesinger im Bundestag ohrfeigte. In Wirklichkeit war das Buch aber in Ost-Berlin bei der Stasi geschrieben und mit Dokumenten aus dem Stasi-Archiv angereichert worden. Selbst ich, als ich 1969 das Buch im Melzer Verlag veröffentlichte, konnte nicht wissen, woher das Manuskript stammte, zumal Beate Klarsfeld mir das Manuskript persönlich übergeben hatte. Ich habe es erst 20 Jahre später erfahren, nach dem Mauerfall. Daher kann ich mir auch vorstellen, dass das Buch von Esther Schapira und Georg M. Hafner in der deutschen Abteilung des riesigen Propaganda-Ministeriums in Jerusalem geschrieben wurde. Beide haben schon öfter bewiesen, dass sie, wie es Rafael Seligmann kürzlich in der *Jüdischen Allgemeine* ausdrückte, »ohne Wenn und Aber hinter Israel stehen«.

Ihr Buch wird aber mit Sicherheit nicht das letzte sein, das zu diesem Thema erscheint. Es scheint zuweilen, als habe sich in den letzten Jahren der in Deutschland vorherrschende Diskurs über den

Antisemitismus von seinem eigentlichen Gegenstand, der realen Judenfeindlichkeit, losgelöst. Denn in Deutschland hat die Tabuisierung und staatliche Verfolgung von Antisemitismus zu einem kontinuierlichen Rückgang antisemitischer Vorfälle geführt.[2]

Doch die Antisemitismus-Debatten florieren im heutigen Deutschland mehr denn je, und sie werden auch von jüdischen Intellektuellen und Verbänden angefeuert. Dabei geht es meist um den angeblich antisemitischen Charakter von Antizionismus oder bestimmter Formen der Kritik an der Politik des Staates Israel. Antizionismus heißt, den aktuellen jüdisch-israelischen Nationalismus abzulehnen, und die Debatte darüber wird nirgends heftiger als in Israel selbst geführt. Außerhalb Israels wird dagegen immer wieder die Frage gestellt, wie man zwischen legitimer und nicht legitimer Kritik an Israel unterscheiden soll. Doch für überzeugte Zionisten stellt sich diese Frage gar nicht. Für sie ist jede Kritik an Israel illegitim.

Der frühere Landesrabbiner von Baden-Württemberg, Joel Berger, etwa schämte sich nicht, anlässlich des Deutschen Evangelischen Kirchentags 2015 in Stuttgart die Kirchen zu attackieren. In der *Jüdischen Allgemeine* schrieb er von »bekannten Israelhassern«, »die gerne diese Bühne nutzen, um den jüdischen Staat zu delegitimieren«. Gemeint waren Juden wie Professor Rolf Verleger, Professor Jeff Halper, Mark Brevermann, Giuseppe Zambon, die jüdische Sängerin Ester Bejerano und andere.

Berger klagte, »dass es beim Kirchentag offenbar keine Veranstaltung zu Christen gibt, die im Nahen Osten wegen ihres Glaubens getötet werden. Das Einzige, was Leidenschaft auszulösen vermag, ist, wenn es gegen Israel, wenn es um Juden geht.« Mit der Verwendung des Wortes »offenbar« zeigte er, dass er sich unsicher war, ob sein Vorwurf den Tatsachen entsprach. Seine geheuchelte Sorge um Christen im Nahen Osten ist aber verlogen und peinlich. Denn Israel benachteiligt die palästinensischen Christen schon seit Jahren, deren Anteil nicht zuletzt deshalb in der Bevölkerung Palästinas von zwanzig Prozent auf zwei Prozent zurückgegangen ist. Israel ist es recht, wenn christliche Araber in den Westen auswandern, wo sie gerne aufgenommen werden – Hauptsache, der Anteil der arabischen Bevölkerung sinkt.

Berger rief die Kirchen auch dazu auf, kritische Gruppen, wie die AG Christlicher Kirchen in Baden-Württemberg oder die katholische Pax-Christi-Bewegung, zu boykottieren. »Wir sollten die verantwortlichen Kirchenvertreter daran erinnern, dass es christliche Organisationen sind, die hier zum Israel-Bashing einladen«, schrieb er. Doch von »Israel-Bashing« konnte keine Rede sein. Denn ich war beim Kirchentag dabei, und dort gab es Referenten, die ohne Wenn und Aber hinter Israel standen und es gab Referenten, nicht zuletzt aus Israel, die Israels Politik sachlich und sachkundig kritisierten, wie zum Beispiel der ehemalige Anthropologie-Professor und Friedensaktivist Jeff Halper, der 1997 in Jerusalem das Israelische Komitee gegen Hauszerstörungen mitbegründete. Denn zu den drakonischen Strafen, die Israels Armee gegen die Familien von Attentätern verhängt, gehört es, die Häuser ihrer Angehörigen zu zerstören. Das soll der Abschreckung dienen, ist aber nichts anderes als Sippenhaft. Nachdem man zwischen 2005 und 2014 auf diese Methode verzichtete, weil sich herausstellte, dass sie den Kreislauf der Gewalt nur zusätzlich beförderte, ist man in den letzten Jahren wieder dazu zurückgekehrt.

Warum behauptet Rabbiner Joel Berger etwas, das einfach nicht den Tatsachen entspricht? Ist er nicht der Wahrheit verpflichtet? Auch als Rabbiner, von dem man annehmen müsste, dass Moral bei ihm großgeschrieben würde, stellt er die Treue zum jüdischen Staat, besser, zur israelischen Politik, über die Einhaltung der jüdischen Gebote.

Die Verteidiger der israelischen Politik betreiben eine enorme Wortklauberei und legen jedes Wort auf die Waagschale, um Kritiker zu desavouieren. Wenn ein deutscher Politiker wie Norbert Blüm sagt, dass Israel einen »hemmungslosen Vernichtungskrieg« gegen die Palästinenser führe, oder Jakob Augstein von einem »Lager« spricht, dann fangen sie sich sofort den Vorwurf ein, dass man die Situation in Israel nicht mit Begriffen, Bildern oder Ereignissen aus der Nazizeit vergleichen dürfe, denn das sei Antisemitismus. Dieser Vorwurf wird immer wieder von Leuten vorgebracht, die selbst keinerlei Hemmungen haben, solche Vergleiche anzustellen, wenn es ihrer Weltanschauung passt und ihren politischen Zwecken dient. Die meisten Kritiker verwechseln den Begriff »vergleichen« auch mit dem Begriff »gleichsetzen«. Wenn ich die israelische Armee mit der Waffen-SS vergleiche, dann sind mir die Unterschiede wohlbekannt, und ich kann darauf hinweisen. Nur wenn ich beides gleichsetze, verwische ich die Unterschiede.

Zwei Worte sind es, auf die der Zentralrat der Juden in Deutschland und andere Sympathisanten der israelischen Regierung reflexartig reagieren: »Ghetto« und »Apartheid«. Jedenfalls, wenn man diese Worte mit Blick auf die Situation der Palästinenser unter der israelischen Besatzung benutzt. Sie wollen nicht wissen, was die israelische Armee und vor allem israelische Siedler den Palästinensern antun. Doch wenn es um Israel geht, sind sie überempfindlich. Natürlich kann man es falsch finden, Israel das Existenzrecht abzusprechen, aber wer tut das eigentlich? Und selbst wenn jemand das Existenzrecht Israels bestritt, ist davon ja noch kein Israeli umgekommen. Für alles andere sind wir verantwortlich.

Einen Aufschrei und den Vorwurf, dies sei Antisemitismus gibt es auch, wenn Oskar Lafontaine in einem Kommentar in der *BILD-Zeitung* schreibt, in Israel regiere das Alte Testament. Denn für den Antisemitismusforscher Wolfgang Benz und viele andere geht eine Israelkritik, »die mit stereotypen Vorstellungen hantiert«, die mit dem Judentum in Verbindung gebracht werden, fließend in Judenfeindschaft über. Doch in den Nachrichten hören wir dauernd von israelischen »Vergeltungsschlägen«. Und »Vergeltung« ist nichts anderes als Rache und Strafe und entspricht dem Prinzip des »Auge um Auge, Zahn um Zahn«. Man kann diese Gleichsetzung ablehnen. Aber unser Grundgesetz erlaubt es, auch Meinungen zu äußern, die Wolfgang Benz und der israelischen Regierung nicht gefallen.

Man empört sich über den Publizisten Jakob Augstein, weil dieser Gaza mit einem Lager verglichen hatte, denn der Begriff Lager erinnere an die Vernichtungslager der Nazis und somit an den Holocaust. Dieser Vergleich mag unpassend sein – aber, fragt der Soziologe Rainer Schreiber in seinem 2014 veröffentlichten Buch *Religion, Volk, Identität – Das Judentum in der Sackgasse des moder-*

nen Nationalismus: »Ist ein ›Lager‹ an sich schon ein ›Vernichtungslager‹, oder wird dies erst hinzugedacht, quasi mit hineinkonstruiert, um den Lagervorwurf empört zurückweisen zu können?« Man empört sich ebenfalls, wenn Augstein den Fanatismus islamischer Fundamentalisten mit dem ultraorthodoxer Juden vergleicht. Aber ist der Vergleich so falsch? »Als Uri Avnery einst einen ähnlichen Vergleich zwischen den Tötungsaktionen des israelischen Militärs und radikalen Palästinensern von der PFLP zog, schlug der israelische Rechtsextremist Baruch Marzal gleich die ›gezielte Tötung‹ des Friedensaktivisten vor und bestätigte damit den empört zurückgewiesenen Vergleich auf absurde Weise.«

Schreiber bezweifelt, dass schon jeder falsche Vergleich, jede anti-israelische Polemik, jede überzogene israelkritische Metapher Antisemitismus darstellt. »Die bindungslosen Verteidiger Israels gehen letztlich davon aus, dass allein das Faktum des Holocaust jegliche Kritik an Israel, Zionismus, jüdischem Nationalismus per se verbietet und in die Nähe des Antisemitismus rückt.«

Manchmal kommen sie damit sogar vor Gericht durch. In Essen befand eine Richterin im Januar 2015, das Wort »Zionist« sei ein antisemitisches Codewort für »Jude«. Angeklagt war ein 24-jähriger Mann, weil er im Juli 2014 in Essen »Tod und Hass den Zionisten« gebrüllt hatte, die Anklage lautete auf Volksverhetzung. Möglicherweise entnahm die Richterin diese Auffassung dem Online-Lexikon Wikipedia. Dort steht, das Wort »Zionist« sei »für Antisemiten ein Codewort für Jude«. 2014 tobte gerade der Gaza-Krieg und es war klar, dass der Mann Israel gemeint hatte. Und verstehen sich die Israelis nicht selbst als Zionisten? Insofern war der Ruf sogar korrekt. Die Richterin hatte aber offensichtlich von dem Konflikt keine Ahnung und offenbar auch noch nicht gehört, dass nicht alle Juden Zionisten sind. Dass alle Juden gleich sind, ist vielmehr selbst ein alter antisemitischer Aberglaube.

Monika Schwarz-Friesel, hochdotierte Professorin für Kognitionswissenschaften an der technischen Universität Berlin, wertet Briefe an den Zentralrat der Juden aus und kommt zu dem Ergebnis, dass diese durchtränkt sind von Antisemitismus. Donnerwetter! Wer hätte das gedacht? Ein Schüler hat sie zum modernen Antisemitismus befragt, wie man auf YouTube sehen kann. Dort sagt die Professorin, dass sich Antisemitismus oft hinter einer »Umwegkommunikation« verstecke. Als Beispiel nennt sie den früheren Begriff »Internationales Finanzjudentum«, den heute moderne Antisemiten natürlich nicht mehr benutzen würden. Diese sagen jetzt »Finanztum« oder »Internationales Finanztum«. Finanztum? Noch nie gehört. Was soll denn das sein? Google antwortet: »Meinten Sie Finanzamt?« Müsste nicht halb Google mit antisemitischer und rechtsradikaler Gülle gefüllt sein und der Begriff »Finanztum« drei Milliarden mal gefunden werden? Wie kann es sein, dass eine Wissenschaftlerin als Paradebeispiel für »Umwegkommunikation« in Sachen Antisemitismus einen Begriff anführt, den es offensichtlich nicht gibt und den niemand zu benutzen scheint? Wir haben es hier also mit einer ganz geheimen Geheimgesellschaft moderner Antisemiten zu tun. Frau Schwarz-Friesel mag ihre Meriten haben, aber mit derartigen Konstruktionen wird die gute Absicht ins Gegenteil verkehrt.

Der Kölner Autor und Schauspieler Gerd Buurmann, der den Blog »Tapfer im Nirgendwo« betreibt, ist ein besonders eifriger Parteigänger Israels. Leute wie er betreiben eine extreme Wortklauberei, um anderen Leuten unterschwelligen Antisemitismus zu unterstellen. Die Autoren der *ZEIT* bezeichnete er einmal als »Hamburger Edellumpen«, weil sie über einen Brandanschlag auf ein Siedlerauto im besetzten Palästina geschrieben und das mit der nüchternen Titelzeile »Brandanschlag auf ein Siedlerauto« überschrieben hatten. Buurmann hätte es lieber gesehen, wenn von einem Brandanschlag auf Juden die Rede gewesen wäre, denn er ist der Meinung, der Vater und das Mädchen wären einzig und allein angegriffen worden, »weil sie Juden sind«. Wenn er dies wirklich glaubt, ist er in der Lesart der Antisemitenmacher selbst ein Antisemit. Warum geht er nicht von einer Tat aus, wie sie überall auf der Welt passiert? Aus Rache, einfach aus Bosheit, aus Eifersucht und so weiter und so weiter. Herr Buurmann sieht in Juden offenbar etwas Besonderes, etwas Spezielles. Schämen sollte er sich, dieser Antisemit! Und trotzdem: Die jüdischen Bewohner der besetzten palästinensischen

Gebiete sind auch nach offiziellem Sprachgebrauch »Siedler« und nennen sich selbst auch so. Diese setzen sich über das Völkerrecht und die Rechte der Palästinenser hinweg. Der Anschlag galt also den Besatzern, die auch Christen, Hindus oder Indianer hätten sein können. Dies zu unterschlagen ist unredlich. Doch den Freunden Israels geht es nicht um Wahrhaftigkeit, sondern um Propaganda.

Im Kampf um die Deutungshoheit über den Nahost-Konflikt kämpfen sie mit harten Bandagen. Die Deutsch-Israelische Gesellschaft (DIG) in Bremen bietet sogar ein »Hasbara-Propaganda-Programm« für Schulen an und stellt den Schulen eigene, ausgewählte und ausgebildete Referenten kostenlos zur Verfügung. Wählen kann man zwischen einem »großen Vortrag« (von 45 Minuten Länge) zum Thema »Die Geschichte Israels von Abraham bis heute«, einem »kleinen Vortrag« (von 30 Minuten Länge) zum Thema »Die Gründung Israels – Zionismus und Staatswerdung«, einer »Gesprächsrunde« zum Thema Antisemitismus und, speziell für junge Schülerinnen und Schüler, eine altersgemäße »Information« über den Staat Israel. Schließlich kann die Einflussnahme nicht früh genug beginnen, und man sollte wissen, dass dieses Angebot den Kultusministern aller Bundesländer gemacht worden ist.

Man kann sich vorstellen, wie der Zentralrat der Juden in Deutschland reagiert hätte, wenn Palästinenser ein ähnliches Programm für Schulen anbieten würden. Denn wir wissen ja, wie der Zentralrat, die DIG sowie viele jüdische Gemeinden auf die Nakba-Ausstellung reagiert haben, als diese in Frankfurt und in Düsseldorf, Freiburg, Aachen, München, Bremen und anderswo gezeigt werden sollte. Denn diese Wanderausstellung zeigt die palästinensische Perspektive auf Israel und dessen Staatsgründung.

Diese Perspektive hat in Deutschland aber keinen Platz. Große Teile von Politik, Medien und Gesellschaft stehen treu – oder blind – zu Israel und unterbinden jede Kritik. »Wer Israel schützt, schützt nicht nur den Staat der Juden, er schützt die westliche Wertegemeinschaft«, erklärte Mathias Döpfner, Vorstand der Axel Springer AG, im Januar 2015 in einem Grußwort an die Belegschaft seines Konzerns. Döpfner gehört zu denen, die den Staat Israel bedingungslos verteidigen und glauben, dass sie damit jüdische Interessen beschützen. Bezeichnenderweise kommen weder die Vertreibung der Palästinenser, der Landraub und die Okkupation, noch die Unterscheidung zwischen Juden und Israelis und die Benachteiligung der arabischen Israelis in seinen Reden vor, noch in den Reden vieler anderer Philosemiten und Israel-Freunde. Würden Döpfner und seine Freunde auch schweigen, wenn eine deutsche Regierung sich so benehmen und verhalten würde wie die israelische? Ich hoffe nicht. Ich bin immer wieder entsetzt über die Gleichgültigkeit gegenüber diesem schrecklichen Verbrechen der Vertreibung eines ganzen Volkes und dem Raub seines Landes, welches 1948 stattgefunden hatte. Mehr als das Verbrechen selbst beschäftigt mich die Gleichgültigkeit und Selbstgerechtigkeit der Täter, die weder Reue noch Empathie zeigen. Natürlich zeigten auch nicht alle Deutsche Reue und Empathie angesichts der Verbrechen der Nazizeit, aber zumindest ist es die offizielle Haltung der Regierung, des Parlaments, aller Parteien, Kirchen, Gewerkschaften und vieler Organisationen der Zivilgesellschaft.

Eine Kritik am völkerrechtswidrigen Krieg des Staates Israel ist keine Kritik am Judentum und auch kein Zeichen für Antisemitismus, sondern Kritik an der Politik des Staates Israel. Große Teile der jüdischen Bevölkerung weltweit sind inzwischen gegen diese Politik. Die jüdische Organisation »Jewish Voice for Peace« hat inzwischen mehr als 200 000 Mitglieder und ist in fast allen europäischen Staaten vertreten, in Deutschland unter dem Namen »Jüdische Stimme für gerechten Frieden im Nahen Osten«.

Und es sollte auch nicht vergessen werden, dass diese Politik auch unter den jüdischen Bürgern Israels umstritten ist. Noch ist diese Kritik möglich, aber schon melden sich die Koalitionspartner von Benjamin Netanjahu, wie zum Beispiel Naftali Bennet, die solche Kritik verbieten möchten und die (jüdischen) Kritiker als Landesverräter beschimpfen. Die israelische Presse ist voll davon. Kritiker von Netanjahus Politik sind für sie schon lange keine demokratischen Opponenten mehr, sondern Landesverräter oder Agenten einer dubiosen feindlichen Macht.

Natürlich gibt es auch heute noch Judenhass auf der Welt. Doch die Art von Judenhass, die in einen rassistisch begründeten Krieg und am Ende zur Vernichtung von sechs Millionen Juden führte, fast der Hälfte des europäischen Judentums, die gibt es heute zum Glück nicht mehr und die Situation in Israel ist eine völlig andere. Es ist deshalb der Gipfel der Geschmacklosigkeit, wenn die obskure Organisation »Honestly Concerned« das angebliche Leid der Israelis aktuell mit dem tatsächlichen Leid der Jesiden vergleicht, die von den barbarischen Truppen des IS verfolgt und im Sommer 2015 im Nordirak zu Tausenden abgeschlachtet wurden.

Das Naziregime ließ Aktionen und Pogrome gegen Juden organisieren, wie etwa die berühmt-berüchtigte Reichspogromnacht vom 9. November 1938, in der in ganz Deutschland Synagogen und jüdische Geschäfte in Flammen aufgingen. Dieser Antisemitismus wurde von der Bevölkerung geduldet, wenn nicht sogar getragen, wie hinlänglich bekannt ist. Auch der gesellschaftlich akzeptierte Antisemitismus in den USA, der sich nicht nur darin ausdrückte, dass manche Tennis- oder Golfclubs keine Juden (und keine Schwarzen) aufnahmen, ist heute Geschichte. Heute leben wir in einer vollkommen anderen Lage. Nicht nur, dass der Staat, die Parteien, die Gewerkschaften, die Kirchen und fast alle Organisationen der Zivilgesellschaft den Antisemitismus ächten, und die Zivilgesellschaft als Gesamtes tut es auch, er ist gesellschaftlich nicht akzeptabel und salonfähig. Die Nachkriegsgeborenen haben den echten Antisemitismus meist nicht mehr kennengelernt. Wenn es trotzdem hin und wieder zu antisemitischen Vorfällen kommt, dann zeigt das nur, dass man menschliche Dummheit und Hass nicht ganz ausrotten kann.

Selbstverständlich ist es gut, dass die Polizei jüdische Einrichtungen beschützt. Und nichts wäre schlimmer, als wenn ein Irrer Amok liefe. Was ich aber als störend empfinde, ist, wie jeder noch so kleine antisemitische Vorfall im Rundfunk, im Fernsehen und in den übrigen Medien aufgebauscht wird und für Hysterie sorgt. Hat sich denn niemand dort Gedanken gemacht, wie sich Juden in diesem Land fühlen, wenn sie dauernd hören müssen, dass sie in Gefahr seien? Und was müssen Muslime denken, wo es doch vielfach mehr antimuslimische Vorfälle und Angriffe auf Moscheen gibt als antijüdische Attacken, auch wenn sowohl in Frankreich als auch in Deutschland jüdische Schüler von ihren muslimischen Mitschülern drangsaliert werden? Es wäre aber falsch, solche Vorfälle ausschließlich auf das Konto des Antisemitismus zu buchen. Vermutlich handelt es sich doch weitgehend um Folgen und Auswüchse des Nahosts-Konfliktes? Inwieweit ist eigentlich schon untersucht worden, ob arabische Kinder und Jugendliche immer noch gnadenlos gegenüber Juden, Christen oder wem auch immer benachteiligt werden? Kulturell, ökonomisch und soziopsychologisch?

Wir leben nicht mehr im 19. Jahrhundert. Unsere Gesellschaft ist heute nicht mehr die Gesellschaft von früher, die monoton und ungebildet war. Wir leben in einer pluralistischen Gesellschaft, die so vermischt ist, dass man keine Angst vor Massenhass haben muss, zumindest keinen übersteigerten oder eben hysterischen. Auch wenn die neuen Kommunikationsmedien mir manchmal schon Angst machen, glaube ich, dass es heute nicht mehr so leicht sein würde, die Menschen in Deutschland hinter einer Fahne und einer Idee zu sammeln. Auch Pegida vermochte es nicht, Menschen in Massen aufzuhetzen. Und auch wenn die Wahlergebnisse der AfD in einem abgelegenen, elenden, jämmerlichen und armseligen Bezirk wie Vorpommern ziemlich besorgniserregend sind, so ist es in meinen Augen doch fast ausschließlich nur eine Momentaufnahme und ein Ausdruck von Wut und Frustration der Bevölkerung über ihre traurige Situation.

6 Israel – nicht mein Land

Israel ist für mich ein Staat wie jeder andere. Ich liebe das Land nicht, aber ich hasse es auch nicht. Warum sollte man es hassen? Schon gar nicht stelle ich seine Existenz infrage, nehme mir aber das banale Recht heraus, seine Politik zu kritisieren. War es Heinrich Lübke, der auf die Frage, ob er Deutschland liebe, antwortete: »Ich liebe meine Frau«? Das Gleiche sollte doch für alle Länder gelten. Warum also auch nicht für Israel? Ich stelle an Israel keine besonderen moralischen Anforderungen, die ich nicht auch an jeden anderen Staat der Welt stellen würde, und ich erwarte auch nicht, dass sich Israel moralischer verhält als andere Staaten. Ich erwarte lediglich, dass Israel den Prinzipien seiner eigenen Unabhängigkeitserklärung folgt und sich an die Charta der Menschenrechte der Vereinten Nationen hält. Nicht mehr, aber auch nicht weniger.

Die westliche Welt beruhigte nach dem Zweiten Weltkrieg und dem Holocaust ihr schlechtes Gewissen, indem sie den überlebenden Juden das Land Palästina schenkte. Die zionistischen Juden machten daraus den jüdischen Staat Israel, auf Kosten der ursprünglich palästinensischen Bevölkerung. Die westliche Welt unterstützte den Staat der Juden als Wiedergutmachung für das Unrecht, das man den Juden in Europa angetan hatte. Dass dabei neues Unrecht entstand, war vielen in den ersten Jahren nach der Staatsgründung und bis zum Jahre 1967 nicht bewusst oder wurde bewusst verschwiegen.

Nach dem Sechstagekrieg von 1967 war es nicht mehr möglich, die Augen vor dem Unrecht zu verschließen, das Israel den Palästinensern angetan hatte, zumal die Palästinenser begannen, sich dagegen zu wehren. Die Bevölkerung in den europäischen Staaten und in den USA begann sich zu spalten: Nur wenige unterstützten die Palästinenser, die meisten standen aufseiten der Israelis. Als die Kritik an der israelischen Politik jedoch mit der Zeit immer lauter wurde, begannen deren Propagandisten, den Vorwurf des Antisemitismus für ihre Zwecke zu instrumentalisieren.

Viele Israelis belügen sich ein Leben lang, weil sie nicht wahrhaben wollen, dass sie sich gegenüber dem palästinensischen Volk schuldig gemacht haben. Es gehört zu den Gründungsmythen des Staates Israel, dass man die Palästinenser nicht vertrieben habe, sondern dass diese »freiwillig« geflohen seien. Allein: Es gibt in der Geschichte keine Beispiele von freiwilligen Fluchten. Es erstaunt mich immer wieder, wenn ausgerechnet Juden das nicht sehen wollen: Die jüdische Geschichte ist doch voll mit solch »freiwillig« erzwungenen Fluchten – etwa vor den Pogromen in Russland oder der Verfolgung in Nazi-Deutschland. Flucht wird immer erzwungen, und es spielt keine Rolle, ob Menschen tatsächlich mit Gewalt zur Flucht gezwungen werden oder ob sie, wie eben die Palästinenser, aus Angst vor Massakern fliehen, wie sie Israelis in Deir Yasin nahe Jerusalem wenige Tage vor ihrer Staatsgründung verübt haben. Verantwortlich für das Massaker von Deir Yasin war der spätere Ministerpräsident Menachem Begin, und der erste Ministerpräsident David Ben-Gurion hat es stillschweigend geduldet. Begin hat später in seinem Buch *Die Revolte* offen und ungeschminkt davon berichtet und die These vertreten, dass Deir Yasin wesentlich zur »ethnischen Säuberung« Palästinas und zur Staatsgründung beigetragen hatte.

Ich bin in der Ethik des Judentums erzogen worden. Ich habe gelernt, dass jeder Mensch die Wahl zwischen Gut und Böse hat und jeder Mensch für seine Taten selbst verantwortlich ist. Für Teile des heutigen Judentums gelten leider andere Moralvorstellungen und Maxime. Viele glauben, dass der Holocaust Juden das Recht gibt, uns über geltendes Recht und universelle Moral zu erheben. Das dürfen wir nicht gegenüber Deutschen und erst recht nicht gegenüber Palästinensern, die den Holocaust nicht im Geringsten verschuldet haben.

Es ist aber auch eine Tatsache, dass eine große Zahl israelischer Bürger und Juden auf der ganzen Welt Israels Politik verständnislos gegenüberstehen und sie ablehnen. Ebenso wenden sich viele Menschen in Europa deshalb mehr und mehr von Israel ab. Zionisten wollen das nicht wahrhaben. Sie wollen lieber glauben, dass viele Menschen in Europa, wenn nicht sogar alle, keine Juden mögen. Das macht es für sie einfacher. Als vor Jahren eine Bombe in Tel Aviv explodierte und mehr als ein Dutzend Menschen in den Tod riss, schrieb die *BILD-Zeitung* in großen Lettern: »WIR WEINEN MIT ISRAEL«. Ich habe noch nie erlebt, dass deutsche Medien und die deutsche Öffentlichkeit mit Palästina geweint hätten – selbst dann nicht, als eine tonnenschwere Bombe in einem Wohngebiet in Gaza explodierte und mehr als hundert Menschen in den Tod riss, darunter viele Familien, Kinder und Säuglinge. Für Russland weint man übrigens auch nicht, auch wenn bei einem Attentat Hunderte Menschen sterben.

Diese Einstellung verändert sich allerdings zusehends. Selbst deutsche Politiker verstehen, dass Israels Vorgehen in den besetzten Gebieten den Hass schürt und die Gefahr des Terrorismus erhöht. Peter Ustinov prägte dazu den richtigen Satz: »Terror ist der Krieg der Armen (und Schwachen), Krieg ist der Terror der Reichen (und Starken).«

Jeder kann sehen, dass die Grundlage der zionistischen Ideologie Chauvinismus, Rassismus und expansiver Kolonialismus ist. Die fanatischen radikalen israelischen Siedler geben sich inzwischen auch überhaupt gar keine Mühe mehr, dies zu verleugnen oder zu verbergen. Darum ist die ständige Behauptung, hinter Antizionismus stecke nichts anderes als Judenfeindschaft, so offensichtlich falsch. Und vor allem: Warum sollte sich der Antisemitismus auch hinter Antizionismus verstecken, wo er doch angeblich wieder salonfähig geworden ist? Man sucht sich die Argumente zusammen, wie es in die Ideologie passt, auch wenn es unlogisch ist.

Ist die Kritik an der Unterdrückung eines anderen Volkes durch Juden wirklich antisemitisch? Karl Marx, Sohn jüdischer Eltern und Enkel eines Rabbiners, sagte einmal: »Ein Volk, das andere unterdrückt, kann selbst nicht frei sein.« Demnach kann Israel nicht frei sein. Und die Juden, die Israel kritiklos unterstützen, ketten sich an diesen unfreien Judenstaat. Warum bloß?

Diese Politik wird seit Jahren von Israelis wie Uri Avnery und Gideon Levy, von Juden wie Noam Chomsky und Rolf Verleger und von Politikern überall auf der Welt kritisiert. Israel versucht, solche Kritiker als Antisemiten hinzustellen, und wenn es Juden sind, als sogenannte »jüdische Selbsthasser« zu denunzieren. Dabei sollte gerade die Erinnerung an die Ermordung von sechs Millionen Juden im Holocaust zu einer besonderen Verantwortung führen – Verantwortung dafür, immer seine Stimme zu erheben gegen jede Form von Unterdrückung, Rassismus oder Diskriminierung, egal ob in Südafrika oder in Tibet, in der Türkei oder in Palästina.

Israel verspielt seine Sympathien

1945 galt Juden das Mitgefühl der gesamten Welt. Wenig später, als sie den Staat Israel gründeten, wurden sie von der ganzen Welt bewundert und unterstützt, obwohl die Staatsgründung mit einem großen Unrecht begann, nämlich der Vertreibung von mehr als 800 000 Einwohnern des Landes. Doch die Bewunderung, das Mitleid und die Hilfsbereitschaft wandelten sich im Laufe der Jahre und Jahrzehnte in Kritik und schließlich Ablehnung. Es stört immer mehr Menschen, dass Israel sein Unrecht von 1948 und das neue Unrecht von 1967 immer noch nicht anerkennt, dass der israelisch-arabische Konflikt immer noch nicht gelöst ist. Die Menschen erkennen immer deutlicher, dass die Verantwortung dafür hauptsächlich bei den Israelis liegt und dass die Israelis diese Verantwortung verdrängen.

Wenn man, wie ich, schon mehr als vierzig Jahre gegen Israels Politik agiert, demonstriert, schreibt, Bücher verlegt und Vorträge hält, hatte man in den letzten Jahren wenig Grund zur Freude und war oft verzweifelt. Erst in letzter Zeit sieht man ein wenig Licht am Horizont. Länder wie Großbritannien, Frankreich, Schweden, die USA und sogar Deutschland, das mit der Verantwortung für den Holocaust die schwerste Last mit sich trägt, verlieren ihre Geduld gegenüber Israel. Rolf Mützenich, stellvertretender Fraktionsvorsitzender der SPD im Bundestag sagte 2016 dem *SPIEGEL*: »Es setzt sich in der Bundesregierung die Erkenntnis durch, dass Netanyahu unsere Freundschaft instrumentalisiert.« Es sei zu erwarten, dass im Auswärtigen Amt und im Kanzleramt ein Umdenken stattfinde. Es gäbe Anzeichen dafür, dass sich die Haltung der Bundesregierung ändert.

Man darf nicht vergessen, dass die meisten jüdischen Einwanderer, die nach Palästina und später nach Israel kamen, das nicht taten, weil sie das Land so magisch angezogen hatte, sondern weil sie politischer und wirtschaftlicher Not und Verfolgung in ihren ursprünglichen Heimatländern entfliehen wollten und weil andere Tore für sie verschlossen waren. Nicht alle waren glühende Zionisten, vermutlich nur eine Minderheit, aber sie hatten eben keine Wahl. Auch die Juden Äthiopiens konnten später nur nach Israel auswandern, so wie viele Juden aus der Sowjetunion, von wo aus viele später nach Deutschland und in die USA weiterzogen.

Wenn Juden die Wahl haben, ziehen sie nicht unbedingt nach Israel. Als in den 1990er-Jahren das Apartheid-Regime in Südafrika zerbrach, emigrierten viele der dort lebenden Juden in die USA, nach Großbritannien und Australien, und nicht nach Israel. Auch die reichen und wohlhabenden irakischen Juden, die dem arabischen Nationalismus unter Saddam Hussein und seinen Vorgängern entflohen, emigrierten nicht nach Israel, sondern nach England, Kanada oder in die USA. Nur diejenigen, die keine Mittel und somit auch keine Wahl hatten, ließen sich mit Flugzeugen der israelischen Luftwaffe nach Israel transportieren, wo sie jahrelang in Zeltlagern leben mussten und als Israelis zweiter Klasse behandelt wurden. Man kann wohl sagen, dass der Zionismus und Israel nie der Traum aller Juden waren, und es auch heute nicht ist.

Im Juli 2016 veröffentlichte der israelischen Friedensaktivist Uri Avnery in der *Ha'aretz* einen offenen Brief, in dem er alle israelischen Jugendlichen im Ausland aufforderte, nach Israel zurückzukehren: Dort würden sie gebraucht, um die rechte Regierung von Benjamin Netanjahu zu stürzen. Eine der Angesprochenen antwortete ihm wütend, sie sehe keinen Sinn darin, ihre Zeit damit zu verschwenden, zu versuchen, den Staat zu ändern, in dem das Leben für sie unerträglich geworden ist. »Das Volk, das in Zion wohnt, hat einen ganz bestimmten Weg gewählt«, schrieb sie, und sie akzeptiere die Meinung der Mehrheit. Aber sie fühle sich nicht verpflichtet, in Israel zu bleiben und unter dieser Entscheidung der Mehrheit zu leiden. »Es gibt keine Worte, um zu beschreiben, wie leid man diese Kriege hat, die nie aufhören, wie leid man die Gewalt in den Straßen hat, die Korruption der israelischen und palästinensischen Politiker, die steigenden Lebenshaltungskosten, die uns erwürgen, ganz zu schweigen vom religiösen Zwang, der mich jedes Wochenende zum Gefangenen in meiner Wohnung macht, und der Tatsache, dass ich niemanden heiraten kann, ohne mich an ein Rabbinat anzuketten, das in mir das Eigentum meines Ehemannes sieht.« Es gebe in Israel keine Zukunft für säkulare Menschen mit einer liberalen Einstellung. Sie sehne sich nicht nach einem Leben in Berlin oder den USA. Aber sie wolle nicht in einem Land leben, in dem ein Minister öffentlich sagt: »Die Palästinenser werden niemals einen Staat bekommen und werden für immer von Israel beherrscht werden.«

Das hat Eli-Ben-Dahan, Israels stellvertretender Verteidigungsminister, erklärt. Belege darüber und andere radikal rassistische Aussagen findet man bei Google und YouTube. Und so handeln die Vollzugsbeamten der rechten Vereinigung »Ateret Kohanim« (»Krone der Priester«) entsprechend, wenn sie die Häuser von Hunderten von Palästinensern übernehmen und konfiszieren: Sie verklagen die Bewohner, provozieren durch lange juristische Prozesse deren Verarmung und bieten ihnen dann, als vermeintlichen Rettungsring, Millionen Schekel dafür an, dass sie ihre Häuser im Grundbuch auf Ateret Kohanim überschreiben lassen.

Immer mehr Juden distanzieren sich von solchen Machenschaften. Selbst solche, die ihr Leben lang Zionisten waren und Israel unterstützt hatten. Steven Levitsky, Professor für Politologie an der Harvard University, und Glen Weyl, Assistent Professor für Wirtschafts- und Rechtswissenschaften an der University of Chicago, bezeichnen sich beide als Zionisten. Trotzdem wagen sie es, Israel wegen seiner Besatzungspolitik anzuprangern und offen zum Boykott aufzurufen. Am 27. Oktober 2015 erschien dazu ihr offener Brief in der Washington Post:

»Wir waren unser Leben lang Zionisten. Wie andere progressive Juden in den USA haben wir Israel unterstützt, weil wir der Überzeugung waren, dass erstens ein Staat notwendig ist, um unser Volk vor zukünftigen Katastrophen zu schützen, und dass zweitens ein jüdischer Staat – als Lehre aus dem Holocaust – nur demokratisch sein kann und in den universellen Menschenrechten sein Fundament haben wird. Undemokratische Maßnahmen des israelischen Staates, wie die Besetzung der Westbank und des Gazastreifens könnten, so dachten wir, nur vorübergehend sein.

Wir müssen jetzt die Realität zur Kenntnis nehmen, dass sich die Besetzung als Dauerzustand erwiesen hat. Und dass fast ein halbes Jahrhundert nach dem Sechstagekrieg Israel immer mehr zu einem Apartheid-ähnlichen Staat wird, vor dem viele seiner einstigen Führer gewarnt haben. Die Zahl der Siedler in der Westbank ist um das Dreißigfache gestiegen, von 12000 im Jahr 1980 auf nunmehr 389000. Die Westbank wird immer mehr als Teil Israels angesehen, und die grüne Linie zur Kennzeichnung der besetzten Gebiete ist inzwischen aus vielen Landkarten gelöscht worden. Israels Staatspräsident Reuven Rivlin erklärte kürzlich, dass die Kontrolle über die Westbank ›keine Frage der politischen Debatte mehr ist. Sie ist zu einer Grundtatsache des modernen Zionismus geworden.‹«

Die wachsende Siedlerbewegung und die ebenso wachsende Zahl der Ultra-Orthodoxen schürten einen jüdischen Chauvinismus, der zu einer zunehmenden Entfremdung vom ebenfalls wachsenden arabischen Teil der Bevölkerung führe. Durch die andauernde Besatzung seit den Kriegen von 1967 und 1973 habe sich auch die Sicherheitslage dramatisch verschlechtert. Zwar sei Israel aufgrund seiner militärischen Überlegenheit gegenüber seinen arabischen Nachbarn nicht mehr in seiner Existenz bedroht. Aber, wie es sechs ehemalige Direktoren des israelischen Inlandsgeheimdienstes Shin Bet in dem Dokumentarfilm *The Gatekeepers* von 2012 erklärten: Die Besatzung zwinge Israel in einen asymmetrischen Krieg, der Israels internationalem Ansehen schade und seine Möglichkeiten einschränke, sich in regionalen Bündnissen gegen sektiererische Extremisten zur Wehr zu setzen. Und es sei die Besatzung, die schließlich den eigentlichen Grund für die Gewaltausbrüche der Palästinenser darstelle.

In der Tat schadet die Politik, die Steven Levitzky und Glen Weyl kritisieren, dem Ansehen Israels und der Juden weltweit, ganz gleich, ob diese sich mit Israel identifizieren oder nicht. Levitzky und Weyl schreiben, leider sei in Israel selbst die Opposition gegen diesen Kurs der Regierung immer schwächer geworden. Dank des wirtschaftlichen Aufschwungs und des Gefühls relativer Sicherheit durch das System der Sperranlagen und dank des Raketenabwehrsystems »Iron Dome« fühle sich die große Mehrheit auch der säkularen Israelis sicher und sehe derzeit keine Notwendigkeit, den schwierigen Weg zu einem dauerhaften Friedensabkommen zu beschreiten. Denn dies würde bedeuten, dass ihre Landsleute ihre Siedlungen in der Westbank verlassen müssten und Israel das Leid der Palästinenser als moralische Schuld anerkennt.

»Wir sind längst an einem kritischen Punkt angelangt, an dem es kein Zurück mehr gibt. Der ungebremste Siedlungsbau und die demografischen Entwicklungen werden einen Kurswechsel bald unmöglich machen. Seit Jahren haben wir wechselnde Regierungen in Israel unterstützt, weil wir hofften, dass Israel im Sinne seiner eigenen, langfristigen Interessen handeln würde. Aber diese Strategie ist fehlgeschlagen. So haben wir unseren Teil zu dieser verhängnisvollen Entwicklung beigetragen. Die Hoffnung, dass Israel ohne Druck von außen die notwendigen und harten Entscheidungen trifft, hat sich nicht erfüllt.«

Für alle, die Israel unterstützten, sei es sehr schmerzlich, Druck von außen ausüben zu müssen. Aber das einzige Mittel, das bleibe, um Israels Politik wirklich zu verändern, sei, dem Land die finanzielle und diplomatische Unterstützung seitens der USA zu verweigern sowie Waren und Dienstleistungen zu boykottieren und Investitionen zurückzuziehen. Ein Boykott, der sich nur auf die in den Siedlungen hergestellten Produkte beziehe, werde nicht ausreichen, um Israel wirklich dazu zu bewegen, über den Status quo nachzudenken.

Das sei der Grund, schreiben Levitzky und Weyl, warum sie sich »zögerlich zwar, aber trotzdem entschlossen« jetzt weigerten, nach Israel zu reisen, in Israel produzierte Waren boykottierten und ihre Universitäten und gewählten Vertretungen dazu aufforderten, Israel die Unterstützung zu verweigern. »So lange, wie Israel nicht in einen Friedensprozess eintritt, der entweder zu einem souveränen palästinensischen Staat führt oder den Palästinensern innerhalb eines gemeinsamen Staats die vollen Bürgerrechte garantiert, können wir Israels Politik nicht länger unterstützen, weil sie langfristig Israels Existenz bedroht.«

Natürlich sei Israel nicht der schlimmste Menschenrechtsverletzer der Welt. Doch es zeuge deshalb noch nicht von einem Doppelstandard, zum Boykott Israels aufzurufen. Denn man liebe Israel und sei zutiefst besorgt um sein Überleben, was nicht in gleichem Maße für andere Länder gelte. Und anders als bei Staaten wie Nordkorea oder Syrien, die international geächtet seien, würde ein Boykott Israel tatsächlich treffen. Denn ohne die Absicherung durch die USA könnte die israelische Regierung ihren verhängnisvollen Kurs nicht weiterführen.

Theodor Herzl, der Begründer des Zionismus, war seinerzeit entsetzt über die Zustände im Südafrika der Rassentrennung. »Wir wollen keinen Burenstaat, sondern ein Venedig«, forderte er. Um Herzls Vision zu bewahren, müssen amerikanische Zionisten heute Druck auf Israel ausüben, um das Land zu retten.

Wenn ich mich über Israel empöre, dann hilft es mir immer, wenn ich an die biblische Geschichte von Abraham und Gott denke. Abraham bat Gott darum, die Stadt Sodom zu schonen, wenn dort zehn Gerechte leben sollten. Dieser war dazu bereit, aber es lebten keine zehn Gerechten in Sodom. Abraham handelte Gott anschließend bis auf einen Gerechten herunter. Doch es fand sich auch nicht ein einziger Gerechter in Sodom, und so wurde die Stadt schließlich bestraft. Nur Abrahams Schwager Lot durfte die Stadt mit seiner Frau vorher verlassen, weil sie keine Bewohner von Sodom waren, sondern Gäste.

In Israel leben noch sehr viele Gerechte, deshalb darf man den Stab nicht pauschal über das ganze Land brechen. Aber wenn Israel so weitermacht, dann wird es sich selbst zerstören. Die ersten Anzeichen dafür sind leider schon zu sehen. Neben dem Nationalismus, der immer gefährlicher wird, entwickelt sich in Israel ein religiöser Fundamentalismus, der noch gefährlicher ist, weil er ähnliche Züge annimmt wie der fundamentalistische Islam in manchen arabischen Staaten. Der Zionismus ist im Umbruch. Hundert Jahre nach der Balfour-Deklaration von 1917, die kurz vor der kommunistischen Revolution von 1917 erging, stehen wir an einem Wendepunkt. Der Kommunismus in Russland ist nur noch eine Erinnerung. Es ist noch nicht entschieden, ob es dem Zionismus am Ende nicht so ergehen wird wie dem Kommunismus.

Die einzige Demokratie im Nahen Osten schafft sich ab

Die Pioniere des Zionismus träumten davon, den Juden einen eigenen Staat zu errichten, und das ist ihnen auch gelungen. Das andere Ziel des Zionismus war es, eine neue, demokratische, freie und gerechte Gesellschaft aufzubauen, die den moralischen und ethischen Werten des Judentums entsprechen und in der Gerechtigkeit im Sinne der biblischen Propheten herrschen sollte. Von diesem Ziel ist Israel heute weiter entfernt denn je. Theodor Herzl träumte einst von »moralischer und geistiger Einheit«, die sich in Israel erfüllen sollte. In seinem Roman *Altneuland* beschreibt er die Utopie eines Staates, in dem Juden und Nichtjuden nebeneinander in Frieden leben, obwohl er noch kurz davor von einem Staat nur für Juden geträumt hat. Und Vladimir Jabotinsky, ein russischer Zionist und

Schriftsteller aschkenasischer Abstammung und der Begründer des nationalistischen und revisionistischen Flügels des Zionismus, träumte von einem »erhabenen Zionismus«, was immer er darunter verstand. David Ben-Gurion, der Gründer des Staates Israel, wollte eine »Muster-Gesellschaft« erschaffen, die als »Licht für die Völker« dienen sollte. Das alles ist gescheitert.

Israel ist auf dem besten Weg, sich von der Demokratie zu verabschieden. Viele der Gesetze, die in den letzten Jahren und Monaten verabschiedet wurden, sind antidemokratisch. Die Regierung besteht aus rassistischen, antiarabischen Ministern, die offen sagen, dass es für sie wichtiger ist, dass Israel »jüdisch« wird, als dass es »demokratisch« bleibt. Viele Entscheidungen verstoßen nicht nur gegen die israelische Verfassung, sie verhöhnen auch die universellen Prinzipien von Recht und Demokratie.

Im November 2014 brachte die rechte Siedlerpartei Das jüdische Heim von Naftali Bennet, dem Koalitionspartner von Ministerpräsident Benjamin Netanjahu, im israelischen Parlament ein Gesetz ein, nach dem in der Knesset bereits eine einfache Mehrheit von 61 der 120 Abgeordneten dazu ausreichen sollte, um Urteile des Obersten Verfassungsgerichts des Landes zu überstimmen und damit zu annullieren. Anlass für diesen Vorstoß war der Unmut über ein Urteil des Verfassungsgerichts, das ein geplantes Gesetz gegen illegale Einwanderer zum zweiten Mal hatte durchfallen lassen. Die Regierung hatte geplant, illegale Einwanderer aus Afrika für bis zu einem Jahr ohne Gerichtsverfahren oder eine Anhörung in Auffanglagern zu kasernieren, doch das oberste Gericht hatte das als menschenunwürdig angesehen.

Ein anderer Antrag zielte darauf ab, eine einfache Mehrheit von 61 Abgeordneten in die Lage zu versetzen, ein anderes Mitglied des Hauses aus der Knesset zu entfernen, wenn es dieser Mehrheit nicht passt. Ein Staat, in dem die Regierung die Entscheidungen des Obersten Verfassungsgerichts aushebeln kann, ist nur noch eine Scheindemokratie. Die Regierung stellt sich damit über das Gesetz, es herrscht die Tyrannei der Mehrheit. Dieser Gesetzentwurf fand zum Glück keine Mehrheit. Aber er passt zu einer ganzen Reihe von

Gesetzen, mit denen Netanjahus rechter Koalitionspartner Naftali Bennet den Premier vor sich hertreibt. Dazu gehört das Naqba-Gesetz, mit dem der israelische Finanzminister staatliche Zuwendungen an Institutionen, die an Israels Unabhängigkeitstag der Vertreibung der Palästinenser gedenken, kappen kann. Ein anderes Gesetz gestattet es kleineren Ortschaften in Israel, bei Wahlen bestimmte Kandidaten aus verschiedenen Gründen abzulehnen. All diese Gesetze richten sich gegen die arabische und muslimische Minderheit im Land, die immer weiter ausgegrenzt wird.

Wie weit Israel nach rechts gerückt ist, zeigte auch die Debatte um das Nationalstaatsgesetz, mit dem Israel als jüdischer Staat und »Heimstatt des jüdischen Volkes« deklariert werden sollte. Schon im ersten Absatz heißt es: »Das Recht auf nationale Selbstbestimmung im Staat Israel ist allein dem jüdischen Volk vorbehalten«. Andere Glaubensgemeinschaften wie Christen, Muslime und Drusen wären dadurch auch offiziell zu Bürgern zweiter Klasse gemacht worden. The Israel Democracy Institute kommentierte das Vorhaben wie folgt: »Es handelt sich um einen überflüssigen und gefährlichen Vorschlag, der in der Lage ist, das Gleichgewicht zwischen den beiden grundsätzlichen Wesen des Staates zu zerstören – jüdisch und demokratisch.« Erst in allerletzter Minute verhinderte Ministerpräsident Benjamin Netanjahu Anfang Oktober 2015 das Gesetz, das Israels nichtjüdische Bürger diskriminiert hätte.

Im Juli 2016 kritisierte die Zeitung *Ha'aretz* die Entscheidung des Erziehungsministeriums, arabischen Studenten, die auf Lehramt studieren, die finanzielle Unterstützung um die Hälfte zu streichen, den jüdischen aber nicht, obwohl beide Gruppen israelische Staatsbürger sind. Die sogenannte Staatsbürgerschaft in Israel ist ein ganz eigenes Thema. In den Papieren steht bei Nationalität: JUDE. Bei den arabischen Israelis steht ARABER und bei den DRUSEN steht DRUSE. Man macht übrigens keinen Unterschied zwischen christlichen oder muslimischen Arabern.

Begründet wird die Maßnahme damit, dass die Zahl arabischer Lehrer in jüdischen Schulen stark zugenommen habe, obwohl viele von ihnen nur Arabisch lehren. Hier wird wieder offensichtlich, dass arabische Israelis nicht die gleichen Rechte haben wie jüdische Bürger. Diese Entscheidung befeuert den völkischen Rassismus, der in Israel herrscht. Selbst Berlin zeigt sich inzwischen besorgt über das »innenpolitische Klima« im Land, wie man neulich in *SPIEGEL-ONLINE* lesen konnte.[1] Israel will auch die Arbeit von regierungskritischen Organisationen per Gesetz weiter einschränken, wovon viele deutsche Stiftungen betroffen wären. Bundesregierung und Bundestag kritisieren ungewöhnlich scharf.

Der Journalist Gideon Levy schrieb im August 2016 in *Ha'aretz*, dass die Demokratie in Israel in einer tiefen Krise sei. Täglich werden bizarre Gesetzesvorlagen eingebracht und auch verabschiedet. Im Februar 2017 wurde zum Beispiel ein Gesetz verabschiedet, das es den Moscheen im Land verbieten soll, den Muezzinruf per Lautsprecher zu verstärken, obwohl es über 20 Prozent Muslime in Israel gibt und 70 Jahre lang kein Problem darstellte. Und es gibt ein Gesetz, das es Israelis bei Strafe verbietet, sich für einen Boykott Israels auszusprechen. Ministerpräsident Benjamin Netanjahu und seine Spießgesellen verwandeln Israel in ein autoritäres Regime, das man kaum noch als Demokratie bezeichnen kann.

Im Februar 2017 stimmte Israels Parlament mit einer knappen Mehrheit außerdem für ein umstrittenes Gesetz, mit dem die Besatzung und Besiedlung des Westjordanlands für alle Zeiten zementiert und eine Zwei-Staaten-Lösung unmöglich gemacht werden soll. Die Regierung will Tausende von Siedlerwohnungen auf palästinensischem Privatland nach israelischem Recht »legalisieren«. Rund 4000 Wohnungen israelischer Siedler im besetzten Westjordanland wurden damit rückwirkend genehmigt, obwohl sie widerrechtlich auf privaten Grundstücken von Palästinensern gebaut wurden. 60 der 120 Abgeordneten stimmten in dritter und letzter Lesung für das Gesetz; 52 Abgeordnete der Opposition und acht arabische Abgeordnete votierten dagegen. Nur das höchste Gericht Israels könnte es noch kippen.

Ultrarechte Politiker wollten mit dem Gesetz die weiteren Räumungen wilder Siedlungen verhindern, wie sie kurz zuvor in der umstrittenen Siedlung Amona nördlich von Ramallah stattgefunden hatten. Die Siedlung war auf palästinensischem Privatland errichtet worden. Bereits 2014 hatte ein Gericht die Räumung der Siedlung angeordnet, doch die Regierung scheute den Konflikt mit den Siedlern. Zum Ausgleich für die Räumung kündigte sie im Februar 2017 an, 3 000 neue Wohnungen für Siedler zu errichten, davon 2 000 sofort. Inzwischen ist mit dem Bau einer neuen Siedlung als Ersatz für Amona begonnen worden.

Dabei leben in mehr als 200 Siedlungen im Westjordanland und Ost-Jerusalem inzwischen rund 600 000 Israelis, fast ein Zehntel seiner Bevölkerung. Israel unterscheidet bisher noch formal zwischen Siedlungen, die mit offizieller Genehmigung der Regierung entstanden, und wilden Siedlungen, die durch das neue Gesetz rückwirkend »legalisiert« werden sollen. Aus internationaler Sicht gibt es keinen Unterschied: Nach dem Völkerrecht sind alle Siedlungen auf unrechtmäßig besetztem Gebiet illegal.

Oft wird gesagt, Israel sei die einzige Demokratie im Nahen Osten. Man muss sich fragen – wie lange noch? Viele Israelis sind selbst der Meinung, dass Israel auf seinen Untergang hinsteuert. Und wenn der Staat auch noch für einige Jahrzehnte überleben sollte, dann bleibt immer noch die Frage, als was für ein Staat? In einem Interview mit der israelischen Zeitung *Maariv* sagte Amos Oz, der bekannteste israelische Autor, der in Deutschland mit dem angesehenen Goethepreis geehrt wurde: »Wenn wir weiter über ein anderes Volk herrschen werden, wird es hier entweder einen arabischen Staat geben, oder es wird hier eine jüdische Diktatur geben, die mit eiserner Hand die Araber, aber auch die Juden unterdrücken wird, die anderer Meinung sein werden. Es gibt keinen dritten Weg.«[2]

Schritt für Schritt verwandelt sich Israel in ein Land, wie es der orthodoxe Religionsphilosoph Jeshajahu Leibowitz schon vor bald 50 Jahren vorausgesehen hat, in eine faschistische, national-religiöse Gesellschaft, die die Palästinenser zwar als Hauptfeind ansieht, inzwischen aber auch schon längst jüdische Teile der Bevölkerung ins Visier genommen hat: Frauen, Schwule, Linke und bald jeden, der nicht ihrer Meinung ist.

Israel ist das geworden, was eine Nation wird, wenn ihre Armee fast 50 Jahre ein anderes Volk brutal unterdrückt oder wenn sie bald 70 Jahre auf Land und Boden lebt, das sie diesem unterdrückten Volk geraubt hat: selbstgerecht, blind und taub ihrem Unrecht gegenüber, von Hass erfüllt und unfrei. Wenn die Palästinenser Insassen eines riesengroßen Freiluftgefängnisses sind, dann sind die Israelis die herzlosen, brutalen Wärter. In einem solchen Gefängnis ist keiner frei, auch die Wärter nicht.

Israel, ein Gottesstaat?

Die »einzige Demokratie im Nahen Osten« entfernt sich immer mehr von dem, was eine westliche Demokratie ausmacht. In vielerlei Hinsicht ist es ohnehin ein Sonderfall. So hat Israel schon unmittelbar nach der Staatsgründung 1948 die Religionsgesetze der jüdischen Halacha übernommen. Das bedeutet zum Beispiel, dass Juden und Nichtjuden nicht heiraten können, denn eine Zivilehe gibt es nicht, dass in Hotels und Restaurants nur »koscheres« Essen angeboten werden darf, dass in sämtlichen Hotels der »Schabbat« eingehalten werden muss, und das bedeutet, dass auch nichtjüdische Gäste gezwungen werden, den Aufzug zu meiden, nicht zu rauchen und auf das Ei am Schabbat zu verzichten.

Als Israel 1948 gegründet wurde, erhielt die Nationalversammlung – der Vorläufer der heutigen Knesset – den Auftrag, für den neu gegründeten Staat innerhalb von sechs Monaten eine Verfassung auszuarbeiten. Das ist bis heute nicht geschehen, weil sich säkulare Israelis, Ultraorthodoxe und Nationalreligiöse nicht einigen konnten. So dienen die Unabhängigkeitserklärung und eine Reihe von Grundgesetzen, die im Laufe der Jahre erlassen wurden, als vorläufige Basis für das Zusammenleben. Darüber hinaus gelten immer noch britische Gesetze aus der Mandatzeit.

Israel versteht sich als jüdischer Staat, was sich schon am biblischen Namen Medinat Israel und an seiner Nationalfahne mit dem Davidstern zeigt. Die blau-weiße Fahne ist dem blau-weißen Gebetsschal und das Nationalsymbol, der siebenarmige Leuchter, der Menora im alttestamentarischen Tempel nachempfunden. In der sogenannten Unabhängigkeitserklärung von 1948 ist vom religiösen Charakter seines Staatsvolks und seiner traditionellen Verbindung zum Land Israel die Rede, von seinen Gebeten in der Diaspora und den Visionen der Propheten Israels. Obwohl dem Begründer des modernen Zionismus ein liberaler Nationalstaat und kein religiöser Staat vorschwebte, als er sein 1896 veröffentlichtes Buch *Der Judenstaat* schrieb, sind religiöse und staatliche Institutionen in Israel bis heute eng verschränkt. Die wichtigsten religiösen Institutionen wie das Oberrabbinat, die Lokalrabbinate und die religiösen Räte regeln wichtige Lebensbereiche wie das Ehe- und Scheidungsrecht und das Bestattungswesen. Auch das Schulsystem steht unter staatlich-religiöser Aufsicht, und religiöse Schulen und Synagogen, aber auch Moscheen, Kirchen und andere Einrichtungen und deren Amtsträger und Angestellte werden vom Staat finanziert.

Staat und Religion werden in Israel nicht getrennt. Zwar gibt es keine offizielle Staatsreligion, aber rechtlich wie symbolisch steht das Judentum eindeutig über allen anderen Religionen.

Besonders deutlich zeigt sich das im sogenannten »Rückkehrgesetz«, nach dem jedem Juden in der Welt, egal wo er lebt, das Recht eingeräumt wird, nach Israel einzuwandern und dort die Staatsbürgerschaft zu erlangen. Seit 1970 gilt dafür die orthodox-religiöse Regel, dass nur derjenige ein Jude ist, dessen Mutter bereits jüdisch war. Wer zum Judentum übergetreten ist oder dessen Mutter einer anderen Religion angehörte und nur der Vater jüdisch war, wird nicht dazugezählt. Palästinenser, die aus dem Gebiet des heutigen Israels oder aus den besetzten Gebieten vertrieben wurden, warten dagegen bis heute darauf, dass ihnen oder ihren Nachkommen ein »Recht auf Rückkehr« in ihre ehemalige Heimat zugestanden wird.

Weltlich liberale Einstellungen sind in Israel traditionell nur in einer Minderheit verbreitet. Das hat auch mit dem besonderen Verhältnis zwischen Zionismus und jüdischer Religion zu tun. Viele national-religiöse Juden vertreten die Auffassung, dass Gott einen jüdischen Führer-Staat gewollt hat und keine Demokratie. Wenn sie könnten, würden sie lieber heute als morgen die Gesetze der jüdischen Halacha in allen Bereichen einführen. Die Halacha, das jüdische Gesetzbuch, ist für Juden in etwa das, was für Moslems die Scharia ist.

Eine im März 2016 veröffentlichte Meinungsumfrage des Pew Research Center in Washington kam zu dem Ergebnis, dass die Idee eines jüdischen Staates auf den Grundlagen der Halacha unter religiösen Juden in Israel viel Zuspruch findet: Zwischen 69 und 86 Prozent der religiösen Juden sympathisierten mit dieser Idee, die von 57 Prozent der traditionellen Juden und 90 Prozent der säkularen Juden in Israel abgelehnt wird. Der Anteil der Juden an der israelischen Bevölkerung beträgt insgesamt 75,5 Prozent, davon sind etwa 52 Prozent Atheisten und Säkulare. Von den übrigen 48 Prozent sind nur etwa 15 bis 20 Prozent orthodoxreligiös und etwa zehn Prozent nationalreligiös. Die Nationalreligiösen nehmen aber rapide zu, durch natürlichen Geburtenzuwachs und durch ideologische Überzeugung.

Schon 2009 erschien auf Deutsch der Roman von Leon de Winter *Das Recht auf Rückkehr*, in dem Israel auf einen streng gesicherten Stadtstaat zusammengeschrumpft ist, der hauptsächlich den Großraum um Tel Aviv umfasst. Heute kann man sagen, dass de Winter mit dieser Vision richtiglag, sie ist schon fast Realität. Denn Israel besteht aus zwei großen Blöcken: aus Tel Aviv und dem Rest des Landes. Während die Menschen in Tel Aviv noch einigermaßen aufgeklärt, westlich orientiert und säkular leben, sind die Menschen im Rest des Landes überwiegend religiös, fanatisch, rückständig und leben in einer ganz anderen zeitlichen Epoche.

Mit neuen Gesetzesinitiativen unternimmt Israel die ersten Schritte, um ein Staat nach den Regeln der Halacha zu werden, dem jüdischen Religionsgesetz. Damit bewegt sich Israel in Richtung ultrakonservativer islamischer Staaten wie Saudi-Arabien oder dem Iran, in denen die Scharia Gesetz ist.

Israels Geschichtsmythen

Es ist eine Binsenweisheit, dass die Sieger im Krieg mit der Beute davonkommen und ihre Version der Geschichte schreiben. Doch wenn es heute immer mehr Zweifel an der offiziellen Version der israelischen Geschichtsschreibung gibt, wonach ein »Volk ohne Land« in ein »Land ohne Volk« kam, dann nur deshalb, weil mutige, anständige israelische Historiker damit begonnen haben, die Geschichte der zionistischen Eroberung Palästinas neu aufzurollen. So wissen wir von den Massakern in Deir Yassin, einem arabischen Dorf im Nordwesten Jerusalems, wo zionistische Revisionisten und jüdische Terroristen 1948 unter der Leitung von Menahem Begin ein ganzes Dorf niedergemetzelt hatten. Doch in zionistischen und philosemitischen Kreisen will man davon nichts hören. Das bloße Erwähnen der Nakba, der Katastrophe der Palästinenser, ist in israelischen Schulen schon lange untersagt, und auf dem Gebiet von Deir Yassin befindet sich heute die jüdisch-orthodoxe Siedlung Giw'at Scha'ul, in der nichts an die Geschehnisse von damals erinnert.

Doch früher war es einfacher, die Augen und Ohren vor den Tatsachen zu verschließen, als heute, wo alle Grausamkeiten, die israelische Soldaten den Palästinensern zufügen, nicht nur nach Minuten per Handy oder der Fernsehkamera in unsere Wohnzimmer übertragen werden, sondern auch über Plattformen wie YouTube sofort dokumentiert werden und nachprüfbar sind. So etwa die Ermordung eines am Boden liegenden verwundeten palästinensischen Attentäters, der durch einen gezielten Kopfschuss von einem israelischen Soldaten in Hebron kaltblütig liquidiert wurde. Es half diesem Soldaten nichts, zu behaupten, dass es Selbstschutz war, denn die Bilder, die von der Menschenrechtsorganisation B´tzelem verbreitet wurden, sprachen eine andere, sehr eindeutige Sprache. So blieb den Politikern in Israel nichts anderes übrig, als, wenn auch widerwillig, diesen Soldaten verhaften zu lassen, obwohl er, wie seine Familie behauptet, nur das tat, was seine Vorgesetzten von ihm verlangten.

Im Januar 2017 wurde dieser 18-jährige israelische Soldat Elor Azaria von einem israelischen Militärgericht für seinen Kopfschuss wegen Totschlag verurteilt. Es war das erste Verfahren dieser Art, und es fand große Aufmerksamkeit. Viele Israelis sympathisierten mit dem angeklagten Soldaten und reagierten mit Unverständnis auf den Prozess. Einige Richter mussten unter Polizeischutz gestellt werden, weil im Internet gegen sie gehetzt worden war. Noch bevor das Urteil verkündet wurde, kündigte Bildungsminister Naftali Bennet an, den Todesschützen zu begnadigen, sollte er verurteilt werden. Am Ende wurde Azaria zu 18 Monaten Haft verurteilt, außerdem wurde der Sergeant degradiert. Die Anklage hatte ursprünglich auf fünf Jahre plädiert. Noch am Abend des Urteils machte sich auch Premier Netanjahu für seine Begnadigung stark. Für Palästinenser muss das Verfahren und das Urteil wie blanker Hohn wirken: Schon Steinewerfer wurden zu härteren Strafen verurteilt.

Heute weiß jeder, der es wissen möchte, dass die zionistische Geschichtsschreibung auf vielen Märchen und Unwahrheiten beruht. Dazu braucht man nur die Dokumentationen israelischer Politiker wie Simcha Flapan zu lesen, der in seinem Buch *Die Geburt Israels – Mythos und Wirklichkeit*[3] mit einigen dieser Mythen aufgeräumt hat, oder Historiker wie Ilan Pappe, der mit seinem Buch *Die ethnische Säuberung Palästinas* nachgewiesen hat, dass die Araber mit Gewalt aus ihren Heimatorten in Palästina vertrieben wurden und nicht, wie es uns die zionistische Geschichtsschreibung weismachen will, »freiwillig geflohen« sind. Man weiß heute, dass diese Vertreibungen von Raub, Plünderungen und Vergewaltigungen begleitet waren. Selbst Yitzchak Rabin schrieb in seinen Erinnerungen, wie er mit seinen Soldaten palästinensische Zivilisten aus der Stadt Ramla verjagt und vertrieben hat.

Und von David Ben-Gurion, der nach 1948 das Märchen in die Welt gesetzt hat, dass die Palästinenser »freiwillig« geflohen seien, ist auf einer Versteigerung in London unlängst ein Brief aufgetaucht, den er am 2. Juni 1948 an den damaligen Hagana-Kommandanten von Haifa geschrieben hatte. Die Hagana war die israelische Verteidigungstruppe vor der Gründung des Staates Israel, die danach in die Armee integriert wurde, übrigens zusammen mit den revisionistischen Truppen von Begin, die sich Irgun nannten.

Hier der Wortlaut:

»An den Genossen Aba Chushi,
In der Nähe des Flugplatzes in Haifa gibt es eine Berufsschule, die von der früheren Regierung für Araber gebaut wurde. Die Luftwaffe will diese Schule für ihre Zwecke haben. Stellen Sie bitte fest, in welchem Zustand die Schule ist, und teilen Sie mir mit, ob es irgendwelche Gründe gibt gegen die Überlassung dieser Schule an die Luftwaffe.

Ich höre, dass Mr. Marriott [der ehemalige britische Konsul in Haifa, Anm. d. Aut.] für die Rückkehr der Araber nach Haifa sorgt. Ich weiß nicht, wieso das die Sache von Mister Marriott ist – aber bis zum Ende des Krieges sind wir nicht daran interessiert, dass der Feind zurückkehrt. Alle Institutionen müssen nach dieser Linie handeln.

Mit freundschaftlichen Gruß, David Ben-Gurion «

Wenig bekannt ist die Tatsache, dass manche Zionisten bei den Vorbereitungen zur Gründung eines jüdischen Staates sogar mit den Nazis kooperiert haben. Inzwischen weiß man, dass es zu jener Zeit eine umfangreiche Zusammenarbeit der Zionisten mit dem Naziregime gab.

Glaubt man der offiziellen Geschichtsschreibung, so bestand die Politik der Nazis nach der Machtübernahme Adolf Hitlers 1933 zunächst darin, die systematische Auswanderung aller Juden aus dem Reichsgebiet zu beschleunigen, um jeglichen »jüdischen Einfluss« auf die deutsche Politik, Wirtschaft und Kultur auszuschalten. Wer dachte damals schon an Auschwitz und an die »Endlösung«? Dass die politische Situation in Deutschland zugleich eine einzigartige Möglichkeit bot, die deutschen Juden für die Sache des Zionismus zu gewinnen, wird gerne übersehen. Denn bis dahin waren die meisten Juden in Deutschland kaum daran interessiert, nach Palästina zu kommen. Alle Bemühungen, sie zu überzeugen, schlugen fehl. Erst die Verfolgung der Juden durch das Naziregime eröffnete den Zionisten neue Möglichkeiten, für eine verstärkte Einwanderung nach Palästina zu werben. Der damalige Vorsitzende des Exekutivkomitees der Jewish Agency, David Ben-Gurion, hoffte, der Sieg der Nazis werde den Zionismus zur »fruchtbaren Kraft« werden lassen, weil dadurch die Auswanderung nach Palästina gefördert wurde. Gemäß dem israelischen Historiker und Journalisten Tom Segev reiste einige Monate nach Hitlers Machtantritt ein höherer zionistischer Funktionär nach Berlin, um mit den Nationalsozialisten über die Emigration deutscher Juden und den Transfer ihres Eigentums nach Palästina zu verhandeln. Das Resultat ihrer Verhandlungen war das Ha'avara-Abkommen, mit dem die Interessen der deutschen Regierung und der zionistischen Bewegung in Einklang gebracht wurden.

Das Ha'avara-Abkommen geht auf den hebräischen Begriff für Transfer zurück und wurde durch Treuhandgesellschaften abgewickelt, die man für diesen Zweck in Deutschland und Palästina gründete. Bevor die jüdischen Emigranten aus Deutschland ausreisten, deponierten sie ihr Kapital bei der deutschen Treuhandgesellschaft, die mit diesem Geld bei deutschen Lieferanten Waren für den Export nach Palästina kaufte. Wenn ein Kunde in Palästina Waren aus Deutschland bestellte, wickelte er seine Zahlungen über die dortige Treuhandgesellschaft ab, die das Geld ihrerseits in entsprechender Höhe den Juden zurückgab, die in der Zwischenzeit aus Deutschland eingetroffen waren. Das Ha'avara-Abkommen mit den Nazis wurde unter der Bedingung geschlossen, dass die Juden nach Palästina auswandern. Den deutschen Juden wurde nahegelegt, die Emigration nach Palästina sei ihre einzige Chance, ihr Vermögen zu retten. Denn die Guthaben jener Juden, die lieber in Deutschlands Nachbarländer auswandern wollten, blieben gesperrt. Deutschland profitierte von diesem Handelsabkommen, das ihm zwischen 1933 und 1939 die stolze Summe von 105 670 241,06 Reichsmark eintrug. Das Ha'avara-System funktionierte bis zur Mitte des Zweiten Weltkrieges.[4]

Erinnerungsmedaille an das Ha'avara-Abkommen: »Ein Nazi fährt nach Palästina«. Die Medaille wurde in Deutschland geprägt mit Zustimmung der jüdischen Organisation.

Im Laufe der Jahre gab es weitere Kontakte mit den Nationalsozialisten. Da die Zionisten der Meinung waren, dass Umschulungsprogramme die Ansiedlung deutscher Juden in Palästina sehr erleichtern würden, gab es in Deutschland ein ganzes System von jüdischen Umschulungslagern. Die Umschulungsprogramme waren in erster Linie für junge Juden gedacht, die noch nicht im Berufsleben standen. Sie sollten sich mit ihrer Hilfe solche Fertigkeiten und Kenntnisse erwerben, die in Palästina benötigt wurden.

Die deutsche Reichsregierung und insbesondere die SS unterstützten nicht nur die Auswanderung nach Palästina, sondern leisteten auf verschiedenen Gebieten ganz praktische Entwicklungshilfe. Die SS bildete außerdem wehrtüchtige junge Juden in speziellen Lagern militärisch aus. In Palästina entstanden sogar NSDAP-Ortsgruppen.[5] Die deutsch-jüdischen Geheimverbindungen führten zum Beispiel auch dazu, dass Männer wie Adolf Eichmann nach Palästina reisten. Nachdem Österreich 1938 von Nazideutschland annektiert worden war, leitete Eichmann dort die Wiener Zentralstelle für jüdische Auswanderung und traf in dieser Eigenschaft wiederholt mit zionistischen Funktionären zusammen. Eichmanns Stab residierte in einem Flügel des Palais Rothschild.

Das Ha'avara-Abkommen beweist auch, dass das ganze Gerede von einer angeblichen Allianz zwischen dem Mufti von Jerusalem, Mohamed Amin al Husseini, und den Nazis nicht mehr als eine Propagandalüge ist. Die Nazis scherten sich nicht um die Interessen der Palästinenser, und die Beziehungen zwischen dem Mufti und Hitler blieben kühl und kurz. Die Nazis waren vor allem daran interessiert, die Juden loszuwerden, und Palästina war ihnen da durchaus recht. Die »Endlösung«, wie die massenhafte Ermordung der Juden Europas euphemistisch genannt wurde, wurde erst viel später, am 20. Januar 1942 auf der berühmten Wannseekonferenz beschlossen.

Der israelische Friedensaktivist Uri Avnery hat in seinem Buch *Israel ohne Zionisten* festgestellt, dass von der zionistischen Führerschaft während des Krieges »kaum etwas unternommen wurde, um den Juden in Europa zu helfen«. Aus zionistischer Sicht hatten die rein philanthropischen Rettungsaktionen von deutschen Juden keinen Nutzen. Sie kamen ohne Habe und boten keinen Vorteil, wie jene auswanderungswilligen Ha'avara-Juden. Deutsche Juden, die »bloß als Flüchtlinge« Einwanderungsgenehmigungen erhielten, wurden von manchen Zionisten sogar als »unerwünscht« betrachtet. Diese für Israel und seine Gründungsgeneration unangenehmen und peinlichen Tatsachen kamen nicht zuletzt beim Eichmann-Prozess in Jerusalem 1961 zur Sprache. Hannah Arendt, die darüber in ihrem Buch *Prozess in Jerusalem. Ein Bericht von der Banalität des Bösen* Bericht erstattete, wurde deswegen angefeindet und als Verräterin diffamiert.

Im zionistischen Archiv in Jerusalem[6] befindet sich ein Schriftstück des Rettungskomitees, das sich mit der Frage befasst: »Wen gilt es nun zu retten? Sollten wir unabhängig von der Qualität der Menschen allen helfen, die in Not sind? Oder sollten wir daraus nicht eine zionistisch-nationale Aktion machen und versuchen, in erster Linie diejenigen zu retten, die dem Land Israel und dem Judentum von Nutzen sein können? Wenn wir nur in der Lage sind, 10000 von 50000 Menschen zu retten, die zum Aufbau des Landes und zur Wiederherstellung der Nation beitragen können, statt eine Million Juden zu retten, die dann zur Last fallen, oder bestenfalls ein apathisches Element bilden würden, so müssen wir an uns halten und besagte 10000 retten trotz aller Vorwürfe und Bitten vonseiten der Million. Die jungen Pioniere gilt es zu retten, und hier vor allem diejenigen, die ausgebildet und geistig in der Lage sind, zionistische Arbeit zu leisten.«

Auch Chaim Weizmann, der maßgeblichste Zionistenführer und erste Präsident Israels, sagte einmal: »Eher will ich den Untergang der deutschen Juden sehen, als den Untergang des Landes Israel für die Juden.« Und drei Wochen nach den Pogromen in der »Kristallnacht« im November des Jahres 1938 erklärte David Ben-Gurion: »Wenn ich wüsste, dass durch Transporte nach England es möglich wäre, alle [jüdischen] Kinder aus Deutschland zu retten, durch Transporte nach Palästina aber nur die Hälfte von ihnen gerettet werden könnte, so würde ich mich für letzteres entscheiden.« Er hat viele jüdische Kinder, die gerettet werden konnten, geopfert zugunsten der zionistischen Idee des Aufbaus eines eigenen jüdischen Staats. Im Zusammenhang mit der Reichspogromnacht meinte David Ben-Gurion, dass das »menschliche Gewissen« verschiedene Länder dazu bringen könnte, ihre Grenzen für jüdische Flüchtlinge aus Deutschland zu öffnen, und sah darin eine Bedrohung. Er warnte: »Der Zionismus ist in Gefahr!« Aufgabe der Jewish Agency, so David Ben-Gurion, sei es, das Land Israel aufzubauen, und nicht, so viele Juden wie möglich zu retten. Als die Lage in Deutschland für die dortigen Juden von Tag zu Tag schlechter wurde, nahmen die Auswanderungsgesuche nach Palästina zu. Diese Auswanderung kam erst 1939 aufgrund eines Dekrets der britischen Behörden, das die Zahl der Einwanderer nach Palästina begrenzte, ins Stocken.

Moshe Zuckermann schreibt in seinem Buch *Israels Schicksal* dazu: »Die Diaspora ist für viele Juden bis zum heutigen Tag nicht wirklich negiert worden. Und insofern der Antisemitismus historisch als Antriebskraft für die Genese des Zionismus und die Gründung des Staates Israel fungierte, bedurfte der Zionismus seit jeher der Existenz des Antisemitismus, solange das Projekt der ›Diaspora-Negation‹ nicht vollendet ist; mehr als dass der Zionismus bestrebt gewesen wäre, den Antisemitismus in der Welt auszumerzen, war er gerade an seinem Fortbestand interessiert.«

Das dialektische Verhältnis zwischen Antisemitismus und Zionismus zeigt sich in der Art und Weise, wie gegen Antisemitismus in Deutschland und anderswo vorgegangen wird. Man diskreditiert und diffamiert nicht die wahren und echten Antisemiten, wie sie sich im Umfeld von Victor Orbán oder Donald Trump finden, denn mit denen will man ja weiterhin zusammenarbeiten. Stattdessen wendet man seinen gespielten und heuchlerischen Zorn gegen Kritiker der israelischen Politik, die weit davon entfernt sind, Antisemiten zu sein.

Europäische Rechtspopulisten wie Marine le Pen vom französischen Front National werden von israelischen Politikern gerne begrüßt und gelobt, seit sie sich vom antisemitischen Gedankengut ihres Vaters, Jean-Marie Le Pen, dem Gründer der Partei, losgesagt hat. Und in Holland gibt sich der Rechtspopulist und Islamhasser Geert Wilders als erklärter Freund Israels. Geert Wilders wird auch von Henryk M. Broder bewundert und hofiert.[7]

Der Zionismus ist eine kolonialistische und rassistische Ideologie, die von Anfang an zum Ziel hatte, den Palästinensern das Land zu rauben und sie zu vertreiben. Schon 1895 schrieb Theodor Herzl in seinem Tagebuch: »Die arme Bevölkerung trachten wir unbemerkt über die Grenzen zu schaffen…« Genau das ist gemacht worden. Aber in einem Brief von 1899 an Jussuf Ziah-el Khaldi[8] heuchelte Herzl: »Wer will sie denn von dort vertreiben? Ihr Wohlbefinden und ihr privater Besitz wird durch uns doch nur vermehrt …« Diese Scheinheiligkeit und Heuchelei betreiben die Zionisten bis heute. Auf der einen Seite nehmen sie Worte wie »Frieden« in den Mund. Auf der anderen Seite träumen sie von der Annexion und der vollständigen Vertreibung aller Palästinenser. Ich habe in der israelischen Armee gedient und habe diese kolonialistische Ideologie täglich zum Frühstück serviert bekommen.

Viele wollen nicht sehen und wissen, was israelische Politiker der palästinensischen Bevölkerung angetan haben und bis heute antun und was die israelische Gesellschaft bis heute ihren eigenen Soldaten zumutet. Dabei kann man das etwa in dem 2012 im Econ-Verlag erschienenen Buch der israelischen Menschenrechtsorganisation

Breaking the Silence, in dem israelische Soldaten von ihrem Einsatz in den besetzten Gebieten berichten, detailliert nachlesen.[9]

Demütigungen und brutale Behandlung von Palästinensern an Checkpoints sind leider nichts Neues. Als ich einmal vor vielen Jahren nach Israel flog, um meine alte Mutter zu besuchen, wurde in der israelischen Presse von der entsetzlichen Tat von vier israelischen Soldaten berichtet, die einen palästinensischen Jugendlichen lebendig begraben hatten. Als ich meiner Mutter davon erzählte, regte sie sich gar nicht darüber auf, sondern sagte ruhig: »Nein, das kann nicht sein. Jüdische Soldaten tun so etwas nicht.«

Es kann nicht sein, was nicht sein darf: Das scheint auch die Devise vieler deutscher Juden wie Dieter Graumann, Henryk M. Broder, Micha Brumlik, Maxim Biller oder Charlotte Knobloch zu sein. So vergleicht Brumlik in seinem Buch *Kritik des Zionismus* die menschenunwürdigen Zustände der Palästinenser in den besetzten Gebieten zwar mit dem Apartheid-Regime in Südafrika. Zugleich fügt er aber verharmlosend hinzu: »In Israel selbst herrscht jedoch keine Apartheid, die dort lebenden palästinensischen Nichtjuden genießen bei geringfügiger Diskriminierung gegenüber dem jüdischen Bevölkerungsteil weitaus mehr demokratische und Menschenrechte als in sämtlichen anderen Staaten der Region.« Das ist symptomatisch für die Haltung vieler jüdischer Intellektueller: mit »ein bisschen« mehr Rechten für Palästinenser und »geringfügiger« Diskriminierung sind sie schon zufrieden und glauben, damit auf der Seite des Rechts und der Moral zu stehen. Mit solchen halben Sachen beruhigen sie ihr Gewissen. Intellektuelle wie Brumlik lieben es, Israels halbe Demokratie mit den Zuständen in den benachbarten arabischen Staaten zu vergleichen. Natürlich schneidet Israel bei einem solchen Vergleich gut ab. Aber wenn man Israel mit europäischen Staaten vergleicht, dann sieht das schon ganz anders aus. Deshalb wird Israel von seinen Verteidigern nie mit Frankreich, Großbritannien oder Deutschland verglichen, sondern immer nur mit Syrien, Jordanien oder Ägypten.

Wenn Dieter Graumann, der ehemalige Vorsitzende des Zentralrats der Juden, nicht nach Hebron fahren will, um zu sehen, wie die

Siedler dort Kot und Unrat auf die palästinensischen Passanten und vorbeigehenden Touristen werfen, dann könnte er zumindest einige der Zeugenaussagen der Soldaten von *Breaking the Silence* lesen, die auf der Homepage www.breakingthesilence.org.il über ihren Dienst in Hebron berichten, oder sich einige Filme anschauen, die israelische Soldaten auf YouTube hinterlegt haben. Was auch immer es an Konflikten, zu denen auch Kriege zählen, zwischen irgendwelchen Gruppen auf dieser Welt gibt: Kein Staat, kein Gemeinwesen, kein Mensch kann es dulden, darf es dulden, dass ein anderer ungeahndet und systematisch mit Exkrementen beworfen wird. Auch wer wegschaut, macht sich schuldig.

Nicht wenige Israelis haben den Mut, sich dieser Wahrheit und diesen Tatsachen zu stellen. Als Yehuda Shaul, ein orthodoxer Soldat, 2004 mit dem Sammeln von Aussagen israelischer Soldaten begann, gab es noch weniger als hundert Zeugnisse. Heute sind es Tausende, die dokumentieren, wie die politische und militärische Elite in Israel ihre Kinder zu Kriegsverbrechern macht. Da kann man zum Beispiel lesen, wie der Kommandant einer Kompanie seinen Soldaten erklärt, wie man Stahlkugeln von ihrer Ummantelung trennt und mit den Patronen so auf den Kopf zielt, um einen Demonstranten zwar nicht unbedingt zu töten, aber dafür zu sorgen, dass er mindestens ein Auge verliert, und wie man in der Kompanie darüber lacht. Oder wie Shaul Mofaz, der frühere Generalstabschef, dem Kommandeur einer Panzerdivision gesagt haben soll, dass er täglich zehn tote Palästinenser sehen will: zehn in jedem Abschnitt der Division. »Ich weiß, dass ihr scharf darauf seid, Araber zu töten«, wird er zitiert.

Einer der Interviewten sagt: »Ich weiß, dass ich einer dieser Gehirngewaschenen war, die in den besetzten Gebieten Verbrechen begangen haben, und der Protest von *Breaking the Silence* ist für mich eine Art von Sühne für meine Sünden.« Ein anderer sagt: »Ihr beschäftigt euch mit Checkpoints und Ausgangssperren und anderem Unsinn. Wir hatten damit nichts zu tun. Was ich zu erzählen habe, hat mit Menschenleben zu tun, verstehst du überhaupt, was ich sage? Ich spreche von Mord. Mord. Mord.« Das deckt sich mit den Berichten meiner israelischen Freunde, die mir stolz die Strichlisten zeigten, die ihre Brüder führten, als sie im Libanon kämpften. Jeder Strich ein toter Libanese.

Und da will uns Graumann erzählen, dass Sigmar Gabriel übertrieben hat, als er in Hebron war und anschließend von Apartheid sprach? »Ich war gerade in Hebron. Das ist für Palästinenser ein rechtsfreier Raum. Das ist ein Apartheid-Regime, für das es keinerlei Rechtfertigung gibt«, wurde er zitiert. Gabriel löste damit zu Hause in Deutschland einen kleinen Sturm der Empörung aus und musste sich für diese Äußerung entschuldigen, dabei hat er eher noch untertrieben. Immerhin leben mitten im Stadtzentrum von Hebron und in den umgebenden Siedlungen rund 7000 rechtsradikale Siedler unter 200000 Palästinensern, die mithilfe der Armee kontrolliert werden, und es gibt dort Straßen »nur für Juden«. Bischof Tutu, ein profunder Kenner der südafrikanischen Apartheid, sagte einmal, dass man die Verhältnisse dort nicht mit denen in Südafrika vergleichen könne, denn: »Die Situation in Palästina ist ungleich dramatischer, grausamer und ungerechter.« Weswegen er natürlich gleich von einschlägiger Seite als Antisemit bezeichnet wurde. Und inzwischen gibt es in der israelischen Regierung Minister und Ministerinnen, die keinen Hehl mehr daraus machen, dass es ihr ausgesprochenes Ziel ist, die gesamte Westbank Israel einzuverleiben und die palästinensische Bevölkerung am Ende von dort zu vertreiben.

Viele Juden überall auf der Welt sind mit der israelischen Politik nicht einverstanden. Doch sie finden nicht den Mut, über ihren Schatten zu springen und sich dazu zu bekennen. Viele haben auch Angst vor dem Druck in den jüdischen Gemeinden, deren Mitglied sie sind. Allerdings melden sich immer mehr Juden kritisch zu Wort. Im Februar 2015 gründeten prominente Israelis und Friedensinitiativen um den emeritierten Psychologen Daniel Bar-Tal in Tel Aviv eine neue Dachorganisation mit dem Slogan »SISO – Save Israel, Stop Occupation«, auf gut Deutsch: »Ja zu Israel, Nein zur Besatzung«. Damit wollen sie es vielen Juden ermöglichen, Teil ihrer Gemeinden zu bleiben und dennoch kritisch gegenüber Israel zu sein.

Wir dürfen nicht vergessen, dass Israel seit 50 Jahren ein Land widerrechtlich besetzt hält und der dortigen Bevölkerung die elementarsten Menschenrechte vorenthält. Man mag es nennen, wie man will, es ist und bleibt Unrecht. Wegen dem, was die Israelis den Palästinensern antun, hat man in Den Haag andere schon als Kriegsverbrecher verurteilt.

7 Nicht in meinem Namen: der Zentralrat der Juden in Deutschland

Der Zentralrat der Juden in Deutschland wurde am 19. Juli 1950 gegründet. In seinem Namen ist schon die Trennung zwischen Juden und Deutschen angelegt. Man hätte den Verband auch »Zentralrat der jüdischen Deutschen« oder »Zentralrat der deutschen Juden« nennen können. Dass das nicht geschah, lässt sich mit der Entfremdung von Deutschland erklären, die viele Juden nach dem Holocaust empfanden. Diese Trennung führt aber bis heute zu einer gewissen Schizophrenie.

Ignaz Bubis, der von 1992 bis zu seinem Tod im Jahre 1999 der Vorsitzende des Zentralrats der Juden war, tat einerseits gerne so, als ob Deutschland seine Heimat wäre. Er war Mitglied der FDP und aktiv in der Kommunalpolitik. Aber begraben ließ er sich am Ende dann doch in Israel und nicht auf dem jüdischen Friedhof in Frankfurt, wo einige prominente deutsche Juden begraben sind. Resigniert sagte er kurz vor seinem Tod in einem Interview: »Ich wollte diese Ausgrenzerei, hier Deutsche, dort Juden, weghaben. Ich habe gedacht, vielleicht schaffst du es, dass die Menschen anders über einander denken, anders miteinander umgehen. Aber, nein, ich habe fast nichts bewegt.«

Als der CDU-Politiker Günter Reichert 1996 anlässlich des Staatsbesuchs des damaligen israelischen Präsidenten Eser Weizmann versuchte, Bubis zu schmeicheln, und sagte: »Ihr Staatspräsident hat eine sehr gute Rede gehalten«, antwortete Ignaz Bubis ungehalten: »Präsident Herzog hält immer gute Reden«, ein Verweis auf den damaligen deutschen Bundespräsidenten Roman Herzog. Wenn man aber bedenkt, dass in allen jüdischen Gemeinden die israelische Fahne hängt und gleich darunter das Bild des jeweiligen israelischen Präsidenten, dann braucht man sich wegen solcher Missverständnisse nicht zu wundern.

Bei einer ähnlichen Gelegenheit ließ Frankfurts CDU-Oberbürgermeisterin Petra Roth anlässlich eines hohen jüdischen Feiertages Ignaz Bubis auch Glückwünsche für seinen Staatspräsidenten ausrichten. Bubis empfand das als Ausdruck von Antisemitismus. Dieses Muster zeigt sich auch heute noch. Die ehemalige Zentralrats-Vorsitzende Charlotte Knobloch, die von 2006 bis 2010 die oberste Vertreterin des deutschen Judentums war, sagt bei jeder Gelegenheit, dass ihr Herz für Israel schlägt. Wenn man sie dann aber fragt, warum sie dann nicht nach Israel zieht, hält sie das für Antisemitismus.

Grundsätzlich kann man für jedes Land schwärmen. Viele Deutsche schwärmen für Mallorca und Goethe nannte Italien begeistert »das Land, wo die Zitronen blühen«, aber ich habe noch nie gehört, dass ein deutscher Politiker öffentlich sagte, dass sein Herz in Mallorca sei.

Auch ihr Nachfolger Dieter Graumann, Zentralrats-Chef von 2010–2014, versäumte es nicht, bei jeder Gelegenheit seine Treue und Loyalität zu Israel zu bekunden. Dabei verlangt die jüdische Lehre ausdrücklich die Loyalität zum Staat, in dem man lebt.

In einer Rede wandte er sich 2011 gegen die geplante Ausrufung eines unabhängigen Staates Palästina durch Präsident Mahmoud Abbas: »Wer jetzt einen Staat ausruft, lobt damit die Verweigerung des Friedensprozesses«, sagte er. Die Logik dieses Satzes mag sich mir nicht erschließen. Worauf sollen die Palästinenser denn warten? Darauf, dass kein Land mehr übrig ist, weil Israel es vollständig kolonisiert hat? Als die Palästinenser im Dezember 2014 wieder versuchten, einen eigenen Staat auszurufen, wurden sie erneut von der UNO abgewiesen. Kaum jemand hat dagegen protestiert, schon gar nicht der Zentralrat der Juden in Deutschland, der seit 2014 von Josef Schuster geführt wird. Auch er befand, es sei »kontraproduktiv« und auch immer noch »zu früh«, den Palästinensern einen Staat zu gewähren, und ignoriert die Jahrzehnte des Wartens. Die Palästinenser sollen wohl auf Godot warten.

135 von 193 UN-Mitgliedsstaaten haben Palästina mittlerweile als Staat anerkannt. Schweden war das erste westeuropäische Land, das diesen Schritt gemacht hat. Es ist zu hoffen, dass alle anderen europäischen Staaten folgen werden, auch wenn Deutschland sicherlich das Schlusslicht bilden wird. Immerhin haben die Juden schon seit mehr als 67 Jahren ihren eigenen Staat. Sollen die Palästinenser warten, bis der Zentralrat der Juden in Deutschland auch mit einem Staat Palästina einverstanden ist? Und wieso ist das überhaupt eine Frage, zu der uns der Zentralrat der Juden in Deutschland unbedingt seine Meinung kundtun muss?

Und wenn er sich schon unbedingt zu israelischen Angelegenheiten äußern muss – warum hat er dann nicht seine Stimme erhoben, als man in Israel die 24-jährige Soldatin Anat Kam zu viereinhalb Jahren Haft verurteilt hat? Sie hatte der Presse Dokumente übergeben, die bewiesen, dass die israelische Armee weiter gezielt Palästinenser getötet hatte, obwohl das Oberste Gericht in Jerusalem das zuvor verboten hatte. Und warum schließt sich der Zentralrat unter Josef Schuster nicht der Initiative von 800 mutigen Israelis an – darunter Nobelpreisträger, Träger des angesehenen Israelpreises, Generäle, Professoren, Schriftsteller, Schauspieler und viele Prominente –, die die europäischen Regierungen per offenem Brief dazu aufgefordert haben, Palästina anzuerkennen? Josef Schuster glaubt offenbar, dass er besser weiß, was gut für Israel ist, als diese Betroffenen vor Ort.

Auch bei anderen Themen vertritt der Zentralrat strikt die Linie der israelischen Regierung. Als im Oktober 2015 nach jahrelangen Verhandlungen eine Einigung mit dem Iran über dessen Atompolitik erreicht wurde, erklärte Josef Schuster in der *Jüdischen Allgemeine* dazu: »Ich wünschte, ich könnte die Euphorie über den Deal mit dem Iran teilen, doch sehe ich ihn angesichts des bisherigen Verhaltens des Ayatollah-Regimes äußerst skeptisch. Ein solcher Deal setzt gegenseitiges Vertrauen voraus. Dies ist jedoch mit einem

Staat, der sich die Vernichtung Israels auf die Fahnen geschrieben hat und den Holocaust regelmäßig leugnet, nicht zu erreichen.« Besorgt zeigte sich Schuster über die geplante Aufhebung der Sanktionen und forderte eine wirksame internationale Kontrolle. Vielleicht weiß er auch nicht, dass im Iran eine große jüdische Gemeinde lebt, deren Mitglieder volle Freiheit genießen und sogar in der Armee dienen, was Moslems in Israel verwehrt bleibt.

Warum ein jüdischer Internist und Verbandsfunktionär glaubt, sich in Fragen der Weltpolitik einmischen zu müssen, ist mir schleierhaft. Ich würde gerne wissen, woher er die Chuzpe nimmt zu meinen, dass er klüger, schlauer und weiser ist, als es die EU-Außenbeauftragte Federica Mogherini, der iranische Außenminister Mohammed Dschawad Sarif, der amerikanische Außenminister John Kerry, der deutsche Außenminister Frank-Walter Steinmeier, der russische Außenminister Sergei Lawrow, der britische Premier David Cameron, der französische Außenminister Laurent Fabius und die vielen Helferinnen und Helfer waren, die das Abkommen zustande gebracht haben. Gut, schlauer als einer oder eine mag er sein, aber schlauer als alle zusammen?

Dass Israel über Hunderte von Atombomben verfügt,[1] die von niemandem kontrolliert werden dürfen, bereitet Josef Schuster keine Sorgen und beunruhigt ihn offensichtlich auch nicht. Dabei hat der Iran, im Gegensatz zu Israel, das Atomabkommen der IAEA unterschrieben. Schuster schreibt von »gegenseitigem Vertrauen«. Dies ist jedoch auch mit einem Staat, der seit bald 50 Jahren über ein anderes Volk herrscht, nicht zu erreichen.

Die Juden in Deutschland haben eine Führung, die vor allem die Interessen Israels vertritt. Deshalb ist auch nur die Hälfte der rund 200 000 Juden, die in Deutschland leben sollen, als Mitglied in einer Gemeinde dem Zentralrat angeschlossen. Er dürfte zum Beispiel nicht die Augen davor verschließen, dass viele deutsch-jüdische Jugendliche mit Wissen und Zustimmung des Zentralrats der Juden in Deutschland und der deutschen Behörden in Israel ihren Militärdienst ableisten. Als deutscher Staatsbürger ist es nicht erlaubt, in einer anderen Armee Dienst zu tun. Wie würden die Medien, die Behörden und die Gerichte reagieren, wenn moslemische oder türkischstämmige Jugendliche mit deutscher Staatsangehörigkeit in der türkischen Armee dienen würden?

Doch beide Seiten schweigen darüber. Solange der Zentralrat sich als inoffizielle Botschaft Israels versteht, werden viele Juden Abstand zu ihm halten.

Josef Schuster vergibt damit eine große Chance, die dem deutschen Judentum gut zu Gesicht stehen würde. Israel hat keine Angst vor Kriegen, es besitzt die viertstärkste Armee der Welt. Seine Führung hat offensichtlich nur Angst vor dem Frieden. Nachdem Israel fast 70 Jahre in permanentem Kriegszustand lebt und sich offensichtlich damit arrangiert hat, wäre es doch an der Zeit, darüber nachzudenken, wie lange man noch so weiter machen will. Wäre es nicht eine wunderbare Aufgabe für den obersten Vertreter des deutschen Judentums, zwischen Israel und der Welt – besonders der arabischen Welt – zu vermitteln?

Josef Schuster könnte dabei an die liberale und humanistische Tradition des deutschen Judentums und an Persönlichkeiten wie Moses Mendelssohn anknüpfen oder, um nicht so weit zurückzugehen, an Leo Baeck, dem letzten Rabbiner der deutschen Judenheit, sowie an Leuchten der Menschheit wie Albert Einstein, Martin Buber, Hannah Arendt und Janusz Korzcak, die diese Tradition repräsentiert haben. Statt sinnlose und peinliche Kundgebungen für Israel zu veranstalten, die einzig und allein die Ohnmacht des Zentralrats der Juden und mit ihm der politischen Klasse in Deutschland offenbart haben, sollte er für etwas einstehen: für Freiheit, Unabhängigkeit und Menschenwürde und für eine andere jüdische Identität als die, die der Zionismus den Juden aufgezwungen hat.

Das Judentum, das 613 Gebote und Verbote kennt, kann mit einem Satz, den des Rabbi Hillel, erklärt werden: Tue deinem Nächsten nicht das an, was du nicht willst, dass man es dir antut. Das deutsche Judentum hat seit dem 18. Jahrhundert, als es im Rahmen seiner Emanzipation und Aufklärung in die deutsche Gesellschaft und Kultur eingedrungen ist, und bis in die Neuzeit nach dieser Devise gelebt, die Immanuel Kants berühmtem kategorischen Imperativ entspricht. Wir haben als deutsche Juden eine ruhmreiche Tradition, auf die wir stolz sein können. Wir brauchen nicht den Zionismus als Ersatzreligion. Wir müssen nicht mehr das jahrhundertealte Gebet nachplappern: Nächstes Jahr in Jerusalem. Wer nach Jerusalem will, kann mit einem Billigflieger für weniger als 400 Euro dorthin fliegen. Wer aber in Deutschland bleiben will, sollte sich nicht mehr wie *Fremd im eigenen Land* fühlen, um einen Buchtitel aus den 1970er-Jahren zu zitieren.[2] Wir sind hier keine Fremden, auch wenn der eine oder andere unter uns Juden es so sieht.

Bei einem Treffen mit einem CDU-Bundestagsabgeordneten in Berlin schilderte mir dieser einen Vorfall, den ich für bezeichnend halte. Er sagte: »Bei einer Feierlichkeit anlässlich der Eröffnung einer jüdischen Einrichtung in Berlin wedelten die dort angereisten Kinder mit der israelischen Fahne. Ich fragte daraufhin die Gastgeber, Funktionäre der jüdischen Gemeinde Berlin, wo denn die deutschen Fahnen blieben? Und wenn schon Fahnen, warum denn nicht jüdische, sondern israelische Fahnen?« Seiner Schilderung nach reagierten die Gastgeber mit verständnislosem Schulterzucken. Sie schienen den Sinn der Frage nicht zu verstehen. Vielleicht dachten sie auch, er sei ein Antisemit.

Wie kommt es, dass ein Rabbiner der jüdischen Gemeinde in Frankfurt auf Nachfrage einer Reporterin vom Hessischen Rundfunk, warum die israelische Fahne in den Schulklassen im Gemeindezentrum hängt, antwortete: »Weil Israel unser Land ist, weil Israel uns schützt«?

Oder kann mir jemand erklären, warum bei offiziellen Besuchen deutscher Delegationen in Israel meistens auch Vertreter einer oder mehrerer jüdischen Gemeinden dabei sind? Werden bei offiziellen Staatsbesuchen deutscher Minister in der Türkei oder Saudi-Arabien Vertreter und Imame der Moscheen von hier mitgenommen?

In diesem Deutschland, das seine Juden ausgerottet hatte, wächst wieder eine neue jüdische Gemeinschaft heran, die auf dem Weg ist, ein neues deutsches Judentum zu werden. Es ist endlich an der Zeit, dass auch der Zentralrat der Juden das zur Kenntnis nimmt und sich voll und ganz in diesem Land integriert, bevor er das von den neuen Migranten und Flüchtlingen verlangt. Leider ist es noch so, dass nach der Aufnahme von mehr als 200 000 Kontingent-Juden aus der Sowjetunion in den Jahren 1990 bis 2005, in manchen Gemeinden immer noch nur Russisch gesprochen wird und alle Schilder im Gemeindehaus bis zum Hinweis auf die Toiletten in russischer Sprache sind. Das ist ein Versäumnis an Integration, das scheinbar vom Zentralrat gewollt ist oder hingenommen wird.

Man pflegt die Stimmen, die davon ausgehen, dass wir gar keine Deutschen sind, und merkt nicht, dass man damit die AfD und andere rechte Stimmen im Land unterstützt. Man lebt hier und fragt sich, was man mit diesem Deutschland gemein hat, wobei man aber unter gar keinen Umständen nach Israel gehen will. So bleiben die Juden in Deutschland weiterhin ein fragiles Provisorium. Man will scheinbar kein neues deutsches Judentum, sondern begnügt sich damit, »Juden in Deutschland« zu sein. Man hängt in die Gemeindehäuser israelische Fahnen und Porträts israelischer Präsidenten und bei jeder unpassenden Gelegenheit betont man die Loyalität zu Israel und nicht zu Deutschland. Das geht so weit, dass man in den Synagogen für das Wohl der israelischen Armee betet.

Es ist richtig, dass die meisten in Deutschland lebenden Juden keine »deutschen« Juden oder jüdischen »Deutsche« sind. Die Mehrheit stammt aus der Sowjetunion, und es ist nicht einmal sicher, ob sie alle Juden sind. Aber wenn sie in einem Verband integriert sind, der sich »Juden in Deutschland« nennt, dann haben sie auch keine Chance, sich zu integrieren. Sie bleiben »Juden in Deutschland«.

Schon 1979 schrieb Michel R. Lang, der zusammen mit Henryk M. Broder das Taschenbuch *Fremd im eigenen Land – Juden in der Bundesrepublik*[3] herausgegeben hat, in seinem Aufsatz »Fremd in einem fremden Land« über den Vorsitzenden des Zentralrats der Juden: »Dass er und seine Kollegen weiterhin im Namen der deutschen Juden sprechen können, ist symptomatisch für den geistigen und politischen Zerfall der Judenheit in der Bundesrepublik.« Und als Ende der 1970er-Jahre der damalige Vorsitzende Werner Nachmann dem »furchtbaren Juristen« Hans Filbinger eine Unbedenklichkeitsbescheinigung – einen jüdischen Persilschein – ausstellte, wurde er von jüdischen Journalisten wie Broder als »reaktionärer Berufsjude« angegriffen. Heute übrigens rühmt sich Broder, selbst ein »Reaktionär« zu sein.

Und was Israel betrifft, so ist die absolute Solidarität und das dauernde Bekennen, dass man »ohne Wenn und Aber« hinter Israel stehe, geradezu lächerlich, wenn nicht sogar gefährlich. Die klägliche Kundgebung gegen die meist palästinensischen und moslemischen Demonstrationen gegen den Gaza-Krieg im Herbst 2014 in Berlin hat gezeigt, dass viele Juden das nicht mehr verstehen und nicht mehr billigen, und viele Nichtjuden auch nicht mehr. In Berlin leben mehr als 10000 Juden, die Mitglieder der Jüdischen Gemeinde sind, und geschätzt ungefähr 30000 Israelis.[4] Zur Kundgebung, die vom Zentralrat der Juden in Deutschland organisiert wurde, kamen Bundeskanzlerin Angela Merkel, aber ansonsten weniger als tausend Teilnehmer. Wir leben nicht mehr im Jahre 1933. Und eine angemeldete Demonstration auf deutschen Straßen gegen den brutalen Krieg in Gaza, bei der es zu vereinzelten und zu verfolgenden Ausfällen gegen Juden kommt, hat nichts mit dem staatlich verordneten Antisemitismus der Nazis zu tun. Eine solche maßlose Übertreibung auszusprechen, wie es der Zentralratsvorsitzende Graumann getan hat, ist peinlich und zeugt von Geschichtsvergessenheit. Will Dieter Graumann mit solchen Übertreibungen die Juden aus Deutschland vertreiben?

Der Zentralrat der Juden in Deutschland ruft zu Demonstrationen gegen Antisemitismus auf, bei denen es in Wahrheit nur darum geht, Israel vor Kritik an seiner völkerrechtswidrigen und menschenverachtenden Politik zu schützen und zu verteidigen. Warum schweigt er beispielsweise, wenn zwei der reichsten jüdischen Unternehmer der Welt, der amerikanische Spielkasino-König Sheldon Adelson und der jüdisch-israelische Medienmogul Haim Saban auf einer Pressekonferenz sagen, dass es »gar nicht so schlimm wäre, wenn Israel keine Demokratie bliebe, denn schließlich steht nichts davon in der Bibel«. Und Adelson davon erzählt, dass er und Saban überlegen würden, die *New York Times* zu kaufen, um die Berichterstattung dieser Zeitung über Israel »auszugleichen«, und dafür tosenden Beifall der jüdischen Zuhörer erntet? Wo bleibt da die Unabhängigkeit der Presse?

Noch heute gibt es weltweit viele Menschen, die dem Irrglauben anhängen, dass Juden die Welt beherrschen wollen, und die Lüge aus den *Protokollen der Weisen von Zion* für bare Münzen nehmen. Solche Juden wie Haim Saban und Sheldon Adelson geben solchen Vorurteilen Nahrung, zumal beide keine unbedeutenden Milliardäre sind.

Sheldon Adelson ist ein eifriger Unterstützer des rechten Ministerpräsidenten Benjamin Netanjahu, er finanziert in Israel eine Gratis-Tageszeitung, die überwiegend rechtszionistische Propaganda und Hetze verbreitet. Diese Zeitung wird täglich millionenfach umsonst an die israelischen Haushalte verteilt. Damit beeinflusst der in den USA wohnende »wahnsinnige Faschist« Adelson, wie er einmal von Bloggern in der liberalen israelischen Tageszeitung *Ha'aretz* genannt wurde, massiv die israelische Öffentlichkeit. Und Saban, der mit seinem Medienimperium weltweit aktiv ist, erklärte bei der oben genannten Pressekonferenz zu den atomaren Bestrebungen des Iran: »Ich hätte die Hundesöhne in Stücke zerbombt!«

In der *New York Time-* Business-Ausgabe hieß es einmal über ihn, dass Saban »als einer der einflussreichsten Moguln in Hollywood« sein Gewicht und sein Geld überall in Washington einsetze, um Israels Sache zu beeinflussen. »Ich bin ein Mann mit einem Thema, mein Thema ist Israel«, sagte er einmal, und er protzte damit, dass er regelmäßig Stunden am Telefon mit Ariel Sharon verbringen würde, dem damaligen israelischen Ministerpräsidenten.

Anfang April 2016 ließ Adelson die potenziellen Präsidentschaftskandidaten der Republikaner für die Wahl im November 2016 in Las Vegas antanzen, um seine Auswahl zu treffen. Neben Jeb Bush, dem Letzten aus der unsäglichen Bush-Dynastie, tanzten dort die Gouverneure von New Jersey, Chris Christie, von Wisconsin, Scott Walker, und Ohios Gouverneur John Kasich vor, wie die Zeitschrift *The Atlantic* berichtete. Am Ende nominierten die Republikaner dann aber doch überraschend den Milliardär Donald Trump, der auf Adelsons Geld nicht angewiesen ist, sich aber trotzdem als Freund

Israels gibt und sich guter Kontakte zur rechten Regierung unter Benjamin Netanjahu rühmt.

Saban und Adelson wollen mit ihrem Geld Politik machen, allerdings israelische Politik, und das machen sie auch. Der Zentralrat der Juden in Deutschland könnte an Glaubwürdigkeit gewinnen, wenn er sich von solchen Figuren distanzieren würde. Das wäre das beste Mittel gegen Antisemitismus.

Es fällt auch auf, wie wenig der Zentralrat der Juden in Deutschland und all die Schreihälse, die sich immer wieder auf die Seite der israelischen Politik schlagen, zum Beispiel zum NSU-Komplex zu sagen hatten. Wenn man zynisch wäre, könnte man meinen, es interessiere sie nicht, da doch keine Juden ermordet wurden. Es zeigt jedenfalls, dass manche Juden und Fürsprecher Israels in Deutschland nicht über ihren mentalen und emotionalen Tellerrand hinausschauen können. Alles, was um sie herum passiert, ist nur dann interessant, wenn es auch Juden betrifft. Die Mordserie an zehn Menschen überwiegend türkischer Herkunft, die umgebracht wurden, weil sie in den Augen ihrer Mörder »Türken« waren, geht ihnen nicht so nahe. Der 1999 verstorbene Vorsitzende des Zentralrats der Juden, Ignaz Bubis, war da von einem anderen Kaliber. Er hätte sich sicher viel stärker mit der türkischen Minderheit in Deutschland solidarisiert, so, wie es auch der ehemalige Generalsekretär des Zentralrates Stephan Kramer gemacht hat. Viele andere verharren, wenn es um die Probleme der übrigen Welt geht, in ihrem Autismus. Ich kann mich mit dieser Doppelmoral nicht abfinden.

Der 1992 verstorbene Heinz Galinski, der von 1954 bis 1963 und später noch einmal von 1988 bis 1992 den Vorsitz des Zentralrats innehatte, das muss man zu seinen Ehren sagen, hat sich von Jerusalem nichts vorschreiben lassen und vertrat tatsächlich die Interessen der Juden in Deutschland. Vorsitzende wie Josef Schuster aber haben Angst davor. Was würde »Bibi« sagen? Bibi Netanjahu kann »Deutsche Juden« nicht gebrauchen. Er braucht »Juden in Deutschland«, »Juden in Frankreich« und Juden, die in Treue fest zu Israel stehen, überall auf gepackten Koffern sitzen und jederzeit bereit sind, nach Israel auszuwandern.

Schuster selbst ist zwar den umgekehrten Weg gegangen und mit seinen Eltern aus Israel nach Deutschland ausgewandert. Aber er ist hier offenbar nie angekommen, sondern sorgt dafür, dass Juden Angst bekommen, hier zu leben, und sich fürchten, mit einer Kippa durch die Straßen und Gassen deutscher Städte zu gehen. Dabei leben Juden in keinem Land so unsicher und sind nirgends so gefährdet wie in Israel.

Trotzdem behauptet der deutsche Schriftsteller Maxim Biller wahrheitswidrig: »Für mich als Juden ist klar, dass Israel mein Land ist. Es ist naiv für einen Juden, zu glauben, dass ein anderes Land außer Israel einen wirklich schützen kann.«[5] Biller leidet offensichtlich an Paranoia. Ich kann ihm nur baldige Genesung wünschen. Ich bin so ein Naiver, ich lebe hier und glaube sogar, dass das deutsche Grundgesetz uns alle schützt. Auch Maxim Biller.

Und damit bin ich offenbar nicht allein. Trotz der ganzen Hysterie und der massiven Propaganda nach dem terroristischen Überfall auf einen jüdischen Supermarkt in Paris, und trotz der unverschämten Aufforderung Benjamin Netanjahus, die französischen Juden sollten nach Israel auswandern, stellte sich 2015 bei Veröffentlichung der statistischen Zahlen des israelischen Einwanderungsministeriums heraus, dass 40 Prozent weniger Juden aus Frankreich die »Allija«, die Einwanderung nach Israel, gemacht hatten als ein Jahr zuvor.

Als im Sommer 2014 Tausende von Demonstranten in Deutschland und anderswo wegen des Gaza-Krieges auf die Straßen gingen, nahm der Zentralrat der Juden eine »schreckliche und schockierende Explosion von Antisemitismus« wahr – und nicht einen Protest gegen Israels Politik, der es in erster Linie war. Man verschließt die Augen vor den fürchterlichen Fernsehbildern und behauptet, man stehe fest »an der Seite unserer Brüder und Schwestern in Israel«. Israel habe das Recht, sich zu wehren, wenn es tausendfach mit Raketen beschossen werde. Dabei übergeht man die militärische Übermacht Israels, das mit seinen hochtechnologisierten Bomben tausendfach mehr Opfer erzeugt.

Wenn man sich darüber empört, dass es im Zuge dieser Proteste auch zu antijüdischen Ausfällen kam und eine Synagoge beschmiert wurde, dann ist das berechtigt. Aber man sollte nicht vergessen, dass diese entfesselte Wut auch das Resultat einer kritik- und bedingungslosen Unterstützung des Zentralrats der Juden für Israel ist, der, unabhängig davon, welche brutalen Taten Israel auch immer gegen die palästinensische Bevölkerung begeht, fest an dessen Seite steht. Und viele Menschen glauben leider, der Zentralrat vertrete die Meinung aller Juden in Deutschland.

Aber das ist nicht so. Von den genannten mehr als 200 000 russischen Juden, die aus der Sowjetunion in die Bundesrepublik kamen, sind nur etwa die Hälfte, also rund 100 000, in die jüdischen Gemeinden hierzulande eingetreten. Es leben also genauso viele Juden außerhalb der Gemeinden und zumindest in ihrem Namen kann der Zentralrat sicherlich nicht sprechen.

Dieter Graumann nannte sich einmal einen »bewussten« und »selbstbewussten Juden«, der sein Judentum nicht als Last, sondern »mit unbeugsamem Stolz« trage. Ob Jude in Deutschland oder ob deutscher Jude, die Wortführer der Juden in Deutschland stehen fest hinter Israel, nach dem Motto: »Right or wrong – my Country«. Immer wieder hört man von diesen Leuten, dass Israel ihre »geistige Heimat« sei. Da möchte man fast glauben, dass sie ihren Geist in Israel gelassen haben und hier seitdem ohne ihn leben.

Die positive Rolle, die das Judentum einst in Deutschland auszeichnete, wie Theodor Mommsen 1880 im Berliner Antisemitismusstreit einmal formulierte, ist verschwunden. Vorbei die Zeit des stolzen Diaspora-Judentums, als der Central-Verein deutscher Staatsbürger jüdischen Glaubens Theodor Herzl und seine Zionisten 1897 noch aus dem Land vertrieb. Als diese in München ihren ersten Zionistenkongress veranstalten wollten, mussten sie in die Schweiz nach Basel ausweichen. Im Central-Verein, der am 5. März 1893 in Berlin gegründet wurde, sammelten sich die Vertreter der Mehrheit der assimilierten, bürgerlich-liberalen Juden in Deutschland, die ihren jüdischen Glauben und ihre deutsche Nationalität verbanden und für volle Bürgerrechte und gesellschaftliche Gleichstellung eintraten. Mit dem jüdischen Nationalismus der Zionisten, die für die in aller Welt verstreuten Juden einen eigenen Staat errichten wollten, konnten sie nichts anfangen. Viel mehr Anklang als in Deutschland fand der Zionismus damals in Osteuropa, wo Juden in jener Zeit viel stärker unter Diskriminierung, Verfolgung und Pogromen leiden mussten als in Westeuropa, wo ihre rechtliche Gleichstellung und ihr gesellschaftlicher Aufstieg rapide voranschritten.

Doch dieses Judentum ist untergegangen, mit dem Völkermord der Nationalsozialisten fand diese Entwicklung ein brutales Ende. Die Frage, ob es hätte gerettet werden können und ob Herzl mit seiner Ideologie richtiglag, ist aber trotzdem obsolet. Der Zionismus war bei seiner Entstehung berechtigt und eine der möglichen Antworten auf den rabiaten Antisemitismus. Aber schon Joseph Roth, der jüdische Romancier aus Galizien, schrieb am Ende seines Essays »Juden auf Wanderschaft«: »Der Zionismus ist nur eine Teillösung der Judenfrage.«[6] Der Holocaust prägt seitdem das Denken im Judentum, und insbesondere in Deutschland. Dessen führende Stimmen wie Micha Brumlik, Michel Friedman, Henryk M. Broder, Dr. Dieter Graumann und Charlotte Knobloch sind lebendige Beispiele dafür. Bis auf Maxim Biller sind die Eltern der meisten Juden, die nach dem Zweiten Weltkrieg nach Deutschland zurückkehrten, von Auschwitz traumatisiert. Es sind gezeichnete Juden, die das Trauma auf ihre Kinder übertragen haben.

In der Brust vieler deutscher Juden wohnten traditionell zwei Seelen, eine jüdische und eine deutsche. Dass Juden schwanken zwischen der Loyalität zu dem Land, in dem sie leben, und zu Israel – oder früher zum Ghetto, aus dem sie stammten, – dieses Phänomen ist so alt wie das Judentum in Deutschland. Moses Mendelssohn, der die Juden durch seine Übersetzung der Bibel ins Deutsche in die deutsche Kultur eingeführt hat, war Jude – und nur für wenige Deutsche auch ein Deutscher. Die Juden hatten die Übersetzung von Martin Luther nicht anerkannt und nicht angerührt. Es war deshalb eine befreiende Tat, den Juden die deutsche Sprache durch die Bibel näherzubringen. Eine weitere wichtige Übersetzung der Bibel durch Juden war die durch Martin Buber und Franz Rosenzweig, die aber bei vielen Juden weniger gut ankam. Die Bibelübersetzung, die unter den deutschen Juden am meisten Verbreitung fand, war die Übersetzung unter der Leitung von Leopold Zunz, ursprünglich als Jom Tob Lippmann Zunz in Detmold geboren, einem deutschen, jüdischen Wissenschaftler und Vorkämpfer der Emanzipation der Juden in Deutschland.

Die Zeit, in der Juden und muslimische Mauren in Andalusien zusammenlebten, brachte eine sehr fruchtbare Symbiose hervor, die ganz Europa geistig bereicherte. Die jüdische Geschichtsschreibung nannte diese Zeit »Das Goldene Zeitalter«. Der Beginn wird normalerweise auf die Wirkungszeit von Chasdai ibn Schaprut gelegt, eines jüdischen Diplomaten, der im 10. Jahrhundert im Dienst des in Cordoba residierenden umayadischen Kalifen Abd-ar Rahman (912–929) stand. In den folgenden Jahrhunderten wirkten in Spanien und Portugal bedeutende jüdische Gelehrte und Künstler, wie Moses und Abraham ibn Esra, Jehuda Halevi, Isaak Abrabanel und Moses Maimonides. Maimonides war ein jüdischer Philosoph, Rechtsgelehrter und Arzt, der als bedeutendster Gelehrter des Mittelalters und einer der bedeutendsten Gelehrten aller Zeiten gilt.

Ähnlich fruchtbar war die deutsch-jüdische Symbiose, sie brachte unzählige Dichter, Schriftsteller, Philosophen, Ärzte, Wissenschaftler, Künstler, Musiker und nicht zuletzt Politiker hervor. Ihre goldene Ära begann mit Moses Mendelssohn, der im 18. Jahrhundert von Berlin aus der jüdischen Aufklärung, der Haskala, den Weg bereitete. Heinrich Heine blieb in den Augen seiner Zeitgenossen sein Leben lang ein Jude, auch wenn er zum Christentum konvertierte und in seinem *Buch der Lieder* verkündete: »Ich bin ein deutscher Dichter, Bekannt im deutschen Land; Nennt man die besten Namen, so wird auch der meine genannt.«

Und ähnlich ging es vielen anderen, von Karl Marx, Rahel Varnhagen, Ludwig Börne und Hermann Cohen über Ferdinand Lassalle und Walther Rathenau bis zu Else Lasker-Schüler, Jakob Wassermann, Arnold Zweig und Hannah Arendt. Es war eine sehr fruchtbare Symbiose, die Deutschland und den Juden zur Ehre gereicht hat

Lange Zeit glaubte man, dass das deutsche Judentum für immer verschwunden wäre und nie wieder auferstehen könnte. Nun gibt es wieder ein Judentum in Deutschland, aber es weiß noch nicht, als was es sich verstehen soll. Seine Führung ist ratlos und wird vor allem von Israel unter Druck gesetzt. Doch die Juden in Deutschland werden sich in den nächsten Jahren entscheiden, was sie wollen und wer sie sein wollen: Juden in Deutschland oder deutsche Juden? Ungeahnter Widerspruch erwächst ihnen nun von jungen Juden, die aus Israel nach Deutschland kommen und mit der dortigen Politik nichts mehr zu tun haben wollen.

Vor 70 Jahren erfuhr die Welt die volle Wahrheit über die Verbrechen des Naziregimes in Deutschland. Mit der Befreiung der Konzentrationslager wurde eine der grausamsten und abscheulichsten Taten der Menschheit im vergangenen Jahrhundert offenbar. Die Lehren, die in Deutschland aus dieser dunklen Epoche der deutschen und europäischen Geschichte gezogen wurden, waren richtig und wichtig. Das Eingeständnis der eigenen Schuld und die Übernahme der Verantwortung für das, was an Verbrechen geschah, waren wichtig – auch, um das noch verbliebene jüdische Leben in Deutschland und in Europa zu schützen und dafür zu sorgen, dass sich Juden in Deutschland und in ihren europäischen Heimatländern wieder heimisch fühlen konnten.

Nach 70 Jahren muss man aber feststellen, dass es mit der viel beschworenen Normalität noch immer nicht weit her ist. Auch wenn das jüdische Leben in Deutschland von vielen als normal betrachtet wird und sie ebenso damit umgehen, beharren Politik und Medien darauf, es als »etwas Besonderes« zu behandeln. Diese »Sonderbehandlung« ist ein Hindernis für den normalen Umgang geworden. Sie bremst nicht nur die Integration einer Glaubensminderheit in die Gesellschaft, nachdem sie in der Vergangenheit als »besonders« eingestuft wurde und fast ausgerottet wurde. Überdies ist sie auch Wasser auf die Mühlen der radikalen und nie belehrbaren Rechten hier zulande.

Mit der »besonderen Behandlung« meine ich nicht, dass die staatlichen und kommunalen Zuwendungen und die Unterstützung für die jüdischen Gemeinden seit den 1990er-Jahren massiv angestiegen sind. Was damit geleistet wird, ist wichtig für die Integration der jüdischen Einwanderer aus den ehemaligen Ostblockländern.

Auch die starken Sicherheitsmaßnahmen vor jüdischen Einrichtungen meine ich nicht damit, obwohl ich diese oft als maßlos übertrieben betrachte angesichts der Tatsache, dass auf muslimische Einrichtungen und Moscheen sowie auf Flüchtlingsheime in den letzten Jahren viel mehr Anschläge verübt wurden, und diese keinesfalls so offensichtlich und immer von den Sicherheitsbehörden gesichert und geschützt wurden. Ich meine mit den »besonderen Behandlungen« das, was inzwischen zum Normalzustand geworden ist, nämlich die eigentümliche Beziehung unserer politischen und staatlichen Elite zu den jüdischen Gemeinden, die sich als inoffizielle »Vertreter« des Staates Israel gerieren. Diese »besondere Beziehung« gewährt beiden Seiten – Funktionären der jüdischen Gemeinden und bestimmten Politikern – eine mediale Präsenz und Bedeutung, in der sich beide Seiten gerne sonnen. Angesichts der Tatsache, dass die Mehrheit der Juden in Deutschland die koloniale Politik des Staates Israel keinesfalls blind und bedingungslos unterstützt, ist dieses Verhalten aber unmoralisch und verwerflich.

Es ist an der Zeit, dass die deutsche Öffentlichkeit begreift, dass nicht jeder Jude die israelische Politik unterstützt oder hinter der Linie des Zentralrats steht. Wenn wir etwas aus der dunklen deutschen Vergangenheit gelernt haben sollten, dann, dass wir nicht pauschalisieren und mit religiösen und ethnischen Minderheiten sensibler umgehen sollten, statt sie in Schubladen zu stecken oder vor einen propagandistischen Karren zu spannen. Die Juden in Deutschland eignen sich nicht für die Karriereambitionen profilierungssüchtiger Politiker und mediengeiler Funktionäre.

8 Importierter Antisemitismus unter Flüchtlingen?

Eine der unsäglichsten Behauptungen, die im Zusammenhang mit der sogenannten Flüchtlingskrise vorgebracht wurden, stammt vom Vorsitzenden des Zentralrats der Juden in Deutschland, Dr. Josef Schuster: »Wir importieren mit den Flüchtlingen auch den Antisemitismus«,[1] behauptete er im Herbst 2015. Und seine Vorgängerin Charlotte Knobloch behauptete, die Flüchtlinge stammten aus »Herkunftsländern, in denen Antisemitismus fester Bestandteil der Sozialisierung ist«, und brandmarkte die Entscheidung, sie aufzunehmen, als »falsch verstandene Toleranz«.

Grundsätzlich kann Toleranz nicht falsch verstanden werden. Toleranz bedeutet, dem anderen die Freiheit zu lassen, eine andere Meinung zu haben. Und wer, bitte schön, toleriert terroristische Taten? Dem Konzept der Toleranz liegt übrigens zugrunde, dass sie irgendwann in Akzeptanz übergehen muss. Ansonsten bliebe immer ein Machtgefälle zwischen Tolerierenden und Tolerierten übrig. Für ihre Entscheidung, den Flüchtlingen die Tore nach Deutschland zu öffnen, ist Angela Merkel in der ganzen Welt gelobt und bewundert worden. Vielleicht war die Entscheidung politisch nicht korrekt, und der Bundesgerichtshof hat in seiner Entscheidung vom Juli 2017 auch festgestellt, dass eine solche Entscheidung gegen die Dublin-Vereinbarung stehe, aber grundsätzlich nicht verboten sei. Und »antisemitisch« war die Entscheidung ganz und gar nicht, auch wenn der Zentralrat der Juden sie missbilligte und Israels Regierung dafür kein Verständnis hatte. Ein Großteil der deutschen Bevölkerung war aber, bis auf die Wähler der AfD, durchaus im Einklang mit seiner Kanzlerin. Frau Knobloch verstieg sich im Herbst 2015 tatsächlich in die krude und perfide Behauptung, dass Deutschland den Antisemitismus importiere. Sie verbreitete eine Weltuntergangsstimmung und schürte Angst unter Juden in Deutschland, als sie behauptete: »Antisemitismus ist wieder salonfähig. Er wütet unter hier lebenden Muslimen.« Das ist unerträglich, dass man eine ganze Religionsgemeinschaft unter Generalverdacht stellt.

Deutschland und Europa brauchen keinen Antisemitismus zu importieren, sie haben ihn vielmehr jahrhundertelang exportiert. Der Antisemitismus ist ein europäisch-christliches Produkt und entstand in Europa, wo er Jahrhunderte gewütet hat. In der arabisch-islamischen Welt wurden Juden zu keinem Zeitpunkt so konsequent verfolgt wie im christlichen Europa, im Gegenteil: In Nordafrika, im Osmanischen Reich und auf dem Balkan wurden Juden, die vor der katholischen Inquisition in Spanien geflohen oder von ihr vertrieben worden waren, aufgenommen. Diese Länder haben ihnen somit das Leben gerettet.

Besonders ärgerlich ist es, wenn die Unterstellung von Josef Schuster plötzlich in jeder zweiten Talkshow zitiert und wie eine Tatsache gehandelt wird. Moderatoren, die von der Geschichte der Juden keine Ahnung haben, und Gäste, die noch weniger wissen, diskutieren darüber und gehen eine falsche und verlogene Allianz mit den Juden ein, die genauso wenig oder genauso viel durch Flüchtlinge gefährdet sind wie alle anderen auch.

Es gehörte zur Mentalität der Ghettojuden, sich bei jedem Ereignis zu fragen: Ist es gut für die Juden oder ist es schlecht für die Juden? Die Flüchtlinge, die nach Deutschland kommen, haben mit Sicherheit ganz andere Probleme zu bewältigen, als dass sie sich allzu viele Gedanken um die Juden hier machen würden. Schuster aber meint, dass Flüchtlinge aus Syrien besonders »antiisraelisch und antijüdisch« seien, weil sie in ihrer Heimat so erzogen worden seien.

Das ist eine der Propaganda-Mythen, die die israelische Propaganda und die Freunde Israels über Moslems und ganz besonders arabische Moslems verbreiten und die leider von vielen Menschen geglaubt werden. Juden hatten ihren festen Platz in der moslemischen Welt. Sie wurden als Nichtmoslems verachtet, wie auch die Christen, aber andererseits und im Unterschied zu den Christen, wurden sie geachtet als das Volk des Buches und sie wurden vom Propheten sogar unter besonderen Schutz genommen. Tatsache ist, dass es in den moslemischen Ländern zu keinem Zeitpunkt Pogrome gegen Juden gab, und es waren moslemische Länder, vor allem die Türkei und Marokko, Algerien und Ägypten, welche die von der spanischen Inquisition vertriebenen und geflohenen Juden aufgenommen haben.

Im April 2017 legte eine Expertenkommission der Bundesregierung ihren Bericht vor, indem sie detailliert beschrieb, wie sehr »antisemitische Einstellungen« in den verschiedenen Bevölkerungsschichten von links bis rechts und ganz besonders unter Muslimen um sich greifen. Wie schon oft in ähnlichen Erhebungen von sogenannten »Experten« hatte man Äpfel mit Bananen verglichen und in den meisten Fällen harmlose Vorurteile bewertet und zu gefährlichem Antisemitismus abgestempelt.

Grundsätzliche Einigkeit bestand im Bundestag darüber, dass man einen Bundesbeauftragten für den Einsatz gegen den Antisemitismus einberufen sollte. Dabei wäre das beste Mittel gegen Antisemitismus, wenn man solche Bundestagsbeauftragte und ihre Kommissionen gar nicht erst berufen würde. Antisemitismus ist nicht mehr und nicht weniger als Rassismus, und jede besondere Betonung und Hervorhebung des Antisemitismus ist purer Antisemitismus.

Juden sollten nicht unter Denkmal- oder Naturschutz gestellt werden und es sollte auch keine Kommission oder Behörde sich um sie kümmern.

Vor allem sollte man nicht versuchen, den Antisemitismus-Verdacht loszuwerden, indem man ihn auf die Moslems und besonders auf die Flüchtlinge überträgt. Der Antisemitismus entstand nicht in der arabischen, sondern in der europäisch-christlichen Welt unter der Schirmherrschaft der katholischen Kirche.

Als Erste meldeten sich Josef Schuster vom Zentralrat der Juden in Deutschland und Volker Beck, der migrations- und religionspolitische Sprecher der Grünen im Bundestag, die sich besorgt zeigten wegen »wachsender Judenfeindlichkeit bei Muslimen«, obwohl das Phänomen eines wachsenden Antisemitismus, nach den Worten der integrationspolitischen Sprecherin der Unionsfraktion im Bundestag, Cemile Giousouf (CDU), nicht mit der Flüchtlingspolitik verbunden ist. Es gebe, so Giousouf, »schlichtweg keine belastbaren Zahlen, an denen man einen solchen Zusammenhang ablesen kann«.[2]

Beck und Schuster wollen das aber nicht zur Kenntnis nehmen. Noch weniger wollen sie als Rassisten gebrandmarkt werden und warnen deshalb halbherzig vor einem Generalverdacht gegen Muslime, den sie aber anfeuern. Denn gleichzeitig meint Schuster, Juden sollen sich nicht »in einigen Bezirken der Großstädte zu erkennen geben«, denn dies könnte »verbale und körperliche Bedrohung zur Folge haben«. Henryk M. Broder warnte gar bei seine Laudatio auf Marcel Reich-Ranicki am 8. Juni 2010 vor einem erstarrten und erstaunten Publikum in der Frankfurter Paulskirche, dass ein neuer Holocaust bevorstehe, »und wenn nicht in Deutschland, so in Afula, Kfar-Saba und Metula.« (alles Ortschaften in Israel.)

Volker Beck meinte sogar: »Man muss es sehr ernst nehmen, dass Juden in Deutschland die Erfahrung machen, in bestimmten Gegenden und auch eben in Gegenden mit hohem muslimischen Bevölkerungsanteil besonderen Gefährdungen ausgesetzt zu sein.«[3] Für mich klingt das rassistisch. Ich kenne solche »Gegenden« nicht, wo ich als Jude nicht hingehen kann, und wenn es tatsächlich solche Gegenden geben sollte, dann ist es wohl ein Problem der Polizei und nicht der Juden. Erstaunlich, wie schnell sich diese Mythe verbreitet hat, weil ein oder zwei Juden verprügelt wurden. Gibt es auch Zahlen darüber, wie viele Nichtjuden verprügelt wurden? Dabei geben alle Beteiligten von Broder über Schuster bis zu Beck offen zu, »sobald es im Nahen Osten zu Konflikten kommt, erreichen diese auch deutsche Schulhofe«[4]. Statt das aber so zu sehen, fordert der »radikal-zionistische« Bundestagsabgeordnete Volker Beck, »muslimische Verbände sollen endlich beginnen, ihre Haltung zu Israel und damit auch zur jüdischen Religion im positiven Sinne zu bestimmen«.[5] Besser hätte er gar nicht zeigen können, dass er Religion, Politik, Abstammung und seine Islamophobie in einen Topf wirft und kräftig mischt. Was dabei herauskommt, ist ein übler Gestank von Rassismus.

Auch Prof. Leo Latasch, langjähriges Vorstandsmitglied der jüdischen Gemeinde in Frankfurt und Mitglied im Deutschen Ethikrat, meint: »Der ›neue‹ gewaltbereite Antisemitismus in Deutschland geht insbesondere von Muslimen aus.«[6] Was für eine gewagte Aussage, wo doch alle Erhebungen und alle Aussagen der Polizei und des Innenministeriums davon ausgehen, dass rassistische und antisemitische Gewalt immer noch hauptsächlich von rechts kommt. Latasch versteigert sich noch zu der Aussage, dass dieser Antisemitismus, man fragt sich welcher, »nicht damit endet, dass auf Frankfurter Straßen ›Juden ins Gas‹ skandiert wird.«[7] Auch Latasch ist, wie Broder, der Meinung, dass den Juden ein neuer Holocaust bevorsteht. Dass noch nicht alle Juden Deutschland verlassen haben, zeigt, wie wenig Schuster, Broder, Latasch, Knobloch u.a. Juden ernst nehmen. Sie wollen den Juden Angst machen, damit diese nach Israel gehen. Ich frage mich nur warum? Wollen sie Zentralratsvorsitzende und Gemeindepräsidenten bleiben in von Juden verlassenen Gemeinden?

Schon im März 2015 schrieb der aus Israel stammende Journalist Gil Bachrach in der *ZEIT*[8] seine beleidigenden und diffamierenden Zeilen gegen die moslemische Gemeinschaft in Deutschland, und keiner hat protestiert, weder die angeblich liberale Presse, deren Leuchtturm die *ZEIT* ist noch irgendwelche »anständigen« jüdischen Organisationen. Bachrach schrieb: »Na klar gibt es Antisemiten in Deutschland. Auch ist er (der Antisemitismus) oft Teil der muslimischen Kultur«, von der er offensichtlich keine Ahnung hat, denn sonst müsste er wissen, dass Muslime Juden gerettet haben, als fanatische Christen sie verfolgten. Geradezu absurd und verleumderisch gegen alle Moslems auf der ganzen Welt wird Bachrach, wenn er schreibt: »Nur wie bekommen wir es hin, dass die Muslime diese gemeinsame Zukunft auch wollen? Eine Psychotherapie für 1,5 Milliarden Moslems wäre ideal.«[9]

Er meint, die Juden hätten »eine Verpflichtung für die Zukunft« und die Moslems wohl nicht. Wie wäre es mit einer Psychotherapie für 15 Millionen Juden? Das wäre zwar nur ein Prozent der Moslems, aber selbst so wenige Juden bekommt man nicht auf die Couch. Unverschämt und beleidigend wird dieser selbstgerechte Zionist, wenn er alle Moslems in Deutschland auffordert, ihren »wütenden, selbstgerechten Antisemitismus« abzulegen. Wütend und selbstgerecht ist allein dieser Jude, der glaubt, solchen Unsinn schreiben zu können und zu dürfen, nur weil er Jude ist und weil *DIE ZEIT* es ihm durchgehen ließ. Da sind aber alle führenden Tageszeitungen in Deutschland, von der *FAZ* bis zur *taz* ähnlich. Ihnen fehlt Zivilcourage und der Mut zur Wahrheit.

Am 26. Juni 2017 veröffentlichte *DIE WELT* einen Beitrag des Islamwissenschaftlers und Renegaten Hamad Abdel-Samad unter der Überschrift: »Die Mär vom liberalen Islam«. Welche deutsche Zeitung hätte es gewagt, einen Beitrag vom jüdischen Psychologen und ehemaligen Mitglied des Zentralrats der Juden, Prof. Dr. Rolf Verleger, über das Märchen vom liberalen Zionismus zu veröffentlichen. Man wagt es nicht einmal, einen Beitrag über das tatsächlich vorhandene liberale Judentum anzunehmen. Politisch korrekt ist nur das politisch radikale und nationalistische Judentum, das bei vielen Zionismus heißt.

Der Beitrag von Abdel-Samad beginnt mit der Behauptung, »der radikale Islam schafft es immer wieder, junge Muslime zu begeistern und sie für seine mörderischen Ziele zu mobilisieren«. Welche Zeitung würde einen solchen Satz drucken, wenn statt »Islam« »Judentum« stände und statt »junge Muslime« »junge Juden«? Islam und Judentum werden in Deutschland sehr unterschiedlich bewertet, und als Prof. Michal Bodemann einst schrieb, dass die Moslems die Juden von heute sind, warf ihm Henryk M. Broder vor, er sei ein Antisemit und »sein Gehirn sei so flach wie eine Pizza«.[10]

Die Feindschaft gegen Juden in den arabischen Nachbarländern und besonders in Syrien, woher jetzt die meisten Flüchtlinge zu uns kommen, hat nichts mit religiösem oder gar ethnischem Rassismus zu tun, sondern ist einzig und allein Resultat des Nahost-Konflikts und des Kriegszustandes mit Israel. Es ist eine unleugbare Tatsache, dass in Syrien bis zum Beginn der Auflösung des Staates Juden lebten und eine jüdische Gemeinde vom Staat akzeptiert und geachtet wurde. Im Iran dürfen Juden sogar in der Armee dienen.

Die jüdische Gemeinde im Irak war mindestens so bedeutend wie die jüdische Gemeinde in Deutschland und die Juden dort waren vollkommen integriert in der irakischen Gesellschaft … bis der Nahost-Konflikt, die Gründung des Staates Israel, alles zerstörte.

Aber das ist nicht so. Die Flüchtlinge stellen eine Herausforderung für die deutsche Gesellschaft dar – so, wie vor mehr als zehn Jahren die jüdischen Flüchtlinge aus der Sowjetunion, die Deutschland aufgenommen hat, durchaus auch eine Herausforderung waren. Aber jüdische Funktionäre wie Josef Schuster sehen in allem eine Gefahr für die Juden und vor allem für Israel und schüren die Paranoia. Allerdings eignet sich das Angstbild vom »muslimischen Antisemitismus« auch sehr gut dazu, von Israels völkerrechtswidriger Besatzung abzulenken.

Leider bekommen solche Aussagen viel Zuspruch. Auch der syrisch-deutsche Politik-Professor Bassam Tibi behauptete im Juli 2016 ohne jeden Beleg, dass es unter seinen geflüchteten Landsleuten viele Antisemiten gebe. Nun kann es schon sein, dass der Hass auf Israel unter Syrern verbreitet ist, weil er vom Regime in ihrem Land geschürt wurde. Aber ist das schon Antisemitismus? Und was ist mit dem Hass auf Syrien, der in Israel verbreitet ist? Was Bassam Tibi in der *WELT* von sich gab, ist eine pure Unterstellung. Beifall bekam er nicht nur von Henryk M. Broder, sondern auch von der AfD-Frau Beatrix von Storch, die twitterte: »Gutes Interview«. Und auch die CDU-Politikerin Julia Klöckner meinte: »Großartiges Interview in der *Welt* mit Bassam Tibi … unbedingt lesen.«

Solange aber Israel die Grundrechte der Palästinenser nicht respektiert, ist es doch eigentlich nicht verwunderlich, dass viele Menschen aus dem Nahen Osten die israelische Politik und auch Israel nicht respektieren. Von Geflüchteten aus dem Nahen Osten zu verlangen, sie müssten den Staat Israel akzeptieren, und davon ihr Recht auf Asyl abhängig zu machen, ist eine zynische und populistische Forderung. Genau das aber forderte die Vorsitzende des American Jewish Committee (AJC) in Berlin, Deidre Berger, in einem Fachgespräch der Bundestagsfraktion der CDU/CSU im Juli 2016. Zusammen mit Abraham Lehrer, dem Vizepräsidenten des Zentralrats der Juden, sprach sie dort über »die patriarchalisch dominierten Strukturen in muslimischen Familien«, die viele ihrer Kinder antijüdisch erzögen und in ihrem Hass gegen Israel indoktrinierten und forderte, »Geflüchtete abzuschieben, die Israel nicht akzeptieren«. Das Verlangen nach einem Bekenntnis zu Israel, das mit Repressalien verbunden wird, ist erniedrigend und wird allenfalls Lippenbekenntnisse erreichen. Darüber hinaus sind solche Forderungen nach einem Zwangsbekenntnis mit dem Artikel 4(1) des Grundgesetzes inkompatibel, der lautet: »Die Freiheit des Glaubens, des Gewissens und die Freiheit des religiösen und weltanschaulichen Bekenntnisses sind unverletzlich.« Besonders heuchlerisch ist die Forderung nach einem solchen Bekenntnis jedoch, wenn sie vom AJC gestellt wird. Denn genau diese Organisation macht sich weltweit gegen die Anerkennung eines palästinensischen Staates stark. Wer den Palästinensern das Recht auf ein Leben in Sicherheit in einem unabhängigen Staat verweigert, beraubt sich damit jeglicher Grundlage, ein Bekenntnis zu Israel einzufordern.

Die pauschalisierenden Kommentare von Deidre Berger und Abraham Lehrer befeuern die rassistischen Diskurse, die zurzeit gegen Muslime geführt werden. Sie sind aber auch herablassend gegenüber vielen in Deutschland lebenden Juden und Israelis. Denn mindestens die Hälfte der jüdischen Israelis stammen aus muslimisch geprägten Ländern und Kulturen oder aus orthodoxen jüdischen Familien, denen man ebenfalls »patriarchalisch dominierte Strukturen mit vielen Kindern« nachsagen kann.

Natürlich gibt es noch Nazis, Faschisten und Reaktionäre in Deutschland, die ihren Frust gegen Flüchtlinge und Andersdenkende in obskuren Parteien, Blogs und Montagsmärschen zum Ausdruck bringen. Das ist aber für mich als Jude kein Grund, Angst zu haben. Denn erstens ist es nirgends auf der Welt besser als hier. Und zweitens ist das alles zwar tatsächlich furchtbar, aber ich fürchte mich davor nicht als Jude, sondern als Bürger dieses Landes, wie viele andere anständige Bürger auch. Das hat nichts damit zu tun, dass ich mein Judentum »verleugne« oder mich dessen schäme. Das tue ich ganz und gar nicht, aber ich werde mich deshalb doch nicht in eine Front mit Nazis, Faschisten, AfD und Pegida einreihen.

Wie kann ein Vertreter der jüdischen Gemeinschaft heute Flüchtlinge diffamieren und als potenzielle Terroristen hinstellen? Juden waren jahrhundertelang Flüchtlinge. Ich denke an die jüdischen Flüchtlinge, die aus Nazideutschland geflohen sind und die kein Land aufnehmen wollte. Ich denke an das Schiff MS St. Louis, das im Mai 1939 von Kuba und den USA mit fast tausend jüdischen Flüchtlingen an Bord zurückgewiesen wurde. Ihnen blieb nur der Weg zurück nach Europa, zurück nach Deutschland, wo viele von ihnen später in den Gasöfen von Auschwitz und Treblinka endeten. Ich denke an die Tausenden und Abertausenden von Mitbürgern in Deutschland, die heute helfen, sich einsetzen und in den Flüchtlingen Menschen sehen, die Hilfe brauchen. Juden müssten bei der Aufnahme und Integration heutiger Flüchtlinge an vorderster Front stehen, egal, ob es Muslime sind oder nicht.

Stattdessen schüren sie das Misstrauen gegen Muslime. »Zentralrat der Juden rät vom Tragen der Kippa ab«, hieß es im Frühjahr 2015 auf *SPIEGEL-ONLINE*. Doch wenn Josef Schuster seine Juden auffordert, in Gegenden mit erhöhtem Migrationshintergrund keine Kippa zu tragen, dann trägt er dazu bei, Ängste zu schüren. Wenn er »Migrationshintergrund« sagt, dann meint er natürlich Gegenden, in denen Araber, Palästinenser und Muslime wohnen. Wenn es in Berlin aber Konflikte zwischen Juden und Arabern oder Palästinensern gibt, dann hat das weniger mit Antisemitismus zu tun als mit dem Nahost-Konflikt.

Die Medien und auch viele Politiker ignorieren vollkommen, dass es in der muslimischen Welt immer noch jüdische Gemeinden gibt, dass Juden beispielsweise im »bösen« Iran fast alle Bürgerrechte genießen und sogar in der Armee dienen. Während in Europa Juden verfolgt und verbrannt wurden, lebten sie in muslimischen Staaten wie der Türkei, Syrien oder Iran in Frieden und frei von Pogromen, Verfolgungen und Zerstörungen von Gemeinden. Juden genossen in diesen Ländern Achtung, Respekt und vor allem Frieden. Als das christliche Spanien seine Juden vertrieb, hat die muslimische Welt sie aufgenommen. Als die Nazis Juden ermordet haben, fanden viele Juden Zuflucht in der Türkei. Eigentlich wäre es die Aufgabe des Zentralrats der Juden in Deutschland, daran zu erinnern. Stattdessen gießt auch er Öl ins Feuer der Islamophobie.

Als die Bundesregierung Hunderttausende von russischen Juden aufgenommen hat, da hätte der Zentralrat scharf protestiert, wenn jemand gesagt hätte, dass es für deren Aufnahme eine »Obergrenze« geben sollte. Der Zentralrat der Muslime hätte ja auch vorbringen können, dass die eingewanderten Juden aus der Sowjetunion aus einer Kultur stammen, in der der Hass auf Muslime und die Intoleranz gegenüber Muslimen ein fester Bestandteil ist. Das wäre nicht falsch gewesen.

Ich weiß nicht, worüber ich mich mehr wundern und empören soll – über die unverfrorene Forderung nach einer Obergrenze für die Aufnahme von Flüchtlingen, über die verklausuliert vorgetragene Hetze gegen Muslime oder Araber generell oder über den Mangel an Geschichtsbewusstsein und den Mangel an Bildung, mit dem Schuster ein Weltbild vertritt, das die großen Konflikte der Geschichte offenbar nur durch die Brille ethnischer oder kultureller Differenzen zu deuten vermag. Es zeugt außerdem von großer Chuzpe, ausgerechnet die Deutschen als Nachkommen der Nazis vor Kulturen zu warnen, »in denen der Hass auf Juden und die Intoleranz ein fester Bestandteil ist«.

9 Mein Antizionismus

Der Begriff »Antizionismus« wird in bestimmten Kreisen inzwischen als Codewort für »Antisemitismus« gehandelt oder gleich direkt mit Antisemitismus gleichgesetzt. Ich jedoch bezeichne mich selbst ganz bewusst als »antizionistischen Juden«. Man muss kein Antisemit sein, um den Zionismus abzulehnen. Der Zionismus ist eine rechte, imperialistische Ideologie, die man wie jede andere Ideologie befürworten oder ablehnen kann. Ich verachte den Zionismus, weil ich ihn für eine menschenverachtende Ideologie halte. Das hat aber nichts mit meiner Haltung zum Judentum und meiner Achtung vor allen jüdischen Menschen als Menschen zu tun – noch nicht einmal mit meiner Einstellung zu Israel.

Es gibt auch unter religiösen Juden viele Antizionisten – zum Beispiel Hunderttausende Anhänger diverser chassidischer Schulen wie die Satmarer Chassidim, die den Staat Israel offen ablehnen, weil sie der Meinung sind, dass ausschließlich der von Gott gesandte Messias das Recht habe, einen jüdischen Staat zu errichten. Und vor dem Aufstieg der Nazis hegten auch mehr als 95 Prozent der Juden in Deutschland wenig Sympathien für den Zionismus. Bekannt ist, dass die jüdische Gemeinde in München den ersten Zionistenkongress, den Herzl in München veranstalten wollte, zu verhindern wusste, sodass Herzl nach Basel ausweichen musste.

Die säkularen deutschen Bürger jüdischen Glaubens hielten den Zionismus weitgehend für eine separatistische und nationalistische Ideologie, die ihrer Integration und Assimilation in Deutschland im

Wege stand. Hätte der Nationalsozialismus nicht das europäische Judentum vernichtet, wären die Überlebenden nicht an den Gestaden des westlichen Mittelmeers gestrandet und hätten sie nicht die westlichen Mächte auf ihrer Seite gehabt, dann würde es vermutlich heute den Staat Israel nicht geben. Die Europäer halfen ihnen aber nicht aus Liebe zum Judentum, sondern aufgrund des schlechten Gewissens, das sie deshalb hatten, weil sie die Ermordung von sechs Millionen Juden zugelassen haben. So mussten die Palästinenser die Zeche bezahlen, die Europa verursacht hat.

Lange dachte ich, dass ich mit meiner Einstellung als Jude allein dastünde. Aber dann las ich Micha Brumliks in den 1990er-Jahren erschienenes, autobiografisches Buch *Kein Weg als Deutscher und Jude* und musste feststellen, dass auch Brumlik von einem »glühenden Zionisten zum ebenso glühenden und fanatischen Antizionisten geworden war«, wie er selbst es formuliert.[1] Nach einem zweijährigen Aufenthalt in einem Kibbuz in Israel, so schreibt er im Rückblick, »fand ich mich, als junger, linker, bi-national gesonnener jüdischer Antizionist 1968 nach Deutschland zurückgekommen«.

Brumlik war damals nicht allein. Es waren etwa 50 linke, jüdische Intellektuelle in Frankfurt, die die Frankfurter Jüdische Gruppe gründeten und antiisraelisch und antizionistisch agitierten. Sie nahmen zusammen mit linken Gruppen in Frankfurt an Demonstrationen teil oder demonstrierten vor der israelischen Botschaft in Bonn gegen die israelische Politik. Sie setzten sich, wie Brumlik schreibt, »immer wieder mit dem Staat Israel und seiner Palästinenser-Politik auseinander, zu der wir in strikter Opposition standen«. Damit standen sie im Widerspruch zu der Politik der jüdischen Gemeinden, die damals, wie heute, kein Wort der Kritik an der israelischen Politik duldeten. Denn: Woran, wenn nicht am Staat Israel, sollte sich das wunde Selbstbewusstsein von Holocaustüberlebenden aufrichten?

Die Jüdische Gruppe in Frankfurt bestand nur fünf Jahre, zwischen 1980 und 1985, und stand in vollkommener Opposition zur Jüdischen Gemeinde der Stadt. Als im April 1982 mehr als 4000 Palästinenser in Bonn gegen den israelischen Feldzug in den Libanon demonstrierten, veröffentlichte die *Frankfurter Rundschau* einen Aufruf[2] der Jüdischen Gruppe. Unterzeichnet wurde er von 16 Personen, von denen viele heute nichts mehr davon wissen wollen.

Die Mitglieder der Gruppe wurden als »Verräter«, »Quislinge« und »jüdische Selbsthasser« beschimpft, beleidigt und aus der Gemeinde ausgestoßen. Ihr Appell an eine »höhere jüdische Moral« wurde nicht gehört und höchstens belächelt. Wie heute befürchtete man auch damals, dass solche Erklärungen in Deutschland zu nichts anderem führen würden, als den »ohnehin vorhandenen mehr oder minder latenten Antisemitismus« zu beleben. Die meisten Mitglieder der Jüdischen Gemeinde in Frankfurt teilten damals mehr oder minder die Auffassung des damaligen israelischen Premiers Menachem Begin und der ihn tragenden Likud-Partei, dass die PLO nur eine »Terrororganisation« sei und jenen Völkermord vollenden wolle, den die Nationalsozialisten nicht zu Ende gebracht hatten. Die Frankfurter Jüdische Gruppe zerfiel allmählich, und Intellektuelle wie Dan Diner, Susann Heenen, Gertrud Koch, Cilly Kugelmann und Martin Löw-Beer widmeten sich fortan ihrer Karriere.

Natürlich hat mich Brumliks Bekenntnis überrascht, denn in den letzten Jahren habe ich ihn von einer sehr zionistischen Seite kennengelernt. Kaum 20 Jahre später argumentiert Brumlik fast genauso wie seine Gegner in den 1980er-Jahren. Als 70 sich als Juden bekennende Personen im Jahr 2007 die Erklärung »Schalom 5767« für einen gerechten Frieden im Nahen Osten veröffentlichten, warf er den Unterzeichnern vor, ihre Empörung über die israelische Politik verführe sie bisweilen dazu, den Antisemitismus herunterzuspielen oder gar »mit einem Bonus des Wohlwollens zu versehen«. Dabei ähnelte die Erklärung dem Aufruf, den Brumlik selbst schon 1982 unterzeichnet hatte. In seinem Buch *Kritik des Zionismus* von 2007 schreibt Brumlik, es sei »kein grundsätzlicher Fehler«, wenn Juden andere Juden wegen deren Kritik an Israel als »Antisemiten« bezeichneten. Als er selbst von Mitgliedern der jüdischen Gemeinde in Frankfurt als »Antisemit« bezeichnet wurde, dürfte er darüber bestimmt noch anders gedacht haben.

Nochmals: Antisemitismus bedeutet Hass auf Juden, weil sie Juden sind. Also Hass auf Menschen, weil sie Juden sind. Das ist selbstverständlich abzulehnen. Antizionismus hat dagegen nichts mit Hass auf Menschen zu tun. Der Zionismus ist eine rassistische, chauvinistische und kolonialistische Ideologie, die man nach der Auffassung vieler antizionistischer Juden ablehnen kann und muss. Man kann Antizionist sein und trotzdem Israel lieben, auch wenn man seine Politik ablehnt. Bei mir ist es so.

Der Zionismus ist heute ein Anachronismus. Sein Ziel war, den Juden einen eigenen Staat zu ermöglichen. Dieser jüdische Staat existiert nun schon seit über 70 Jahren. Aber der Zionismus ist ein Relikt aus dem Zeitalter des Kolonialismus, von dem sich der Rest der Welt schon vor langer Zeit verabschiedet hat. Der Staat Israel aber hält seine Tore noch immer für alle Juden der Welt auf, die sich im »Heiligen Land« niederlassen wollen. Als Jude bekommt man gleich bei der Einreise automatisch und ohne Probleme die israelische Staatsangehörigkeit, die ein Nichtjude nicht erwerben kann, es sei denn, er konvertiert zum Judentum.

Der Zionismus von heute ist eng mit imperialistischer Expansion verknüpft, mit der Unterdrückung eines anderen Volkes, der permanenten Besatzung von ganzen Landstrichen und der Vertreibung der ursprünglichen Bewohner mit der Absicht, das geraubte Land mit Juden zu besiedeln. Ich kann unmöglich damit einverstanden sein.

Natürlich gibt es noch Antisemitismus und Antisemiten in Deutschland und selbstverständlich müssen wir dagegen vorgehen. Aber von berufener Seite werden täglich neue angebliche Antisemiten produziert. Harmlose Kritiker der israelischen Politik werden dämonisiert und als Antisemiten diffamiert, während man die wahren Antisemiten in Ruhe lässt und ihnen signalisiert, dass man sie schonen wird, sofern sie den Staat Israel in Ruhe lassen. Der Zentralrat der Juden in Deutschland und ähnliche Verbände in anderen europäischen Ländern und den USA kümmern sich um den Nahost-Konflikt und die Kritik an der verfehlten israelischen Politik, aber verkennen die echte Gefahr.

Der Versuch, Antizionismus per se mit Antisemitismus gleichzusetzen, ist perfide und schäbig. Er tritt die Meinungsfreiheit, die in der westlichen Welt überall hochgehalten wird, mit Füßen. Man kann als Jude Zionist sein, aber man darf auch Antizionist sein. Eine Ideologie abzulehnen ist in der Politik eine Selbstverständlichkeit.

Im November 2015 hat die EU-Kommission beschlossen, Erzeugnisse aus israelischen Siedlungen im Westjordanland, in Ostjerusalem oder auf den Golanhöhen bei der Einfuhr in die Europäische Union gesondert zu kennzeichnen und nicht mehr als Herkunftsland »Israel« auszuweisen. Als das Kaufhaus des Westens in Berlin daraufhin acht Weine aus den Golanhöhen aus seinem Sortiment entfernte, erinnerte der israelische Ministerpräsident Benjamin Netanjahu an die Nazivergangenheit dieses Kaufhauses, das einst jüdische Besitzer hatte. Und Broders »Achse des Guten« rief ihre Leser dazu auf, »wer Juden boykottiert, den sollen auch wir boykottieren«. Als das KaDeWe seine Entscheidung rückgängig machte, schieb Broder höhnisch: »Na bitte, geht doch«. Der Sieg wurde offen genossen.

So ergeht es Firmen und Konzernen, die europäisches Recht anwenden wollen, wenn sich dieses Recht gegen Israel wendet. Sie bekommen es mit der Israel-Lobby und mit der Springer-Presse von *BILD* und *WELT* zu tun und müssen einen unabsehbaren wirtschaftlichen Schaden befürchten.

Israelische Regierungsvertreter behaupten, die EU-Forderung erinnere an den Naziaufruf »Kauft nicht bei Juden«, und ihre vielen Propagandisten, von der *BILD*-Zeitung bis zu obskuren Internet-Blogs, plappern das fleißig nach. Man rückt die BDS-Bewegung damit absichtlich in die Nähe der Nazis, um sie zu diskreditieren. Nach Ansicht vieler, auch israelischer Wissenschaftler, Historiker, Publizisten und Politiker hat BDS nichts mit Antisemitismus zu tun und schon gar nichts mit nationalsozialistischer Ideologie. Mag sein, dass einige, wenige Befürworter dieser Bewegung nicht ganz koscher sind. Da es sich um ein atomisiertes Kollektiv handelt, gibt es eben auch keine übergeordnete Instanz, die unqualifizierten oder nicht hinnehmbaren Aussagen widerspricht. Aber deshalb kann man nicht die ganze Bewegung, die aus Hunderttausenden, wenn nicht gar Millionen von

Menschen besteht, darunter viele Juden und Israelis, diskreditieren und verleumden. Selbst Federica Mogherini, Hohe Vertreterin der EU für Außen- und Sicherheitspolitik, verurteilt Angriffe auf Menschenrechtsverteidiger und bekräftigt das Recht von europäischen Bürgern auf Meinungs- und Versammlungsfreiheit. Auch die Beteiligung an der palästinensisch geführten Bewegung für Boykott, Desinvestition und Sanktionen BDS werde durch dieses Recht geschützt.

Schon vor 35 Jahren sagte der israelische General Shlomo Gazit dem britischen Journalisten Alan Hart: »Die Wahrheit über uns Israelis ist, dass wir Opfer unserer eigenen Propaganda geworden sind.«[3] Leider sind inzwischen auch viele Juden auf der ganzen Welt, die blind hinter der israelischen Politik stehen, Opfer dieser Propaganda geworden.

Wie empfindlich die jüdische und ganz besonders die israelische Öffentlichkeit in Sachen Antisemitismus ist, zeigte wieder ein Vorfall im Juli 2017. Die UNESCO hatte das Grab des Stammvaters der Juden, Abraham, zum Weltkulturerbe erklärt. Statt sich zu freuen, brach in Israel ein Tsunami der Empörung aus, der von Jerusalem bis Washington reichte. Selbst US-Präsident Donald Trump fühlte sich verpflichtet, empört zu twittern. Man warf der UN-Organisation erneut antiisraelische und folglich antisemitische Geschichtsklitterung vor, weil sie das Grab des Stammvaters in Palästina verortete, was ja historisch auch vollkommen richtig war.

In Israel interpretierte Benjamin Netanjahu die Resolution bewusst oder unwissend so, dass die UNESCO entschieden hätte, dass das Grab ein palästinensisches Kulturerbe sei, weil es in Palästina liegt. Der Wut-Tsunami ergriff alle Israelis, zumindest die jüdischen. Sie waren alle vereint in ihrem Protest gegen die UNO.

Wenn aber Netanjahu und alle übrigen Israelis, die Professoren der Hebräischen Universität und die Journalisten aller israelischen Zeitungen und auch Donald Trump nur richtig gelesen und einen Augenblick nachgedacht hätten, dann hätten sie bemerkt, dass die UNESCO das Grab als »Weltkulturerbe« bezeichnet hat, und dass es weder den Palästinensern noch den Israelis gehört, sondern der ganzen Welt, uns allen. Und dass es, das ergibt nun mal die geografische Lage, in Hebron liegt und Hebron Teil der palästinensischen Autonomie ist. Es befindet sich damit allerdings auch unter israelischer Besatzung.

Soweit die Resolution und die Aufregung. Tatsache ist aber, dass das Grab Millionen von Moslems, die in Abraham auch ihren Stammvater sehen, weil er ja der Vater von Ismael ist[4] und Juden heilig ist, und wenn die Juden es ausschließlich für sich beanspruchen, liegt es wieder daran, dass sie die Bibel sehr einseitig zu ihren Gunsten interpretieren. Wenn man aber davon ausgeht, dass Abraham der Stammvater der Juden ist und Ismael der Stammvater der Araber, dann sollte man in der Genesis Kapitel 25 Vers 9 nachlesen: »Seine Söhne Isaak und Ismael begruben ihn in der Höhle der Machpela, bei Mamre, auf dem Grundstück des Hetiters Efron, des Sohnes Zohars.« Das bedeutet, dass auch nach dem Heiligen Buch der Juden, der Bibel, die Araber Anspruch haben auf das Grab, wenn es überhaupt eines ist, genauso wie die Juden und übrigens auch die Christen.

Uri Avnery meinte dazu: »William Shakespeare hätte das Ganze ›Viel Lärm um nichts‹ genannt. Leider hat es aber viel ernstere Aspekte. Zuerst zeigt es, wie leicht es ist, die Juden in Israel in Rage zu bringen, alle ohne Ausnahme: Politiker und Kommentatoren, aus dem linken und rechten Lager und sogar aus der Mitte der Gesellschaft, aschkenasisch-westliche und sephardisch-arabische Juden, Religiöse und Säkulare – alle vereinigten sich zu einer schäumenden Masse.«

Der zweite Aspekt ist noch gefährlicher. Jahrhundertelang wurden die Juden in Europa verfolgt, vertrieben und massakriert. Das war Teil ihrer Existenz und sie lernten, damit zu leben. Der Antisemitismus jeglicher Art, auch der mörderischste, war Teil ihrer Realität. Der Sadismus der Nichtjuden traf auf den Masochismus der Juden.

Nach dem Zweiten Weltkrieg und der Shoah verschwand der mörderische Antisemitismus, vielleicht auch nur in den Untergrund, aber die Juden konnten sich nicht daran gewöhnen. Sie fürchten immer noch, dass die »Antisemiten« jeden Augenblick aus irgendeinem Loch herauskriechen könnten. Und wenn es passiert, oder wenn sie glauben, dass es passiert, dann fühlen sie sich bestätigt.

In Israel ist es noch komplizierter. Eines der Ziele des Zionismus war es, uns Juden von den Minderwertigkeitskomplexen der Diaspora zu befreien und uns zu einem normalen Volk zu machen, «wie alle Völker«. Nun stellt sich heraus, dass dies nicht gelungen oder dass es jetzt, im Zeitalter von Benjamin Netanjahu, im Rückzug ist.

Denn diese Affäre hat offensichtlich viele Juden Genugtuung bereitet. Sie sagen: ›Wir hatten recht. Alle sind Antisemiten.‹«

10 Mein Judentum

Ich halte die Juden nicht für ein Volk im herkömmlichen Sinn. Die Rabbiner der orthodoxen und selbst der reformierten Juden meinen, dass das Volk Israel ein besonderes Volk sei, weil es seine Identität nicht vom Boden bzw. Land herleitet, nicht von einer gemeinsamen Sprache, sondern vom gemeinsamen Glauben. Schon in der Schule habe ich in einem Aufsatz die These vertreten, dass Juden vor allem eine Schicksalsgemeinschaft seien. Mehr als die ethnische Herkunft, die nicht vorhanden ist, hat jahrhundertelang der gemeinsame Glaube die Juden zusammengehalten und das gemeinsame Schicksal. Jeshajahu Leibowitz sagt: »Das Besondere am jüdischen Volk ist, dass es hunderte von Jahren in der Diaspora existierte ohne eine territoriale und staatliche Einheit«.

Der Historiker Shlomo Sand hat darüber ein umfangreiches und lesenswertes Buch geschrieben, das von der Erfindung des jüdischen Volkes handelt.[1] Seiner Meinung nach – und ich halte seine These für schlüssig – war das Judentum eine dynamische Religion, die sich in der Antike schnell ausbreitete. Dementsprechend ist die biologische Herkunft der Juden breit und vielfältig, wie bei anderen Religionsgemeinschaften. Wenn die Wiege des Judentums nicht das Heilige Land ist, das Land Kanaan, das später von den Römern Palästina genannt wurde und von den Juden Zion, dann ist der ganze Zionismus eine Ideologie, die auf falschen geschichtlichen Voraussetzungen basiert. Dennoch kämpft Israel so hartnäckig und mit allen Mitteln darum, als Fortsetzung des altertümlichen Zions angesehen zu werden.

Das Judentum war und ist eine Stammesreligion.[2] Teile des Judentums, und insbesondere des Judentums in Israel, sind nur mit sich selbst beschäftigt und interessieren sich nur für das Schicksal des eigenen Volkes und für das winzig kleines Stück Land am Ostufer des Mittelmeers, nicht für die anderen Bewohner der Erde und deren Probleme. Das steht allerdings im Gegensatz zur Quelle des Judentums, der Bibel, die ein Manifest für universale Rechte ist – für Gerechtigkeit, für soziale Rechte und die Verteidigung der Schwachen in der Gesellschaft, für das Streben nach universalen Frieden und viele weitere Normen, die es den Herrschenden nicht erlauben, willkürlich mit den Menschen umzugehen. Das Judentum hat der Welt den Monotheismus gespendet und die Zehn Gebote, ohne die keine zivile Gesellschaft existieren kann. Moses war der erste Befreier von Sklaven, und auch Karl Marx hat bestimmte Ideale des Judentums geerbt und in der ganzen Welt verbreitet. Es waren Moses' revolutionäre Ideen, die auch zu den Wurzeln des Sozialismus gehören.

Der Diasporajude, der in Europa spätestens ab dem 11. Jahrhundert immer wieder verfolgt wurde, hat geglaubt, dass alle ihn vernichten wollen. Die Israelis leben nicht mehr in der Diaspora, aber die Diaspora lebt in ihnen, in ihrem Kopf. Deshalb hören sie nicht auf zu behaupten, alle Welt wolle sie delegitimieren, was für sie nichts anderes bedeutet als: sie zu vernichten.

Das Paradoxe ist, dass die Zivilisation des Westens im Großen und Ganzen eine jüdische Zivilisation ist, die auf dem Alten Testament der Juden und dem Neuen Testament der Christen aufgebaut ist, auch wenn die westlichen Völker das ignorieren und nichts davon wissen wollen, und deshalb die Juden als Feinde der Zivilisation stigmatisierten, so wie es ganz besonders die Nazis getan haben. Die Überzeugung, dass jeder Mensch als Ebenbild Gottes geboren wurde, gehört aber zu den Wesenszügen des Judentums. Wenn es diese Maxime nicht gegeben hätte, wäre die westliche Zivilisation nicht entstanden.

Dem Judentum nach sollen zwar alle Menschen gleich viel wert sein, aber viele Juden halten sich leider nicht daran. Sie halten sich für überlegen und meinen, wie es Henryk M. Broder oft getan hat, dass die 14 Millionen Juden wertvoller und wichtiger seien als Milliarden von Muslimen, weil die Juden mehrere Dutzend Nobelpreisträger hervorgebracht hätten und die arabische Welt keinen einzigen. Nun ja, die arabische Welt hingegen hat aber, seit es Nobelpreise gibt, keinen Weltkrieg angezettelt, ist nicht für die Auswüchse des Konsumismus und des Klimawandels verantwortlich, nicht für den alles zerstörenden Tourismus und hat auch nicht das zerstörerische Dynamit erfunden, das immer weniger dem Bergbau dient, als es Einsatz in Kriegen fand und findet, und aus dessen Gewinn der Nobelpreis finanziert wurde.

Im Judentum ist traditionell die Abstammung wichtiger als der Glaube. So gesehen, ist das Judentum eine der rassistischsten Religionen, die die Menschheit kennt. Denn die meisten Religionen akzeptieren jeden, der bereit ist, ihre Lehren anzuerkennen, als einen der Ihren. Im Judentum dagegen muss man nachweisen, von einer jüdischen Mutter abzustammen, sonst gilt man nicht als »echter« Jude. Man kann zwar auch zum Judentum konvertieren, aber das ist ein sehr mühsamer Weg, der bei Männern damit beginnt, sich beschneiden lassen zu müssen, ähnlich wie im Islam. Und nicht alle Strömungen des Judentums erkennen Konvertiten auch an.

Auf der Website des Zentralrats der Juden in Deutschland schrieb deren Vorsitzender Josef Schuster zum Chanukka-Fest: »Die Legende enthält für mich eine entscheidende Botschaft: Die Makkabäer setzten sich nicht einfach hin und warteten auf ein Wunder, dass sich schon irgendwie alles richten würde. Nein, sie handelten.« Die Makkabäer waren aber Fundamentalisten und religiöse Fanatiker. Sie führten ihr Volk in den Krieg gegen die Griechen, der damaligen Weltmacht, und am Ende in die Katastrophe des Untergangs. In den Augen der Griechen waren sie auch nur »Terroristen« – genauso wie heute die Palästinenser in den Augen der Israelis. Und auch die Palästinenser wollen nicht mehr auf ein

Wunder warten. Sie kämpfen auch nur um ihre Freiheit und Unabhängigkeit wie damals die Makkabäer.

Das acht Tage währende Chanukka-Fest, mit dem alljährlich der Wiedereinweihung des zweiten Tempels in Jerusalem im Jahr 164 v. Chr. gedacht wird, ist vielleicht der richtige Zeitpunkt, um darauf aufmerksam zu machen, dass Chanukka eigentlich die fundamentale Erneuerung symbolisiert, die das Judentum nach dem sinnlosen Aufstand der Makkabäer und der Zerstörung des Tempels erfahren hat. Wieso hat Herr Schuster kein Wissen darüber?

Das Judentum in seiner heutigen Form wurde etwa 500 Jahre vor der Zeitrechnung in der babylonischen Diaspora geboren. Schon damals lebte die Mehrheit der Juden außerhalb von Eretz[3] Israel, wie die biblische Bezeichnung für den Staat der Juden oder Hebräer lautete. Sie lebten in Babylon, in Alexandria, entlang der afrikanischen Küste des Mittelmeeres, auf Zypern, Rhodos und in Rom. Nach der Katastrophe des Jahres 70 und der noch größeren Katastrophe durch den wiederum 70 Jahre später ausgebrochenen Aufstand des Abenteurers und glühenden Fanatikers Simon bar Kochba,[4] stellten sich die Rabbiner gegen den Kult des Heroismus. Sie ignorierten die Kriege und Siege der Makkabäer und machten aus Chanukka ein religiöses Fest, in dem nicht der Heroismus, sondern das Wunder Gottes im Mittelpunkt stand. Das Wunder war wichtiger als der militärische Erfolg. Das Buch der Makkabäer, das die Kriege und den Sieg beschreibt, wurde nicht in die hebräische Bibel aufgenommen. Erst 1800 Jahre später haben zionistische Autoren das geändert und die alten Helden und Recken Jehuda, den Makkabäer, und bar Kochba, den jüdischen Robin Hood, wieder in den Mittelpunkt gestellt. Diese wurden zum festen Bestand der jüdischen Mythologie, und der Massenselbstmord der fanatischen Zeloten und Verteidiger von Masada[5] wird heute in Israel als Heldentat gefeiert. Generationen von jungen israelischen Rekruten werden auf diesem biblischen Felsen regelmäßig mit dem Masada-Schwur auf ihre Treue zu Israel und zum Judentum eingeschworen. Der Schwur lautet: »Masada, wir werden niemals mehr fallen.«

Die Erfindung des Zionismus war die größte Revolution in der neuesten jüdischen Geschichte. Er machte aus einer ethnisch-religiösen Gemeinschaft eine neue, moderne Nation nach europäischer Art. Um das zu erreichen, musste die jüdische Geschichte neu geschrieben werden. Seither werden die Helden der Aufstände gegen Griechenland und Rom verherrlicht, und die Katastrophen, die diese Helden über die Juden gebracht haben, werden ignoriert und verschwiegen.[6]

Nicht alle Juden sind Zionisten. Das Judentum ist vielfältig und universell. Zionisten stehen für eine radikale und einseitige Auslegung des Judentums. Für manche von ihnen ist das Judentum nur insofern interessant, als es ihnen eine religiös begründete Legitimität über das Land Israel zuspricht. Die religiösen Zionisten entnehmen dem Alten Testament die für sie absolute Wahrheit, dass Gott ihnen – und nur ihnen – das Land geschenkt habe; die Bibel betrachten sie quasi als Schenkungsurkunde. Die Bibel ist aber mehr als das. Das Alte Testament ist einerseits eine spannend erzählte Geschichte des jüdischen Volkes, seinen Auszug aus Ägypten, die Eroberung Kanaans (Palästinas), die unzähligen Kriege und Eroberungen, aber auch ein Buch voller sozialer, moralischer und humaner Gesetze. Es lehrt zum Beispiel, den Fremden zu akzeptieren und ihm alle Rechte zu gewähren, die auch Juden zustehen. Die Bibel dokumentiert keinen Landbesitz, sondern will das friedliche Zusammenleben aller miteinander regeln. Für Zionisten ist die Bibel dagegen ein Katasterbuch, das man wörtlich nehmen muss. Es geht ihnen nicht um Moral, Recht und Gerechtigkeit, sondern um Grundstücksgrenzen. Ein jüdischer Gelehrter hat dazu einmal gesagt: »Entweder nimmt man die Bibel wörtlich oder man nimmt sie ernst.«

Das Buch Esther lehrt uns, dass die Juden sich schon einmal von einem verfolgten Volk zu einem Volk von Verfolgern gemausert hatten. Dort lesen wir: »Doch nun überwältigten umgekehrt die Juden ihre Feinde. In allen Provinzen des Königs Xerxes taten sich die Juden in den Städten zusammen und überfielen die, die den Untergang der Juden geplant hatten. Niemand konnte ihnen standhalten; denn alle Völker hatten Schrecken vor ihnen. So metzelten die Juden alle ihre Feinde mit dem Schwert nieder; es gab ein großes Blutbad. Sie machten mit ihren Gegnern, was sie wollten.«

Heute sieht es bald so aus, als ob die Juden von damals wieder auferstanden sind und mit ihren vermeintlichen Gegnern tun, was sie wollen. Während Haman[7] noch tatsächlich geplant hat, die Juden des Reiches zu vernichten und, so suggeriert es uns zumindest das Buch Esther, für Mordechai schon einen Galgen gebaut hatte, an dem er schließlich selbst baumelte, sind die Vorwürfe gegen die angeblichen Antisemiten von heute geradezu absurd und dumm. Da werden Menschen an den Pranger gestellt, als ob sie gesuchte Verbrecher wären, nur weil sie zum Nahost-Konflikt eine andere Meinung haben als Netanjahu, Liebermann oder der unsägliche Henryk M. Broder.

Es ist an der Zeit, dass Israelis und viele Juden überall auf der Welt endlich lernen, die Tragödie des anderen zu akzeptieren und nicht auf ewig zu ignorieren. Und es ist an der Zeit, dass Juden lernen und verstehen, dass der Holocaust die tragischste Etappe in ihrer Geschichte darstellt, die sich nie wiederholen darf. Aber eben »nur« eine Etappe. Die Geschichte der Juden hat mit dem Holocaust nicht aufgehört, und jüdische Identität beginnt nicht mit Auschwitz. Wir müssen als Einzelne und als Gemeinschaft nach vorn schauen und nicht zurückblicken. Wer zurückblickt, lehrt uns die Bibel, kann zur Salzsäule erstarren (Genesis 19,26).

Die biblische Geschichte um Lots Flucht aus Sodom ist eine Allegorie. Unsere weisen Gelehrten, die die Bibel geschrieben haben, wollten uns warnen, nicht zurückzuschauen, sondern immer nur nach vorn, in die Zukunft. Das hat den jüdischen Pragmatismus jahrhundertelang geprägt und geformt und den Juden ermöglicht zu überleben. Aber ausgerechnet in ihrem eigenen Land haben die Juden nun diese Eigenschaft verloren und blicken immer wieder zurück, auf den Holocaust, auf die Harmonier und König David. Doch König David, wenn er überhaupt je gelebt hat, ist schon lange tot und nützt uns heute nichts mehr. Das Judentum und die Juden haben Auschwitz überlebt und sind daraus, wie aus vielen anderen Katastrophen, stärker hervorgegangen.

Zum Guten muss der Mensch sich zwingen oder erziehen. Alle Religionen sind seit Tausenden von Jahren bestrebt, den Menschen zum Guten zu erziehen. Doch der Mensch ist ein egoistisches Raubtier: er ist nur dann tolerant und predigt Humanität, wenn er keine Macht hat. In dem Augenblick, in dem er Macht bekommt, benutzt er sie auch, und dies nicht immer zum Vorteil der Menschheit.

11 Broder, Brumlik & Co.

Broder ist ein Phänomen in der deutschen Presselandschaft. Nach seinem Schulabschluss im Jahr 1966 hat er nach eigenen Angaben versucht, Rechtswissenschaften, Statistik, Soziologie, Volkswirtschaftslehre, Erziehungswissenschaften und Sozialpsychologie zu studieren, aber überall vorzeitig abgebrochen. Welches Schlachtfest für ihn, wenn er das über eines seiner Zielsubjekte herausgefunden hätte! Im Durchschnitt hat er jedes Fach vier Monate lang studiert, wenn man die Semesterferien mitzählt. Am Ende hat sich herausgestellt, dass er außer schreiben nichts kann. Aber schreiben kann er, das muss man neidlos zugeben. Man kann heute nicht ernsthaft über Antisemitismus in Deutschland schreiben, ohne auch über die Menschen zu schreiben, die uns seit Jahren immer wieder weismachen wollen, wer alles Antisemit ist und wer nicht. Wenn man sich mit der Debatte über Antisemitismus in Deutschland beschäftigt, dann muss man sich mit diesen Demagogen, Hetzern und Manipulatoren beschäftigen, denen der Antisemitismusvorwurf hauptsächlich dazu dient, jede Kritik an Israels Politik zu unterbinden. Und natürlich einen Distinktionsgewinn zu erzielen.

Früher oder später stößt man dabei auf Henryk M. Broder. Er gehört zu den bekanntesten Juden in Deutschland. Wenn man dem Ranking der *Jüdischen Allgemeine* glauben mag, lag er 2012 nach dem Dirigenten Daniel Barenboim, der Autorin Stefanie Zweig, dem Regisseur Dany Levy und dem inzwischen verstorbenen Literaturkritiker Marcel Reich-Ranicki an fünfter Stelle.

Seine erste große Provokation, mit der er sich dem deutschen Publikum vorstellte, stammt bereits vom 27. Februar 1981, als er sich mit einem Paukenschlag durch einen ganzseitigen Artikel in der *ZEIT*[1] von seinen »linken Freunden« verabschiedete. Er hatte damals schon diverse Prozesse hinter sich. Sein angeblicher »Abschiedsbrief« ist ein Dokument der Verzweiflung und Frustration. Aber ob er tatsächlich wegen seinen »linken, antisemitischen« Freunden abgehauen ist, weiß man nicht genau. Es kann auch sein, dass er nur vor seiner jüdischen Mamme weggelaufen ist, die wie eine dunkle Wolke über ihm schwebte und sein Leben bewachte.

Seit bald einem Vierteljahrhundert versucht Henryk M. Broder mit Chuzpe, Verlogenheit und Rücksichtslosigkeit, jede Kritik an Israel und seiner verhängnisvollen Politik zu desavouieren, zu diskreditieren, zu verunglimpfen und gesellschaftlich inakzeptabel zu machen. Am leichtesten geht das, indem man die berechtigte Kritik zu »Antisemitismus« erklärt und die Kritiker zu »Antisemiten« – dann braucht man sich mit dem Inhalt der Kritik nicht mehr auseinanderzusetzen. Auf eine ernsthafte Auseinandersetzung kommt es Broder gar nicht an. Und manchmal reicht auch Reden über Israel. Fällt etwas, das ihm nicht passt, dann ist das eben Antisemitismus.

Broder beleidigt Kritiker und Zeitungen, die solche Kritiken drucken, bewirft sie mit verbalem Unrat und weiß, dass irgendetwas davon immer kleben bleibt. Er führt Prozesse gegen alle und jeden und fordert andere auf, ihn zu verklagen, wenn er sie beleidigt und herabwürdigt. Er benimmt sich wie ein toll gewordener Terrier und schlägt am liebsten um sich, meistens unter der Gürtellinie. Der Schaden, den er damit anrichtet, für die jüdische Gemeinschaft und für unsere Demokratie, ist kaum zu bemessen.

Den Publizisten Jakob Augstein nannte er mal einen Antisemiten und eine »antisemitische Dreckschleuder«[2] sowie einen »Überzeugungstäter, der nur dank der Gnade der späten Geburt um die Gelegenheit gekommen ist, im Reichssicherheitshauptamt Karriere zu machen«. Er sei »der kleine Streicher von nebenan«,[3] wütete Broder, und schrieb: »Ich fordere Augstein auf, mich zu verklagen.«[4] Doch warum, zum Teufel, sollte Jakob Augstein das tun? Augstein konnte die Beleidigungen verkraften und wollte Broder den Gefallen nicht tun.

Henryk M. Broder ist auch eine laute Stimme der Islamophobie in Deutschland. Seine Polemik richtet er gegen den Islam und alle Muslime. »Es ist eine berechtigte Angst vor dem Islam, die so begründet ist wie die Angst vor Naturkatastrophen.«[5] Die Weltreligion des Islam ist demnach mit einer Naturkatastrophe vergleichbar? Wenn das der Insasse eines Irrenhauses sagen würde, man würde sich nicht wundern.

Broder zieht dabei eine direkte Linie von der Al-Quaida im Irak und der Intifada in Palästina zu den Jugendlichen mit sogenanntem »Migrationshintergrund in Neukölln und Moabit«. Für ihn stehen alle Flüchtlinge unter Verdacht, potenzielle Islamisten zu sein, schreibt die Islamwissenschaftlerin Necla Kelek.[6] Dass sich das antimuslimische Ressentiment in den vergangenen Jahren in der Mitte der deutschen Gesellschaft etablieren konnte, ist nicht zuletzt Broders Verdienst.

In seinem Bestseller *Hurra, wir kapitulieren* schreibt er: »Wie die Appeasement-Politik gegenüber Hitler die expansive Haltung der Nazis nur befördert hat, so laufen die Europäer mit ihrer Politik der Beschwichtigung heute Gefahr, die Transformation Europas zu einem islamischen Kontinent zu beschleunigen.« Wer so etwas schreibt, der verteidigt nicht die westliche Kultur und auch nicht die Zivilgesellschaft. Solche Formulierungen befördern eine aggressive antimuslimische Stimmung, die sich nicht nur in Deutschland, sondern in fast allen europäischen Gesellschaften immer stärker ausbreitet.

Broder nimmt billigend in Kauf, von anderen europäischen Rassisten, Rechtsextremisten und sogar Terroristen zitiert zu werden. So zum Beispiel von Anders Behring Breivik, dem Massenmörder aus Norwegen, der seinem über 1500 Seiten starken Manifest bedeutungsvoll die Jahreszahl 2083 – 400 Jahre nach der Belagerung Wiens durch die Türken – vorangestellt hat. In seinem Manifest findet sich der Satz: »Nach den Niederlagen von

Poitiers (732) und Wien (1683) sollen die Europäer nun mit den Waffen der Demografie besiegt werden.« Diesen Satz hat nicht Breivik geschrieben.[7]

Broder möchte vom israelischen Rassismus ablenken, indem er eine angebliche islamische Gefahr an die Wand malt, vor der sich Juden und Nichtjuden fürchten sollten. Ähnlich menschenverachtend wie über Muslime äußert sich Broder auch über Kritiker der israelischen Politik und über die Palästinenser. Über Letztere sagt Broder: »Das Problem der Palästinenser ist nicht, dass sie vertrieben wurden, sondern dass sie nicht weit genug vertrieben wurden.«[8]

Man fragt sich, ob er aus niederen Motiven handelt, aus patriotischem Eifer, oder ob er dafür bezahlt wird. Das wäre gar nicht so abwegig. In seinem 1996 auf Deutsch erschienenen Buch *Geheimakte Mossad. Die schmutzigen Geschäfte des israelischen Geheimdiensts* berichtet der jüdisch-kanadische Autor und Ex-Mossad-Agent Victor Ostrovsky[9] von einem Millionenheer von sogenannten »Sayanim«, die Israel in geheimen Operationen unterstützen. Die Sayanim sind Juden, aber auch Nichtjuden, die aus Patriotismus oder aus anderen Gründen zeitweise mit dem Mossad oder anderen zionistischen Organisationen zusammenarbeiten. Ihre konkrete Hilfe besteht darin, dass sie ihr Fachwissen, ihre Kontakte und bei konkreten Aktionen sogar ihre Wohnungen zur Verfügung stellen. Im Herbst 1990 versuchte die israelische Regierung in den USA, die Veröffentlichung von Ostrovskys Buch *By Way of Deception* per einstweiliger Verfügung untersagen zu lassen. Der Antrag wurde jedoch von einem US-amerikanischen Gericht in letzter Instanz abgewiesen.

Henryk M. Broder erinnert mich an jene Sayanim, die einen publizistischen »Feuerwall« um Israel bilden, blind seine Politik verteidigen und seine Menschenrechtsverletzungen decken.

Man kann die Sayanim vielleicht mit den Informellen Mitarbeitern (IM) vergleichen, die Informationen an das Ministerium für Staatssicherheit in der DDR lieferten oder auf Ereignisse oder Personen steuernd Einfluss nahmen, ohne formal für diese Behörde zu arbeiten. Mit seinen zuletzt rund 189 000 Angehörigen deckte das

Netz aus Informellen Mitarbeitern nahezu alle gesellschaftlichen Bereiche der DDR ab und bildete somit eines der wichtigsten Repressionsinstrumente der SED-Diktatur. Die Zahl der Sayanim liegt vermutlich weltweit um ein Vielfaches höher.

Hinter Broders Beleidigungen, seiner Häme und seinem Spott steckt nichts anderes als die Absicht, die Kritiker Israels mundtot machen zu wollen, und als Kehrseite, sich keinesfalls mit der Kritik auseinanderzusetzen. Die Methode ist immer die gleiche: Kritiker lächerlich zu machen, sie zu desavouieren, sie unter Druck zu setzen, mit Anwälten zu drohen, Abmahnungen zu schicken, die Gegner nervlich zu zermürben, bis sie aufgeben.

Es kann sein, dass er den Unsinn glaubt, den er verbreitet. Er kann zwar gut schreiben, aber die üble, zum Himmel stinkende Propaganda, die er uns präsentiert, ist es wahrlich nicht wert, mit einem Preis belohnt zu werden, der den Namen eines der aufrichtigsten und wahrhaft kritischsten Journalisten trägt, der je in deutscher Sprache geschrieben hat – ich meine den Publizisten, Aufklärer und Demokraten Ludwig Börne, der von 1786 bis 1873 lebte. Börne hieß ursprünglich Löw Baruch und war Jude, bis er sich evangelisch taufen ließ.

Der große, deutsch-französische Publizist Alfred Grosser nannte die Entscheidung, den Ludwig-Börne-Preis im Jahr 2007 an Broder zu verleihen, eine Farce und eine »Beleidigung für den Humanismus«. Broders Verständnis von Recht, Gerechtigkeit und Menschlichkeit ist dem vieler Israelis sehr nahe, für die der Begriff »Humanist« eine Beleidigung und ein Zeichen der Schwäche ist. Auch Toleranz ist für Broder ein Zeichen von Schwäche, wie er in mehreren Büchern dargelegt hat.

Doch es geht mir eigentlich nicht um Broder, sondern um uns und unsere Freiheit. Nicht seine Beleidigungen, seine Häme und sein Zynismus sind das Problem, sondern die Tatsache, dass anscheinend manche Journalisten offensichtlich aus Angst vor ihm nichts schreiben und nichts tun, weil sie nicht seine Ausfälle auf sich ziehen wollen. Ein prominenter jüdischer Akademiker sagte mir einmal, als ich ihn fragte, warum er Broders Hetze nicht öffentlich widerspreche, dass er in der Regel versuche, Broder nicht zu nahe zu kommen, aus Angst. Broder verbreitet publizistischen Terror und schüchtert Journalisten, Politiker und Schriftsteller ein: »Ich versuche mich von Broder fern zu halten, denn wenn er spuckt, dann spuckt er Gift.« Selbst Richter und Staatsanwälte vermeiden es, sich mit ihm anzulegen, und sind bereit, Beleidigungen einzustecken statt ihn zur Rede zu stellen. Vermutlich wird er diese Zeilen als Kompliment verstehen.

Ich weiß nicht, wie oft mich Broder schon als Antisemiten oder jüdischen Selbsthasser diffamiert hat, vielleicht gerade deshalb. Einmal hat er den Holocaust-Überlebenden Hajo Meyer, den Autor von *Das Ende des Judentums*, und mich sogar mit Adolf Hitler verglichen. Er schrieb: »Abi und Hajo machen den Leipzigern den Adolf«[10], als wir beide in der sächsischen Stadt waren. Wenn es nicht so bekloppt wäre, wäre es beinahe schon lustig. Dümmer kann es nicht mehr kommen, aber seine Fans klopfen sich für solche Sprüche auf die Schenkel.

Für seinen Blog hat er sich das Motto gewählt: »Warum sachlich, wenn es auch persönlich geht!« In solchen widerlichen Aussagen, die lustig sein sollen, spiegeln sich ein Zynismus und eine grenzenlose Menschenverachtung. Und Broders berühmtes Bonmot, Täter sein mache »mehr Spaß«, als Opfer zu sein, könnte durchaus aus der nationalsozialistischen Mottenkiste stammen.

Hajo Meyer und ich haben Broder damals verklagt. Das war ein Fehler. Ich wünschte, ich hätte die Ruhe eines Jürgen Todenhöfer oder eines Jakob Augstein besessen, die nicht auf seine Ausfälle hereingefallen sind, seine Anwürfe an sich abperlen und sich nicht auf sein Niveau herunterziehen ließen. Augstein meinte nur trocken, dass »Broder die Freiheit haben muss, sich so zu blamieren, wie er es möchte«.

In Broders Welt werden Antisemiten produziert, wie einst Ketzer und Häretiker durch die Inquisition und Hexen durch die Hexenjagd produziert wurden. Broder bestimmt, wer Hexe, wer Antisemit ist. Und weil Broder all die angeblichen Antisemiten nicht auf einem Scheiterhaufen verbrennen kann, wie es die Inquisition früher mit angeblichen Ketzern tat, versucht er, sie auf seine Art zu liquidieren. Mit dem Begriff Antisemitismus geht er derart großzügig und verschwenderisch um, dass er zur billigen Münze geworden ist und deshalb dort kaum noch wirkt, wo er wirklich angebracht wäre.

Trotzdem spielt sich Broder gerne als moralische Instanz auf. Im August 2016 schrieb er in der *WELT* sogar, die Bombardierung von Aleppo sei für ihn »schlimmer als Auschwitz«. Prost Mahlzeit. Das hätte mal ein anderer Zeitgenosse sagen sollen. Er wäre für Broder sofort reif zum Abschuss geworden. Und den Politiker und Kirchenvertretern redet er ins Gewissen: »Keiner wird sagen können, das Schlachtfest habe unter Ausschluss der Öffentlichkeit stattgefunden«, womit er ebenfalls beweist, dass ihm eine gute Sentenz wichtiger ist als Erkenntnisgewinn oder gewissenhafte Analyse. Außerdem trifft obige Aussage auch auf die israelischen Massaker in Gaza zu, die vom Winter 2008/2009 und auch die vom Sommer 2012. Doch wer dafür eintritt, dass nicht nur den Syrern, sondern auch den Palästinensern Gerechtigkeit widerfährt, der ist für Broder ein »lupenreiner Antisemit«.

Die Bundestagsabgeordnete der Linken Inge Höge wurde von ihm als »lupenreine Antisemitin« diffamiert, das ZDF als »antisemitischer Sender«, der »Kinder zu Antisemiten macht«, weil er über eine antiisraelische Demonstration berichtet. Menschenrechtler, Filmemacher, Musiker, Tänzer, Künstler, Übersetzer, Akademiker, Rapper und Discjockeys aus der Gruppe der über 400 Kulturschaffenden, die 2014 einen offenen Brief gegen den Krieg in Gaza unterschrieben, werden von ihm als Trottel hingestellt.

Der Komiker Dieter Hallervorden wird als »Antisemit und lobokomater Dummbatz« bezeichnet, Jürgen Todenhöfer als »ewiger Antisemit«,[11] die *taz* als »der kleine Stürmer«,[12] und die *Süddeutsche Zeitung* als eine Zeitung, »in der »Antisemitismus entfaltet wird«. Broder hält das für symptomatisch: »Weil sie die Endlösung nicht zu Ende gebracht haben«, seien die Deutschen traumatisiert. Als der SPD-Vorsitzende Sigmar Gabriel es einmal wagte, Israel zu kritisieren, war er für Broder »Schweinchen Schlau«,[13] und schließlich belehrte er seine

Leser noch: »Die Erinnerung an die Verbrechen der Nazis dient inzwischen dazu, die nächste Endlösung der Judenfrage im Nahen Osten propagandistisch vorzubereiten«.[14] Darunter macht er es nicht.

Wir müssen aber miteinander debattieren können, ohne sofort als Antisemiten denunziert zu werden. Denn als Antisemit denunziert zu werden, kann, ja soll heute Existenzen gefährden und Menschen gesellschaftlich isolieren. Man hat es bei Prominenten wie Günter Grass, Martin Walser, Jürgen Todenhöfer oder Alfred Grosser versucht, aber auch bei vielen Durchschnittsbürgern, die sich viel schlechter dagegen wehren können.

Henryk M. Broder hat einmal behauptet: »Der Antisemitismus gehört zur deutschen DNA wie die Liebe (des Deutschen) zum Bier.«[15] Diese Aussage ist skandalös – nicht, wenn man bedenkt, von wem sie kommt, sondern weil sie schweigend hingenommen wird, besonders auch von jüdischer Seite. Vielleicht will man solch hirnlosen Sprüchen keine Beachtung schenken und sie einfach ignorieren, um sie nicht auch noch aufzuwerten. Aber sie bleiben skandalös. Broders Meinung hängt immer auch davon ab, was gerade opportun ist. Im August 2016 schrieb er in der *WELT*: »Auschwitz kann und wird sich nicht wiederholen.« Nicht lange zuvor hatte er, im Februar 2015, an gleicher Stelle geschrieben: »Was wir derzeit erleben, ist keine Renaissance des jüdischen Lebens in Deutschland und in Europa, sondern das Ende. Es ist vorbei.« Da fragt man sich, was »vorbei« sein soll. Anscheinend die sogenannte »Schonzeit« für Juden.[16]

Er hetzt, dass es noch schlimmer kommen wird. Was wir bisher erlebt haben, ist für ihn nur das Vorspiel. Bei seiner Laudatio für Marcel Reich-Ranicki sprach er von der »zweiten Endlösung« und zitierte Heinrich Heine, der geschrieben hat: »Das war ein Vorspiel nur, dort *wo man Bücher verbrennt*, verbrennt man am Ende auch Menschen.« Dabei wollte auch sein ideologischer Mitstreiter Micha Brumlik durchaus Bücher vernichten, indem er den Suhrkamp Verlag aufforderte, das Buch von Ted Honderich *Nach dem Terror* nicht mehr auszuliefern. Also im Grunde genommen zu makulieren, was anderes hätte Suhrkamp denn sonst machen sollen? Broder fand es gut und richtig.

Und er belächelt und bedauert die Juden, die so tun, als sei nichts geschehen und weiter »business as usual« spielen. Er wirft den Juden vor, sie würden »die Option, nach Israel zu gehen« fürchten. Er selbst geht natürlich nicht nach Israel, er weiß ja, was ihn dort erwartet. Dort wäre er ein Niemand.

Menschen, die die Fronten gewechselt haben, gibt es aber immer wieder. Es ist erst eine Generation her, dass ich zusammen mit Henryk M. Broder gegen den Rassismus in Südafrika auf die Straße gegangen bin und für die Freilassung von Nelson Mandela demonstriert habe. Heute würde Broder Nelson Mandela wohl als einen Antisemiten verunglimpfen, weil der es gewagt hat, für die Freiheit der Palästinenser Stellung zu beziehen.

Bei Berufszionisten wie Henryk M. Broder lautet die Devise: Wer Antisemit ist, bestimmt er. Ihr Job besteht darin, Kritik an Israel zu delegitimieren, zu unterbinden und unglaubwürdig zu machen. Das machen sie, indem sie die Kritiker diffamieren. Echte Antisemiten sind ihnen überhaupt nicht wichtig. Zuletzt hat Broder sogar gefordert, es müsse erlaubt sein, Auschwitz zu leugnen. Nur wenn es um Kritik an Israel geht, versteht er keinen Spaß.

Bemerkenswert ist auch die Tatsache, dass angebliche Antisemiten in seinem Blog, der sogenannten »Achse des Guten«, ganz anders bewertet werden als einfache Rassisten – als ob Hass auf Juden schlimmer wäre als jede andere Form des Rassismus.

Als die jüdische Philosophin Judith Butler, eine prominente Unterstützerin der Campaign of Boycott, Divestment and Sanction against Israel (BDS), im Jahr 2012 den Adorno-Preis der Stadt Frankfurt erhalten hat, gab es große Aufregung im Lager der Israel-Fanatiker und Ultrazionisten. Einige monierten, dass Butler einen Preis erhalte, der den Namen eines der bedeutendsten Kritiker des Antisemitismus trage. Genau deswegen hat sie den Preis ja bekommen. Butler hat sich stets gegen jede Form von Menschenhass gewandt. Das kann man nicht über jeden sagen.

Auch der sogenannte Journalist Benjamin Weinthal von der *Jerusalem Post* steht fest an der Seite von Israel und wirft allen möglichen Personen und Persönlichkeiten Antisemitismus vor, wenn diese sachlich und korrekt Israel wegen seiner Kriegsverbrechen anklagen. Weinthal hat inzwischen Henryk M. Broder an Gehässigkeit, Zynismus und Primitivität übertroffen. Er übt durch Korrespondenzen Druck aus, der mit Erpressung gleichzusetzen ist, und zwingt mit seinen unverhohlenen Drohungen Städte, Verbände und Einzelpersonen dazu, Veranstaltungen oder Preisverleihungen abzusagen, die ihm nicht genehm sind.

Broder unterscheidet zwischen Dutzenden von verschiedenen Arten des Antisemitismus. Er hat daraus regelrecht eine Wissenschaft gemacht, ja eine Religion, und er ist ihr Hohepriester. Nach seiner Definition gibt es Gelegenheitsantisemiten und Gewohnheitsantisemiten, es gibt verschämte und unverschämte Antisemiten, heimliche und unheimliche, Menschen, die nach Feierabend zu Antisemiten mutieren, und akademische Antisemiten, die irgendwann das anfangen zu praktizieren, was sie bis dahin nur erforscht haben und so weiter und so fort. Ist es denn bei ihm nicht ähnlich? Glaubt er denn nicht längst selbst an den Unsinn, den er früher nur erforscht hat? Das alles klingt lustig und originell, es ist aber ernst. Es geht um nicht weniger und nicht mehr als um die Zerstörung von Existenzen und um die Unterdrückung eines politisch legitimen und notwendigen Diskurses in diesem Land.

Für Broder ist die Königsklasse des Antisemitismus freilich der »lupenreine Antisemit«, was immer er auch darunter versteht. Er meint zwar, dass das auf diejenigen Antisemiten zutrifft, die den Antisemitismus für eine Erfindung der Juden halten, aber in Wirklichkeit verwendet er diesen »Ehrentitel« fast für jeden, der es wagt, Israel zu kritisieren – wohlgemerkt Israel, nicht die Juden. Ein wichtiger Unterschied. Als vor einigen Jahren ein Journalist über die Häufung von Selbstmordattentaten in Israel schrieb, warf Broder diesem vor, ein Antisemit zu sein. In solcher Erfindung von Beleidigungen ist Broder nicht zimperlich und sehr kreativ.

Obwohl Broder selbst einer der Ersten war, der in Deutschland von einer »Holocaust-Industrie« geschrieben hat und der den Begriff »Shoah-Business« mit geprägt hat (»There is no business like Shoah business«), greift er all diejenigen an, die zu behaupten wagen, dass Israel den Holocaust für seine Ziele missbrauchen und instrumentalisieren würde.

In der *Süddeutschen Zeitung* gab es im September 2014 mal einen interessanten Beitrag des deutsch-jüdischen Autors David Ranan über »Das Schweigen der Diaspora«.[17] Ranan, der in seinem Buch *Die Schatten der Vergangenheit sind noch lang* junge Juden über ihr Leben in Deutschland befragt hatte, schrieb: »Ist es also Sache des Zentralrats der Juden in Deutschland, Israels Politik, deren Handlungen und Feldzüge zu verteidigen? Oder sollte er nicht vielmehr deutlich machen, dass die Vertretung der deutschen Juden eben kein Ansprechpartner sein kann in Fragen, die Israel betreffen?«

Selbst diese harmlose Bemerkung, die man kaum als Kritik verstehen kann, rief Henryk M. Broder auf die Barrikaden. Man fragt sich verwundert, was ihn dazu bewogen hat, jemanden, den er offensichtlich nicht kennt, wegen seiner abweichenden Meinung so zu beleidigen. Er beeilte sich, das wie folgt zu kommentieren: »Wo findet die SZ nur immer wieder ihre nützlichen Idioten?«. Solche zynischen und hämischen Kommentare sind sein Markenzeichen, aber sie fallen wie ein Bumerang auf ihn zurück, schließlich gehört er zu den nützlichen Idioten der israelischen Propaganda. Die führenden deutschen Zeitungen und Zeitschriften wollen inzwischen nichts mehr von diesem Zyniker und islamophoben Reaktionär wissen. Es ist gut, dass sie ihm keine Bühne für seine Häme und seinen Spott mehr geben.

Wer den Henryk M. Broder von heute kennt, wird kaum glauben, dass er zum Beispiel im September 1979 einen offenen Brief in der *Freien Jüdischen Stimme* an den »verehrten Menachem Begin« schrieb, den damaligen Ministerpräsidenten Israels, in dem er dessen Politik als »falsch und gefährlich« bezeichnete. »In derselben Weise, in der Israel auf die Solidarität der Juden in der Diaspora rechnet, dürfen die Juden in der Diaspora Erwartungen, vielleicht sogar Forderungen, an Israel richten«, schreib er in diesem Brief. »Israel hat offenbar die große Chance vertan, der Welt und vor allem den arabischen Staaten, in denen Minderheiten verfolgt und unterdrückt werden, zu demonstrieren, dass es einen jüdischen

Staat geben kann, der jene Fehler vermeidet, unter denen die Juden in der Diaspora selbst zu leiden hatten«. Man kann ja seine Meinung ändern. Auch zum Schlechteren.

Ich hätte es nicht besser schreiben können. Leider kann ich nicht mehr aus diesem Brief zitieren, weil ich sonst von Broder wegen Verletzung seiner Urheberrechte verklagt werden würde. Aber wer sich dafür interessiert, kann sich die Ausgabe Nr. 3 seiner *Freien Jüdischen Rundschau* vom September 1979 besorgen – oder die Nr. 4 der Zeitschrift *SEMIT* aus dem Jahr 1989. Darin findet man einen weiteren offenen Brief Broders, diesmal an seine Freundin Lea Fleischmann, die sich mit ihrem Buch *Dies ist nicht mein Land* geräuschvoll aus Deutschland verabschiedet hatte. Da bat er »um so viel Anstand, nicht jenen, der auf den Dreck hinweist, zum Verursacher des Drecks zu erklären und seine Drecksbeschreibung für das eigentliche Übel zu halten, anstatt den Dreck selbst«.

Nun war das alles noch, bevor er nach Israel auswanderte. Heute hat er leider nicht so viel Anstand, diejenigen, die auf Unrecht in Israel hinweisen, in Ruhe zu lassen; stattdessen verleumdet er sie und bewirft sie mit Dreck. Als er nach zehn Jahren aus Israel zurückkam, war er ein verbohrter Nationalist, der von seinen früheren Ansichten nichts mehr wissen wollte. Was war geschehen? Wie und wo ist er umgedreht worden? Hat er damals an das geglaubt, was er schrieb? Glaubt er an das, was er jetzt schreibt? Egal: Hauptsache, andere glauben es.

Broder spielt seit Jahren die Rolle des jüdischen Hofnarren, weil er glaubt, dass man Hofnarren jeden Unsinn und jede Beleidigung durchgehen lässt. Hofnarren genossen an den Höfen der abendländisch-christlichen Fürsten und Könige Narrenfreiheit und durften an deren Tischen sitzen und Reste verspeisen, und manchmal durften sie auch neben den Großen und ganz Großen pinkeln. Broder hat es zum Hofnarren unter den Journalisten und Mächtigen unserer Zeit gebracht. Er wird immer wieder gebraucht und vorgeführt, wenn man einen »nützlichen Idioten« vorschieben will.

Sein Kollege und Kumpel aus seiner Zeit bei den *St. Pauli-Nachrichten* in den 1960er-Jahren, Stefan Aust, war zwischen 1994 und

2008 Chefredakteur des deutschen Nachrichtenmagazins *DER SPIEGEL* und seit 2014 ist er Mitherausgeber der Tageszeitung *DIE WELT*. Broder war von 1995 bis 2010 beim *SPIEGEL* und arbeitet seit 2011 bei der *WELT*. Als sein Freund und Beschützer seinen Posten beim *SPIEGEL* räumte, dauerte es nicht mehr lange, bis auch Broder den *SPIEGEL* verließ. Und es dauerte nicht lange, da wurde Stefan Aust bei der *WELT* wieder sein Vorgesetzter. Ein Schelm, wer hier einen Zusammenhang sieht.

Die Liste der von Henryk M. Broder beleidigten Journalisten, Autoren, Schauspieler und Politiker ist sehr lang. Man findet darauf die Namen fast aller führenden Journalisten Deutschlands sowie von Institutionen wie der ARD, ZDF, der *SZ*, der *taz* und sogar den Zentralrat der Juden. Broder scheut nicht, verklagt zu werden, denn wenn das geschieht – und es geschieht gelegentlich –, dann verfügt er über genügend mächtige und reiche Gönner, die seine Anwalts- und Gerichtskosten übernehmen. Als er einmal danach gefragt wurde, gab er das freimütig zu: Er habe »ein paar Förderer, die mir bei der Begleichung der Anwaltskosten helfen, weil sie gut finden, was ich mache«,[18] sagte er. Ob auch das israelische Hasbara-Ministerium darunter ist? Dieses Ministerium müsste zweifellos gut finden, was Broder so macht.

Broder hat in den letzten Jahren mehr als ein Dutzend Prozesse wegen Beleidigung geführt, teilweise war er Beklagter, teils als Kläger. Er hat zahlreiche Abmahnungen bekommen und noch mehr verschickt, und einige Verfahren hat er verloren. Doch Broder kennt keine Scham. Bei einem Gerichtsverfahren in Frankfurt nannte Broder den Richter einen »Erben der Firma Freisler« und machte sich darüber lustig, dass diese »Erben« jetzt über Antisemitismus entscheiden würden.

Dabei entscheidet die Justiz in Deutschland mit Blick auf die Meinungsfreiheit im Sinne des Artikels 5 unseres Grundgesetzes sehr großzügig, und manchmal für meinen Geschmack zu großzügig. So wollte die Staatsanwaltschaft in Berlin gegen den Berliner Rechtsanwalt und Vorsitzenden der zionistischen Organisation Keren Hayesod, Nathan Gelbart, kein Strafverfahren eröffnen, obwohl dieser jedes erträgliche Maß an Polemik überschritten hatte, als er in der *Jüdischen Allgemeine* im April 2015 in Zusammenhang mit der »Konferenz der Palästinenser in Europa« behauptete, dass dort »mitten in Berlin Antisemiten und Mördern eine Plattform geboten werde«.

In einem Schreiben vom 21. Januar 2016 schrieb mir die Staatsanwaltschaft Berlin dazu: »Die Äußerungen sind als kritische und plakative Darstellung von Werturteilen zu verstehen und gerade nicht als wörtlich gemeinte Formbeleidigung oder Schmähung. Sie dienen der Auseinandersetzung in der Sache und nicht vorrangig der bloßen Diffamierung. Die polemische und überspitzte Kritik an der Veranstaltung hatte vielmehr eine sachliche Auseinandersetzung mit einem politischen Thema zur Grundlage.« Man darf also eine Versammlung, an der mehr als 10 000 Palästinenser teilnahmen, darunter Familien mit Kindern, als Plattform für »Antisemiten und Mörder« bezeichnen, und ein deutscher Staatsanwalt meint, dies sei Ausdruck einer »sachlichen« Auseinandersetzung? Zeigt sich hier ein wenig Feigheit der Gerichte und mancher Richter in Deutschland, die aus schlechtem historischem Gewissen oder aus Karrieregründen hier eine falsche Zurückhaltung an den Tag legen?

Bei einem anderen Verfahren, in dem ich Zeuge war, verhöhnte Broder den Staatsanwalt, der ihm erzählt hatte, dass er einmal in Auschwitz gewesen war, mit dem Satz: »Auch ich war neulich in Auschwitz. Am besten hat mir dort die Cafeteria gefallen.«

Wie viele Prozesse Broder insgesamt geführt hat, entzieht sich meiner Kenntnis. Doch Schaden hat ihn nie klüger gemacht, im Gegenteil. Im August 2014 veröffentlichte Broder ein Pamphlet gegen Dieter Hallervorden, in dem er diesem schrieb: »Didi, du Knallcharge, du bist der Prototyp des postnazistischen Antisemiten. Komm, verklag mich doch. Ich kann dir sogar einen Anwalt empfehlen, der sich auf die Verteidigung von Antisemiten spezialisiert hat. Make my day, you scumbag«.[19] Dieter Hallervorden hat sich als der Klügere erwiesen.

Es ist erstaunlich, wie viele Prominente Broder beleidigt hat und wie wenige von ihnen deshalb vor Gericht gezogen sind, obwohl sie sich zweifellos einen Anwalt leisten könnten. Aber offensichtlich wollte sich keiner auf dessen Niveau herabziehen lassen.

Todenhöfer zitierte einmal Alfred Grosser, der gesagt hat: »Wer Hitler abschütteln will, muss die Palästinenser verteidigen«, und fügte hinzu, dass diese Aussage von einem Juden stammt. Das ließ Broder nicht mehr schlafen, und er überlegte wochenlang, wie er es Todenhöfer heimzahlen könnte. Am Ende ließ er seinen Anwalt Norman Nathan Gelbart eine peinliche Erwiderung schreiben,[20] die darin gipfelt, dass dieser an den Anwalt von Jürgen Todenhöfer schreibt: »Falls es Ihnen weiterhilft, verrate ich Ihnen gerne einen einfachen Lackmustest, woran man einen Antisemiten erkennt. Der Antisemit hat ›jüdische Freunde‹, auf die er sich immer gerne beruft, weil er sich selbst beweisen will, dass er kein Antisemit ist. Vor allem dann, wenn er ›Hitler abschütteln‹ möchte, um sich vom schlechten Gewissen und der Last der Geschichte zu befreien.« Ach Gottchen, ach Gottchen.

Broders Angriffe sind nicht harmlos. Manchmal verbeißt er sich in seine Opfer wie ein tollwütiger Terrier. Ludwig Watzal, ein Mitarbeiter der Bundeszentrale für politische Bildung, wurde von Broder einmal über Monate und Jahre hinweg regelrecht verfolgt, mit Briefen an seinen Vorgesetzten Thomas Krüger und an den Innenminister mit der Aufforderung, Watzal zu entlassen. Das ist ihm zwar nicht gelungen, aber Watzals Ruf als Politologe hat unter diesen Attacken gelitten.

Felicia Langer, die ehemalige Vizepräsidentin der israelischen Liga für Menschenrechte, erhielt im Juli 2009 als Anerkennung für ihr Lebenswerk das Bundesverdienstkreuz erster Klasse verliehen. Diese Auszeichnung stieß beim Zentralrat der Juden in Deutschland, dem American Jewish Committee und der Deutsch-Israelischen Gesellschaft auf scharfe Kritik. Der damalige Vizepräsident des Zentralrats, Dieter Graumann, warf Langer vor, sie betreibe »professionell, chronisch und obsessiv die Dämonisierung Israels«. Und die deutsch-jüdischen Publizisten Ralph Giordano, Arno Lustiger und Arno Hamburger kündigten an, ihr Bundesverdienstkreuz zurückzugeben, wenn die Ehrung Langers nicht rückgängig gemacht werde. Am Ende machte aber nur Arno Hamburger diese Ankündigung wahr.

Auch Professor Wolfgang Benz, der ehemalige Leiter des Berliner Zentrums für Antisemitismusforschung, wurde von Broder über Monate und Jahre hinweg belästigt und verleumdet, weil er es gewagt hatte, die Islamophobie von heute mit dem Antisemitismus von einst zu vergleichen. Broder zwingt mögliche Kritiker der israelischen Politik, besonders vorsichtig zu formulieren und jedes Wort auf Strafbarkeit und Abmahnbarkeit zu überprüfen, da man befürchten muss, von ihm und seinem Anwalt abgemahnt zu werden, während er sich in der Wahl seiner Beleidigungen absolut frei fühlt.

Broder scheut auch vor üblen Schmähungen nicht zurück. Über Bodo Ramelow schrieb er 2014 in seinem Blog, es sei offen, ob dieser »ein Antisemit light oder ein arrogantes, kaltschnäuziges Arschloch ist, das aus geringstem Anlass hyperventiliert«. Horst Eberhard-Richter bescheinigte er »Psychoanalyse auf Al-Kaida Niveau«,[21] Noam Chomsky ist für ihn ein »absoluter Psycho«,[22] und über den evangelischen Theologen, Pfarrer und Publizisten Jörg Zink,einem der bekanntesten Sprecher der Friedens- und Ökologiebewegung, sagte er einmal, dieser sei ein »alter Nazi im Theologen-Kostüm«, [23] weil dieser Verständnis und Mitgefühl für die Motive palästinensischer Selbstmordattentäter geäußert hatte.

Die Liste ist lang, und mit Peter Scholl-Latour, Michael Lüders, Udo Steinbach, Volker Perthes, Ulrich Kienzle, Susanne Knaul, Günther Meyer, Karin Leukerfeld, Jörg Armbruster sind eine Menge Nahost-Experten darunter. Sie gehören für ihn der »gleichen Bande« an, weil sie es gewagt haben, ohne seine Erlaubnis Israel zu kritisieren. Mit Stephan Weichert und Lutz Hochmeister war er mehrmals vor Gericht wegen persönlicher Beleidigung. Reuven Moskowitz nannte er den »nützlichen Idioten der Linken« und Günter Grass sei, so meinte er, »nicht ganz dicht, aber ein Dichter«.

Auch Juden wie Michael Wolffsohn, Thomas Rothschild,[24] Rafael Seligmann, Hajo Meyer und ich wurden von ihm nicht verschont. Dabei spielt es keine Rolle, dass Wolffsohn und Seligmann genauso brave Zionisten sind wie Broder selbst. Beide würden sich wahrscheinlich sogar freiwillig zur Verteidigung des zionistischen Staates melden, wenn sie noch wehrtauglich wären. Aber Broder nimmt es Seligmann übel, dass er statt Israel immer wieder »Zion« schreibt und statt von Juden zu sprechen die Bezeichnung »Hebräer« bevorzugt.

Meinen Autoren Hajo Meyer, der das Lager von Auschwitz überlebt hatte, diffamierte er einmal als »Berufsüberlebenden«. Hajo Meyer starb Anfang September 2014 mit 90 Jahren in seinem Haus in der Nähe von Amsterdam. Hajo Meyers Vergehen war, dass er ein Buch mit dem Titel *Das Ende des Judentums. Der Verfall der israelischen Gesellschaft* schrieb. Darin vertrat er die These, dass der Staat Israel mit seiner militanten und brutalen Politik die Moral des Judentums verrät.

Broder kennt keine Zwischentöne und keine Farben, für ihn gibt es nur schwarz oder weiß. Judenfeindschaft macht er immer an der Einstellung zu Israel fest, als ob es ohne Israel gar keinen Antisemitismus gäbe.

Mir und allen, die ich kenne, geht es um Recht und Gerechtigkeit auch für die Palästinenser, denn nur dann ist Israels Sicherheit gewährleistet. Verzweifelte Menschen, die nichts zu verlieren haben, wenn sie lebenslang eingeschlossen und abhängig sind, werden immer versuchen, Zäune, Checkpoints und Mauern zu durchbrechen, und seien sie noch so hoch. Die Geschichte hat genügend Beispiele dafür. Und wenn es um das »Existenzrecht« Israels geht, dann sollte es auch um das Existenzrecht der Palästinenser gehen.

Seine Hetze hat für manche ganz handfeste und gefährliche Konsequenzen gehabt. So erging es dem 2016 verstorbenen Kölner Aktivisten Walter Herrmann. Anlässlich des zweiten Golfkriegs hatte Herrmann 1991 mit einigen Mitstreitern vor dem Kölner Dom eine »Klagemauer für den Frieden« errichtet. Unmittelbar vor der Kathedrale demonstrierte er seither täglich – bei jedem Wetter – gegen den israelischen Umgang mit den Palästinensern. Spätestens seit dem Jahr 2005 stand die »Klagemauer« in der Kritik, weil ihre Darstellung des palästinensisch-israelischen Konflikts von manchen als verzerrend und einseitig bewertet wurde. Besonders hoch schlugen die Wellen der Kritik, als im Januar 2010 an der Klagemauer die Karikatur eines Juden in den Farben der US-Flagge zu sehen war, der mit Messer und Gabel ein auf einem Teller liegendes palästinensisches Kind zerteilt und verspeist. Um genau zu sein, war die Zeichnung nur auf einem dpa-Foto von antiisraelischen Protesten in Indien gegen den Krieg in Gaza zu sehen, eine Demonstrantin hielt sie dort hoch. Herrmann selbst distanzierte sich später von der Bildaussage dieser Karikatur. Er hatte das Foto aber einer Zeitungsmeldung entnommen und es zusammen mit der zugehörigen, erklärenden Bildunterschrift als zeitgeschichtliches Dokument gezeigt.

Nicht zuletzt von Henryk M. Broder wurde ihm daraufhin Antisemitismus vorgeworfen. Für sich selbst nimmt dieser dagegen in Anspruch, dass Satire »alles« dürfe, wie Kurt Tucholsky einmal sagte. Für Walter Herrmann und seine Karikatur sollte das aber nicht gelten. Nicht jede Karikatur ist Satire, aber ich bin sicher, dass Tucholsky auch Karikaturen meinte. Broder jedenfalls ist der Meinung, dass auch Karikaturen alles dürfen. Aber wenn Broder sich für die Veröffentlichung der antimuslimischen Mohamed-Karikaturen einsetzte, dann setze ich mich für die Karikaturen ein, die ein Rentner in Köln öffentlich auf der Domplatte zeigte. Man kann dann darüber diskutieren, ob solche Karikaturen geschmacklos sind oder nicht. Aber man sollte nicht versuchen, sie zu verbieten, oder, wie Broder es verlangt hat, damit drohen, ihre Urheber oder diejenigen, die sie verbreiten, »platt« zu machen – »mit einem Traktor, den er bei Avis oder Hertz mieten« wollte, wie er in einer Kolumne schrieb. Das konnte man auch als Aufruf zur Gewalt lesen. Von Broder ist man solch eine gewalttätige Sprache gewohnt. Wundern musste man sich nur, dass Broder nicht gleich selbst bei der israelischen Armee einen Merkawa-Panzer geordert hat.

Am 19. Mai 2012 wurde Walter Herrmann an der Kölner Klagemauer mit einem Messer angegriffen und an der linken Innenhand erheblich verletzt. Aber dafür kann Broder natürlich nichts. Er kann nichts dafür, dass seine Worte von manchen Leuten wörtlich genommen werden. Er ist halt nur ein »Schreibtischtäter«.

Mit seiner Kritik am Islam liefert er auch Pegida die Munition, und diese bedankt sich artig bei ihm. Als der verstorbene Journalist Udo Ulfkotte die Pegida-Demonstration in Dresden mit der Nachricht erschaudern ließ, in Deutschland würden jetzt schon die Friedhöfe islamisiert, schloss er seine Rede mit einem »Herzlichen Dank an Henryk M. Broder«. Die Menge applaudierte.

Broder bedient rassistische Stimmungen und Reflexe. Sein Judentum trägt er wie eine Monstranz vor sich her, weil er weiß, dass es wie ein Schutzwall wirkt.

Henryk M. Broder hetzt heute gegen Muslime, gegen Angela Merkel und gegen »die Medien«, obwohl er selbst Mann der Medien ist. Naja, Männchen trifft es besser. Er schrammt dabei nur haarscharf am Narrativ der »Lügenpresse« vorbei, das von Pegida, AfD und Co. eifrig verbreitet wird. Deshalb übernimmt die als rechtsradikal und islamfeindlich bekannte Website *PI News* regelmäßig Broders Beiträge, und der Chef der österreichischen Rechtspopulisten Heinz-Christian Strache teilt sie gerne auf Facebook. Broder scheint sich wohlzufühlen bei seinen neuen Fans. Inzwischen ist er selbst schon so weit, den Holocaust zu relativieren. In der *WELT* schrieb er jüngst: »Für mich ist Aleppo schlimmer als Auschwitz. Auschwitz ist Geschichte.«

Im Feuilleton der *FAZ* schrieb Dieter Bartetzko einmal über Broder, nachdem dieser sich in einer Talkrunde bei Frank Plasberg mal wieder wie die Sau im Stall benommen hatte, sprich mal wieder versucht hatte, alle Aufmerksamkeit auf sich zu ziehen: »Da Herr Broder gern andere Geistesgrößen neben sich öffentlich als ›postsenile Plaudertasche‹, ›bekennenden Irren‹ oder ›promovierten Clochard‹ tituliert, sei ihm nach diesem Abend gesagt: Wir erlebten einen eitlen, zynischen, selbstgefälligen älteren Mann, der überheblich grienend Personen demütigte, weil sie das hatten, was ihm fehlte: Respekt vor der Würde des Menschen.«

Viele fragen mich: »Warum tut Broder das?« oder »Was ist los mit Broder?« oder »Kann es sein, dass er glaubt, was er sagt?« Als einer, der ihn schon so lange kennt wie ich, erwarten sie von mir eine plausible Antwort. Aber ich habe keine Antwort. Ich kann auch nur spekulieren, wie es andere auch tun.

Warum tut er das? Warum nennt jemand jeden einen Antisemiten, der Gaza mit dem Warschauer Ghetto vergleicht, und vergleicht dann selbst Gaza mit dem Warschauer Ghetto und Aleppo mit Auschwitz. Als er am 6.8.2010 in der Paulskirche eine Laudatio auf Marcel Reich-Ranicki hielt, konnte er sich nicht beherrschen und sprach vor einem von Sekunde zu Sekunde immer mehr erstarrenden Publikum und einem entsetzten Jubilar über Gaza und beschwor Reich-Ranicki, als Zeitzeuge und Kenner des Warschauer Ghettos aufzustehen und aufzuschreien, dass das Warschauer Ghetto die Hölle war, und im Vergleich dazu Gaza nur ein Club Méditerranée. Dabei war Reich-Ranicki nicht in Gaza und Broder war weder in Gaza noch in Warschau. Er weiß aber, wie es da wie dort zuging und zugeht.

Was ist mit ihm passiert, kann es sein, dass er glaubt, was er sagt? Ich bin überzeugt, dass er es nicht glaubt, er sagt es, weil er weiß, dass er mit einer Verteidigung zionistischer Politik politisch korrekt liegt und damit eher akzeptiert wird, zu Talkshows eingeladen wird und bei der Springer-Presse arbeiten darf, als wenn er das Gegenteil sagen würde.

Er sagt es allerdings schon so lange, dass es durchaus möglich ist, dass er inzwischen daran glaubt. Andererseits ist er so zynisch und verbohrt, dass er das tun würde, auch wenn er nicht daran glaubt. Irgendwer sagte einmal, dass Broder in der Lage wäre, für ein Bonmot seine Großmutter in die Pfanne zu hauen.

Es kann auch sein, dass er die Minderwertigkeitskomplexe aus der Kindheit und Jugend übernommen hat und nicht loswerden konnte. Er hat kein abgeschlossenes Studium, vieles begonnen, nichts abgeschlossen und er hat es niemals geschafft, einen leitenden, verantwortlichen Posten bei einer Zeitung zu bekommen. Sein Leben lang ist sein »Freund« Stefan Aust sein Vorgesetzter, immer zwei Schritte vor ihm. Zuerst bei den *St. Pauli Nachrichten*, diese seichte Mischung aus Erotik und Politik, wo sie sich kennengelernt haben und Aust sein Vorgesetzter war, später beim *SPIEGEL*, wohin er Aust folgte, und heute bei der *WELT*, wo Aust nun der Herausgeber ist und Broder sein Reporter. Das schafft Minderwertigkeitskomplexe und vor allem – Neid.

Auch als er aus Frust, Zorn und Enttäuschung, dass es für ihn nicht gut lief, 1981 nach Israel ausgewandert ist, konnte er in Jerusalem nicht Fuß fassen. Als Grund für seinen Weggang aus Deutschland nannte er, rückblickend im Jahr 1993, unter anderem einen Artikel der Journalistin Ingrid Strobl in *Emma*, in dem das Existenzrecht Israels bestritten wurde.

Er hat es nicht geschafft, in beinahe zehn Jahren Hebräisch zu lernen, und verkehrte in Jerusalem nur innerhalb der Clique der ausländischen Presse, mit der er entweder Deutsch sprach oder, wenn es sein musste, Englisch. Trotzdem hat er sich von deutschen Verlagen Aufträge geben lassen, Gutachten über hebräische Neuerscheinungen zu machen. Da er die Bücher nicht lesen konnte, schickte er sie mir zu und bat mich, ihm mitzuteilen, worum es geht. Aufgrund meines Berichtes schrieb er ein Exposé für den deutschen Verlag, kassierte das Honorar und überwies mir die Hälfte davon.

Ich habe ihn einige Mal in Jerusalem besucht und musste mir anhören, wie schlimm dort alles sei, wie nichts funktioniere, außer dem guten Essen in der arabischen Altstadt, wo wir beide schließlich auch landeten und Falafel aßen. Er hatte immer seinen arabischen Wüstenhund bei sich, und es schien mir, als ob das der einzige Araber war, den er akzeptierte und mit dem er sich unterhalten konnte. Manchmal hat er auch Kuchen gebacken und wir aßen ihn gemeinsamen mit starkem türkischen Kaffee und viel Zucker.

Er war enttäuscht und gekränkt, dass ihn in Israel keiner kannte und keiner brauchte. Er war aber auch blasiert, arrogant, rücksichtslos, verwirrt und ein narzisstischer Selbstdarsteller, noch affektierter als Michael Wolffsohn. Für israelische Zeitungen konnte er sowieso nicht arbeiten, weil er Hebräisch nicht ansatzweise beherrschte, und der Kontakt zu deutschen Zeitungen fing an, brüchig zu werden. Da beschloss er, zurückzukommen. Und plötzlich war er wieder da.

Was gleich auffiel: Er kehrte mit einer komplett anderen politischen Einstellung zurück. Von extrem kritisch zu extrem zionistisch. Plötzlich war jeder, der eine kritische Einstellung zu Israel hatte, kein kritischer Journalist mehr, sondern ein Antisemit, auch wenn es sich um jüdische Freunde wie mich oder Thomas Rothschild handelte. Gerade noch hat er die Jüdin Lea Fleischmann[25] in die Pfanne gehauen, weil sie Israel rosarot gefärbt hat und alles herrlich fand, was er und ich noch vor Kurzem mit großen Fragezeichen beschrieben haben. Und plötzlich hat er sie rechts überholt und ihre Übertreibungen in den Schatten gestellt. Natürlich ist es erlaubt, die Meinung zu ändern, aber wenn man sie nach dem Wind hängt, nennt man das Opportunismus.

In einem Interview, das man bei YouTube sehen kann, verteidigt er Sarrazin und dessen krude erbbiologische Theorien, die fast schon rassistisch sind, und meint: »Jeder hat das Recht, seine Meinung zu sagen.« Da kann ich nur beipflichten, nur, wenn Kritiker der israelischen Politik ihre Meinung sagen, dann sind sie Antisemiten. Nicht jeder ist eben jeder.

Den Begriff »Toleranz« findet Broder obsolet, weil er nicht toleriert werden will, da er im Grundgesetz verbriefte Rechte hat. »Wer mich nur toleriert, kann mich auch abschaffen, wenn er Lust dazu hat.« Dass er das aber nicht kann, dafür steht auch das Grundgesetz.

Broder ist fest davon überzeugt, dass seine westlich-jüdische Kultur der islamischen Kultur überlegen ist. Dabei ist keine Kultur einer anderen »überlegen«. Sie mag anders sein und Broder mag vieles im Islam nicht verstehen und noch mehr gar nicht wissen, aber daraus eine Überlegenheit abzuleiten ist so, als ob man behauptet, die Deutschen seien den Franzosen überlegen, was zu »Deutschland, Deutschland über alles« führt und am Ende zum Versuch, die andere angeblich unterlegene Kultur »abzuschaffen«, um ein Wort von Broders Schützling Sarrazin zu benutzen. Es ist noch nicht lange her, vielleicht tausend Jahre, da war die islamische Kultur der europäischen, die im tiefsten Mittelalter steckte, weitaus überlegen.

Das Problem mit Broder ist, dass er alles so verdreht, wie es ihm passt, und alles so interpretiert, wie er es gerade gebrauchen kann. Die provozierenden Karikaturen gegen den Islam findet er harmlos und meint, dass es erlaubt sein muss, Religionen zu beleidigen und sich über sie lustig zu machen. Wehe aber, wenn man sich über Juden lustig macht. Schon allein die Bezeichnung »Jude« ist für ihn ein Zeichen für real existierenden Antisemitismus.

Den Gipfel seiner journalistischen Chuzpe erreichte er ausgerechnet Ende Juli 2017, kurz bevor ich dieses Buch zum Drucken freigegeben habe. In der *WELT N24* nahm Broder Stellung zum Skandal um den verstorbenen Historiker Rolf Peter Sieferle, dessen posthum erschienenes Pamphlet *Finis Germania* so viele Gemüter erregte und vom *SPIEGEL* von der Bestsellerliste entfernt wurde, weil man es beim *SPIEGEL* »für klar antisemitisch« halte. Darüber haben sich aber nicht die AfD, die NPD oder Horst Mahler erregt, sondern ausgerechnet Henryk M. Broder, der am 26.7.2017 einen Artikel schrieb: »Antisemit ist, wen der ›Spiegel‹ dazu erklärt«. Was für Broder ein Skandal ist, ist für andere, die ihn kennen, eine Lachnummer. Ausgerechnet Broder, der jahrelang unbescholtene Bürger als Antisemiten verunglimpft hat, darunter auch viele Juden, ausgerechnet er empört sich über den *SPIEGEL*. Wahrscheinlich deshalb, weil dieses Privileg nur ihm vorbehalten war.

Broder sagte bei einer öffentlichen Anhörung im Bundestag am 16. Juni 2008: »Wenn ich Ihnen in aller Demut und Bescheidenheit eine Empfehlung geben darf: Überlassen Sie die Beschäftigung mit dem guten alten Antisemitismus [was war am alten Antisemitismus gut? A. M.] á la Horst Mahler den Archäologen, den Antiquaren und den Historikern. Kümmern Sie sich um den modernen Antisemitismus im Kostüm des Antizionismus und um dessen Repräsentanten, die es auch in Ihren Reihen gibt.«

Demut und Bescheidenheit sind aber Broders Sache nicht. Er sonnt sich in der Aufmerksamkeit, die er genießt. Er verhält sich wie Recep Tayyip Erdoğan, der die Bundesregierung beleidigt und dafür noch Dank erwartet. Und der Bundestag reagiert auch wie die Bundesregierung bei Erdogan: Er klatschte. Broder beleidigt den Bundestag und wird nicht mit Schmach und Schande hinausgeworfen, sondern darf seine Genugtuung genießen.

Und so erhebt sich derselbe Broder, nur etwas dicker und runder als vor beinahe zehn Jahren, aber immer noch so selbstgefällig, selbstgerecht, zynisch und perfide und glaubt sich über das Magazin *DER SPIEGEL* lustig machen zu können, das er angeblich freiwillig verlassen hatte und zur *WELT* wechselte. Zufällig war es kurz nachdem sein Mentor Stefan Aust seinen Chefredakteur- und Herausgeber-Posten beim *SPIEGEL* verlassen hat.

»Ab sofort hat die Chefredaktion des *Spiegel* das letzte Wort, zu bestimmen, wer Antisemit ist und wer nicht«, meint Broder. Peinlich ist es vor allem für Broder, der wohl deshalb wütend ist und mit letzter Tinte schreibt, weil ihm dieser Posten quasi per Geburt zusteht und er in den letzten Jahren auch reichlich Gebrauch davon gemacht hatte. Wie oft hat er behauptet, ich sei ein Antisemit? Aber er durfte das, nicht weil er Jude ist, sondern weil keiner in der deutschen Presselandschaft protestiert hat. Heuchlerisch und im Grunde genommen falsch schreibt Broder: »Auch ein bürgerliches Blatt wie die ›Süddeutsche Zeitung‹ veröffentlicht gelegentlich eine antisemitische Karikatur, ohne sich dessen bewusst zu sein. Und Günter Grass' israelisches Gedicht – ›Was gesagt werden muss‹, das er mit ´letzter Tinte` geschrieben hat, wird auch auf verschiedene Weise interpretiert.« Aber nicht von Henryk M. Broder. Für ihn war es von Anfang an klar, dass es sich um puren Antisemitismus gehandelt hat. »Die einen sagen so, die anderen so«, aber Broder sagt immer das Gleiche. Und jetzt will ihm der *SPIEGEL* dieses Recht und diese Freude wegnehmen.

Es bleibt ihm freilich noch das Simon-Wiesenthal-Zentrum in Los Angeles, wo er jährlich einen besonders antisemitischen Deutschen für die Liste der alljährlichen Top Ten der aktiven Antisemiten vorschlagen kann.

Wie wäre es mit Angela Merkel? Immerhin weigerte sie sich im Frühjahr 2017, Benjamin Netanjahu und sein Schreckenskabinett in Berlin zu empfangen. Wenn das kein Antisemitismus ist!

12 Meine Fehde mit Micha Brumlik

Henryk M. Broder (Jahrgang 1946), Micha Brumlik (Jahrgang 1947) und ich (Jahrgang 1945) entstammen der Nachkriegsgeneration. Wir kennen uns eigentlich schon, seitdem ich damals als Kind nach Deutschland gekommen bin. Wir haben mehr oder weniger denselben sozialen, kulturellen und ethnischen Hintergrund und haben uns in der Jüdischen Gemeinde in Köln (Broder) und in der »Zionistischen Jugend Deutschland« (Brumlik) kennengelernt. Unsere Wege trennten sich jedoch, als die Debatten um Israel und seine Politik mit der Zeit immer heftiger wurden. Broder und später auch Brumlik standen treu und fest zu Israel und seiner nationalistischen Politik, während ich gegen diese Politik war, dabei war ich der einzige »Israeli« unter uns dreien.

Ich begann, mich mehr und mehr von Israel und insbesondere vom Zionismus zu distanzieren. Ich gründete meine Zeitschrift *DER SEMIT – die andere jüdische Stimme*, in der ich Israels Politik und diejenigen, die diese Politik unterstützten, heftig kritisierte.

Brumlik dagegen kehrte, nachdem er immerhin schon auf eine fast zwanzigjährige Vergangenheit als Antizionist zurückblicken konnte, zu zionistischen Überzeugungen zurück. Und Broder radikalisierte sich mit der Zeit immer mehr. Broder wie Brumlik stellten sich kritiklos und fast blind in den Dienst Israels – Broder mehr, Brumlik weniger. Beide veröffentlichten in dieser Zeit genug Texte, in denen das zum Ausdruck kam.

Brumlik wollte sich aber von Antizionisten wie Erich Fried unterscheiden, als er 1996 schrieb: »Mein Antizionismus, so will mir scheinen, kam – im Guten wie im Schlechten – von innen, der Antizionismus von Juden wie Erich Fried resultierte stärker noch aus dem ganz und gar ungebrochenen Bewusstsein einer höheren Moral, die sich allemal und ohne jeden Zweifel schon jenseits dessen befand, was die meisten Juden innerlich bewegte.« Und so kann Brumlik sein Buch von 1996 beschließen mit den Worten: »Der Staat Israel, den ich jahrzehntelang gemieden und auch nicht im Urlaub besucht hatte, wurde mir wieder zum gern angeflogenen Ziel.« Manche mögen glauben, dass es ein Zeichen der Reife ist, ich aber habe selten eine so deutliche Zugabe des eigenen Opportunismus gelesen wie bei diesem Bekenntnis von Micha Brumlik.

Im Jahre 2005 hatte der Suhrkamp Verlag das Buch eines kanadischen Philosophen namens Ted Honderich verlegt, es trug den Titel *Nach dem Terror. Ein Traktat*. Das Buch umfasste mehr als 300 Seiten und handelte auf ganzen drei Seiten vom Nahost-Konflikt. Professor Honderich vertrat dort die These, dass die Palästinenser vom moralischen Standpunkt aus recht hätten, sich mit Gewalt gegen die israelische Besatzungspolitik zu wehren. Honderich schrieb in seinem Buch dazu: »Im Frühjahr 2002, als Resultat von Provokationen durch Premierminister Sharon und der daraufhin erneut verübten Selbstmordattentate von Palästinensern, und mit dem Terror des 11.September als zusätzlichen Grund oder Vorwand setzte Israel wieder seine Armee und Luftwaffe ein. Panzer umzingelten Dörfer, der Führer der Palästinenser wurde erniedrigt, Raketen und gepanzerte Bulldozer zerstörten Häuser, Ambulanzen des Roten Kreuz, die zu verwundeten und sterbenden Palästinensern gelangen wollten, wurden aufgehalten, die Leichen der Opfer wurden von denen, die sie getötet hatten, beseitigt, unzählbar für die eigene Seite. Dies erschütterte die Welt – ausgenommen vieler US-Bürger, die von ihren Medien nicht informiert wurden.«

Honderich schrieb außerdem: »Als die vornehmlichen Opfer von Rassismus in der Geschichte scheinen einige Juden heute von ihren Peinigern gelernt zu haben. Wie der Zionismus sich heute stellt, wurde er zu Recht von den Vereinten Nationen als rassistisch verurteilt. Ebenso wirft Palästina Fragen auf über Recht und Unrecht im allgemeinen, Fragen über unsere Verantwortung für das, was verkehrt gelaufen ist.«

Das veranlasste den Erziehungswissenschaftler Micha Brumlik, den Suhrkamp Verlag aufzufordern, das Buch aus dem Verkehr zu ziehen, weil es antisemitisch sei. Diese unverschämte und absurde Forderung nach Zensur erregte Aufmerksamkeit, provozierte aber seltsamerweise keine Welle des Protestes. Der Verlag knickte nach 24 Stunden ein, sperrte die Auslieferung des Buches und vernichtete die noch vorhandenen Exemplare. Das alles geschah 2003, ein Jahr nach dem Tod des legendären Suhrkamp-Verlegers Siegfried Unseld, der mit größter Wahrscheinlichkeit mit der Vernichtung des Buches und der damit verbundenen Beleidigung seines Autors nicht einverstanden gewesen wäre. Seite Witwe und Erbin, Ulla Unseld-Berkéwicz, hatte nicht diese Größe und Souveränität und war wohl mit der Entscheidung überfordert. Sie entschied schnell und falsch, und man kann nicht sagen, dass diese Entscheidung ein Ruhmesblatt für den Suhrkamp Verlag war. Die Bücher landeten in der Papierpresse. Sehr plastisch zeigt dieser Fall, welche Hysterie in Sachen Antisemitismus in Deutschland zuweilen herrscht. Selbst der linksliberale jüdische Leiter des Fritz-Bauer-Instituts, Micha Brumlik, wurde also von dieser Hysterie angesteckt.

Honderich lehrte an verschiedenen Universitäten in London, Yale und New York Philosophie. Sein Buch versucht, die Frage nach dem guten Leben im Zeichen des 11. September zu stellen. In den USA hatte es bereits Debatten über angeblich antisemitische Passagen des Buches gegeben, aber keiner hatte dort gefordert, das Buch aus dem Verkehr zu ziehen. Micha Brumlik hatte das Buch mit Sicherheit nicht gelesen und konnte mehr oder weniger nur diese Debatten kennen. Das reichte ihm aber, um schwere Vorwürfe gegen den Suhrkamp Verlag zu erheben und in einem offenen Brief an den Verlag »unverzüglich« die Zurücknahme des Buches vom Markt zu verlangen. Brumlik schrieb an die Leitung des Suhrkamp Verlags und veröffentlichte den Brief in der *Frankfurter Rundschau*, noch bevor die Adressaten ihn erhielten.

Es ist schon merkwürdig und fast unglaublich, dass ausgerechnet ein jüdischer Intellektueller einen Verlag dazu aufforderte, Hunderte von Büchern einstampfen zu lassen. Das Buch verschwand vom Markt, und eine Auseinandersetzung mit den Thesen des Philosophen Honderich wurde verhindert.

Als ich mich entschlossen hatte, das Buch trotz Zensur des Suhrkamp Verlages neu zu verlegen, stand ich vor der Notwendigkeit, eine neue Übersetzung anfertigen zu müssen, da der Suhrkamp Verlag mir seine Übersetzung nicht überlassen wollte. Diese Verweigerung erwies sich später als Segen, denn wir mussten feststellen, dass der Suhrkamp Verlag sehr schlampig und fahrlässig übersetzt hatte. Auch das Lektorat des Verlages hatte offensichtlich geschlafen, sonst hätte man den Fehler auf Seite 51 bemerkt. In den Jahren 1989 bis 1991 sind in der Tat keine 250 000 bis 400 000 sowjetische Juden auf arabischem Land angesiedelt worden, wie Brumlik zu Recht monierte. In der Übersetzung des Melzer Verlags ist diese Zahl überhaupt nicht aufgenommen worden. Wahrscheinlich war es ein Tippfehler, denn es waren wohl nur 25 000 bis 40 000 in diesen zwei Jahren. Das sind die Zahlen des israelischen Instituts für Bevölkerungsstatistik von 1992.

Gleichwohl sollte man aber feststellen, dass sich in der Zeit von 1983 bis 2004 nach offiziellen Angaben der israelischen Regierung mehr als 317 179 Siedler in den besetzten Gebieten angesiedelt haben. So weit entfernt von dieser Zahl lag Honderich nicht, jedenfalls nicht, dass man ihn deswegen einen Antisemiten nennen durfte. Inzwischen sind es mehr als 500 000 Siedler.

Besonders empört war Brumlik, als er in Honderichs Buch lesen musste: »Ich für meinen Teil habe keinen ernsthaften Zweifel, dass die Palästinenser mit ihrem Terrorismus gegen die Israelis ein moralisches Recht ausgeübt haben.« Brumlik nennt dieses Bekenntnis »redlich«, ist aber dennoch empört. Dabei wird doch der Freiheitskampf der Palästinenser von aller Welt anerkannt, bis auf Israel und den USA natürlich, und er ist von den Menschenrechtskonventionen der Vereinten Nationen gedeckt. Selbst der ehemalige israelische Verteidigungsminister Ehud Barak sagte 1988 im Fernsehen, dass er sich einer terroristischen Organisation angeschlossen hätte, wenn er Palästinenser gewesen wäre. Honderich hatte erklärt, dass er den

Kampf der Palästinenser für genauso legitim halte wie etwa den Kampf der schwarzen Bevölkerung Südafrikas gegen ihre weißen Unterdrücker und gegen den Apartheidstaat. Jene Palästinenser, die zum Mittel des Terrorismus gegriffen haben, um ihr Volk zu befreien, haben nichts anderes getan, als was Israels spätere Staatsoberhäupter, Menachem Begin und Jitzchak Schamir, im Kampf für die Unabhängigkeit ihres Landes getan haben. Begin war für das Massaker von Deir Jassin, im April 1948, und Schamir für die Sprengung des King David Hotels am 22. Juli 1946 verantwortlich, wo in einem Flügel das britische Hauptquartier untergebracht war. Bei dem Attentat kamen 86 Engländer ums Leben, und Hunderte wurden verletzt. Es kommt eben offensichtlich immer darauf an, aus welchem Blickwinkel man die Dinge betrachtet.

Nur drei Jahre nach diesem Skandal schrieb Micha Brumlik sein Buch *Kritik des Zionismus*. Darin kritisierte er die »völker- und menschenrechtsverletzende israelische Besatzungspolitik« und kam wie auch Honderich zu dem Schluss, dass die Situation der Palästinenser in Israel in vielerlei Hinsichten »schlechter sei als die der schwarzen Bevölkerungsmehrheit in Südafrika während der Apartheid«. Bleibt die Frage, warum er sich bei Ted Honderich bis heute immer noch nicht entschuldigt hat. Und warum er alle paar Jahre seine Meinung ändert.

Broders Anwalt und die Israel-Lobby

Broders Anwalt Nathan Gelbart mag ein guter Anwalt sein, der alles für seine Mandanten macht. Er schreibt aber in seiner Freizeit schreckliche Pamphlete und veröffentlicht sie auf Broders Blog »Die Achse des Guten« und ist auch Vorsitzender von Keren Hayesod Deutschland, einer Organisation, die Spenden für Israel sammelt. Er macht keinen Hehl daraus, wem seine Loyalität gilt, wenn er schreibt: »Wir sind Israel – auch für uns Juden war und ist es gelegentlich sehr angenehm, in das Jackett eines Bundesbürgers jüdischen Glaubens zu schlüpfen, der sich dagegen verwahrt, für

Israels Politik mitverantwortlich gemacht zu werden. Aber: Mit jedem getöteten israelischen Zivilisten, bei jeder Beisetzung eines gefallenen israelischen Soldaten und bei jedem Terroranschlag in Israel sind wir emotional dabei. Wir hören rund um die Uhr Nachrichten, beim Europapokalsieg der Tel Aviver Basketballer überkommt uns Gänsehaut. Jede israelische Erfindung macht uns stolz, als wäre es unsere eigene. Machen wir uns nichts vor: Die Rolle, die man uns aufdrängt, haben wir faktisch längst angenommen. Es ist an der Zeit, sich dieser Erkenntnis zu stellen. Denn im Gegensatz zu allzu häufig nur temporären Freunden Israels bilden wir Kinder Israels mit Israel eine historische und religiöse Schicksalsgemeinschaft. Ob wir es wollen oder nicht wollen, ob orthodox, konservativ, liberal, konvertiert oder säkular, ist hierbei vollkommen irrelevant. Das ist eine Tatsache, die wir nicht weiter verdrängen sollten. Wir sind Israel.« Das kann er zu seinem Vergnügen sein. Ich bin aber sicher, dass wenn ein deutscher Anwalt sich vor ihn stellen und sagen würde: »Ich bin Deutschland!«, Gelbart nicht nur dumm gucken würde, sondern ihn sofort als Antisemiten bezeichnen, noch bevor Letzterer ein Wort sagen könnte.

So wie Nathan Gelbart haben sich viele Juden in Deutschland genauso wenig integriert wie viele Türken der zweiten und dritten Generation, die in Deutschland geboren sind und leben, und dennoch die Türkei und deren Präsidenten Erdogan lieben und verehren. Hieran ist aber zum großen Teil die verfehlte oder gar nicht erfolgte Integrationspolitik schuld. Gelbarts Text ist töricht, kindisch und fast schon komisch und wird von vielen Juden in Deutschland und in der ganzen Welt abgelehnt und verlacht. Aber er steht leider stellvertretend für andere Juden in Deutschland und in der Welt, die den Staat Israel blind unterstützen und für die ein toter israelischer Soldat wertvoller und bedauernswerter ist als tausend tote Palästinenser.

Das uneingeschränkte Bekenntnis zu Israel, von dem Gelbart behauptet, dass es ihm »aufgedrängt« wurde, ist leider typisch für viele Juden in Deutschland. Sie sind Israel, obwohl sie nicht wissen, was und wer Israel ist. Sie glauben Funktionären wie Gelbart jeden

Unsinn, sogar den, dass sie als Kinder Israels mit Israel eine historische und religiöse Schicksalsgemeinschaft bilden. Dabei waren viele dieser Juden noch niemals in Israel oder lehnen es ab, nach Israel auszuwandern. Sie sitzen gedanklich auf gepackten Koffern, weil sie glauben, dass der nächste Holocaust vor der Tür steht. Aber wenn sie sich entscheiden müssten, so denke ich, dann würden sie sich trotzdem für Deutschland entscheiden oder nach Amerika auswandern, aber nicht nach Israel. All jene Juden aber, die nicht Israel sind und auch nicht Israel sein wollen, gelten dogmatischen und linientreuen Propagandisten wie Nathan Gelbart als Verräter oder jüdische Selbsthasser, jedenfalls als Nestbeschmutzer. Zum Glück stehen aber nicht alle Juden in Deutschland unter diesem nationalistischen und chauvinistischen Einfluss von Leuten wie Broder, Gelbart oder Knobloch und nicht alle Juden finden gut, was diese so von sich geben. Die Juden von der Jüdischen Stimme für gerechten Frieden in Nahost tun das sicherlich nicht. Die Jüdische Stimme wurde am 21. Oktober 2007 als Verein gegründet. Am 9. November 2003 wurde in Berlin unter dem Namen Jüdische Stimme für gerechten Frieden in Nahost die Sektion der Föderation European Jews for a just Peace (Europäische Juden für einen gerechten Frieden) in den Räumen des Hauses der Demokratie und der Menschenrechte ins Leben gerufen.

Sie handelt auf der Grundlage deren Gründungserklärung, die im September 2002 in Amsterdam von 18 jüdischen Organisationen aus 9 europäischen Ländern verabschiedet wurde. Als assoziiertes Mitglied der Föderation will sie über die Notwendigkeit und Möglichkeit eines gerechten Friedens zwischen Palästina und Israel informieren. Ihre wesentliche Aufgabe sieht sie darin, darauf hinzuwirken, dass die Bundesregierung ihr außenpolitisches und ökonomisches Gewicht in der Europäischen Union, in den Vereinten Nationen und nicht zuletzt auch in Nahost nachdrücklich und unmissverständlich im Interesse der Herstellung eines lebensfähigen, souveränen Staates Palästina auf integriertem Hoheitsgebiet und innerhalb sicherer Grenzen nutzt und aktiv zur Verwirklichung eines dauerhaften und für beide Nationen lebensfähigen Friedens beiträgt.

Allen jenen, die sich anmaßen, für alle Juden der Welt zu sprechen, rufen die Mitglieder der Jüdischen Stimme entgegen: Nicht in unserem Namen!

Wenn ich sehe und höre, wie arrogant und überheblich sich israelische Politiker benehmen und wie selbstgerecht sie ihre eigenen Verbrechen ignorieren, kann ich verstehen, dass manche Menschen Vorbehalte gegen Israel entwickeln. Und wenn ich sehe und höre, wie deutsche Juden nicht müde werden, Israel zu preisen, und mit keinem Wort auf das Schicksal der Palästinenser eingehen, die immer noch täglich verfolgt und gedemütigt werden, dann kann ich die Menschen verstehen, die angesichts von so viel Arroganz und Dummheit verzweifeln.

Es ist an der Zeit, sich endlich sachlich darüber zu einigen, was Antisemitismus heute eigentlich noch ist. In der Regel sind es Vorurteile, wenn jemand Vorbehalte gegen eine bestimmte Gruppe hegt. Solche Banalitäten sollte man aber nicht auf eine Stufe mit echtem Judenhass stellen. Wenn jemand das Vorurteil hat, alle Juden seien reich, dann wäre es besser, ihn zu ignorieren. Die Tatsache, dass es Menschen auf der Welt gibt, die solche und andere Vorurteile haben, stellt noch keine Gefahr für die Juden oder gar die Existenz des jüdischen Staates dar. Doch heute wird mit dem Begriff »Antisemitismus« inflationär und verantwortungslos umgegangen. Eine viel größere Gefahr für die Existenz des jüdischen Staates ist seine menschenrechtswidrige Politik, die aus den Juden nun auch ein »Tätervolk« gemacht hat, wie es Henryk M. Broder einmal schrieb.

Es gibt gewissermaßen eine Israel-Lobby in Deutschland, die auch von nichtjüdischer Seite viel Unterstützung genießt. Das hat Tradition. Denn der Zionismus ist von Anfang an auch von Nichtjuden unterstützt worden, aus den unterschiedlichsten historischen, weltanschaulichen, politischen und religiösen Gründen. Oder schlicht aus Nichtwissen. Christliche Zionisten gab es in England schon ein halbes Jahrhundert vor dem jüdischen Zionismus. Es waren Mitglieder der Regierung, des Parlaments und des Adels, darunter Linke wie Rechte, aus christlichem Fundamentalismus heraus, genau wie auch aus Philosemitismus oder aus Antisemitismus. Neuerdings spielt Islamophobie eine große Rolle, die von einem Demagogen wie Henryk M. Broder angeheizt wird. Dabei wird verdrängt, dass zu einer besonderen historischen Verantwortung Deutschlands gehören würde, endlich auch die Palästinenser als Opfer anzuerkennen. Denn sie sind es, denen heute als Letzte die Zeche für den Holocaust aufgebürdet wird. Die Palästinenser warten bis heute vergeblich auf diese Anerkennung.

Broder wird der Letzte sein, der sich dafür einsetzen würde. Vor fast vierzig Jahren schrieb er mal, man dürfe von Israel erwarten, »dass es sich nicht wie ein Sheriff im Wilden Osten aufführt, dass es die Traditionen bewahrt, die das europäische Judentum bis zu seiner Ausrottung ausgezeichnet haben, vor allem Pluralismus nach innen und Toleranz nach außen und dass es sich als ein Teil der Nah-Ost-Region begreift und nicht als ein Vorposten Europas in Asien«.[1] Von dieser Haltung hat er sich längst verabschiedet. Heute schreibt er: »Die westlichen Werte sind nur mit Intoleranz zu retten.«

Friedman, Broder, Knobloch, Schuster. Man kennt sie, die Alarmsirenen der Nation, wundert sich, weshalb es immer dieselben sind, und bekommt als Jude in Deutschland spätestens dann ein flaues Gefühl in der Magengrube, wenn die jüdischen Kritiker Israels für ihre Kritik kritisiert werden. Der Jude ist auf einmal nicht nur schuld am Antisemitismus, er befördert ihn offenbar auch noch, indem er ihn zu bekämpfen versucht. Es gibt aber viele Nichtjuden, die ins gleiche propagandistische Horn stoßen, wie zum Beispiel Mathias Döpfner vom Axel-Springer-Verlag, Volker Beck von den Grünen, Petra Pau von der Linken, Hans-Peter Uhl von der CSU und viele andere.

Sie alle verbreiten die Mär vom armen, kleinen Israel, das sich nur gegen »die Angriffe seiner islamistischen Nachbarn wehrt«, wie es ein Leor Engländer, Mitarbeiter des Axel-Springer-Konzerns, einmal in der *Jüdischen Allgemeine* schrieb. So werden aus den Nachbarstaaten Israels nicht nur allesamt Islamisten. Israel kämpft auch seit Jahrzehnten nicht mehr gegen seine Nachbarn, den Libanon ausgenommen, sondern vor allem gegen palästinensische Widerstandskämpfer, die von den Israelis aber natürlich allesamt »Terroristen« genannt werden.

Christian Geyer-Hindermith, schreibt in der *FAZ-Online* vom 25. Juli 2014, »dass die Schamlosigkeit der augenblicklichen Judenhetze eine ganz neue Qualität erreicht« habe. »Dieser Antisemitismus entspringt nach allem, was man wahrnimmt, maßgeblich den Köpfen von Migranten aus der Türkei und arabisch-islamischen Herkunftsländern; dieser Antisemitismus lässt sich nicht in der unheiligen Allianz der Judenhasser verstecken, und man macht ihn nicht dadurch besser, dass man erklärt, er sei fremdgesteuert von Dunkelmännern aus fernen Ländern. Richtig ist, dass in vielen dieser judenfeindlichen Obszönitäten ein tradierter Antisemitismus aus der Heimat nachwirkt, der nicht ohne seine religiösen Hintergründe erklärt werden kann.«

Der Autor bezog sich auf Demonstrationen, die sich gegen den israelischen Krieg gegen die zivile Bevölkerung in Gaza richtete. Auch wenn es dabei vereinzelt zu antijüdischen Parolen gekommen sein soll – die Demonstrationen selbst waren nicht antisemitisch motiviert, sondern hatten einen konkreten, einen politischen Anlass. Diesen übergeht der Autor einfach. Und wie unhistorisch ist seine Argumentation, die den »tradierten Antisemitismus« Europas leugnet und ihn stattdessen auf die arabische Welt projiziert? Während das christliche Spanien die Juden vertrieb und das übrige christliche Europa – bis auf die Niederlande – sie nicht haben wollte, war es das muslimisch geprägte Osmanische Reich, das den spanischen Juden eine neue Heimat gab. Auf dem osmanisch beherrschten Balkan, in Griechenland und Bulgarien lebten Juden weitgehend ungestört, bis die Generation der Eltern von Christian Geyer-Hindermith kam und sie von dort aus nach Auschwitz verschleppte. Die Juden in der Türkei haben freilich überlebt. So viel zum »Antisemitismus, der aus der Heimat nachwirkt«.

Im Grunde kann man mit solchen Menschen nur Mitleid haben. Sie leben in einer ungeliebten Umgebung und sind Fremde im eigenen Land, denn ihr Herz wohnt in Jerusalem, wie es Charlotte Knobloch einmal sehr pathetisch formuliert hat. Wie kann man aber ohne Herz leben? Wenn man die Texte von Broder und seinesgleichen liest, dann kommen dort kaum Palästinenser vor, es gibt kaum Empathie mit deren Schicksal. Überhaupt gibt es wenig Empathie mit irgendjemandem, der nicht westlich, christlich, jüdisch ist. Für Broder gibt es keine Palästinenser und Araber, sondern nur noch Islamisten, Terroristen, Dschihadisten. Der einzige Muslim, den er seinen Freund nennt, ist ein Renegat.

Ein Leben ohne Herz ist kein Leben. Man verachtet die Palästinenser und ihr Schicksal dient lediglich der Statistik. Man weint, wenn ein israelischer Soldat oder ein jüdisches Kind getötet wird, aber nimmt kaum zur Kenntnis, wenn ein Dutzend palästinensischer Kinder ermordet werden, sondern rechtfertigt es sogar, indem man es als Selbstverteidigung erklärt. So geht es hin und her, ein Teufelskreis, der endlich durchbrochen werden muss. Israel verwandelte sich in ein unersättliches Monstrum, das immer mehr Opfer fordert, eine Art von »Kronos, der seine Kinder frisst«. Und Rabbi Goldberg aus London meint: »Wir, die Juden, tun uns einen Bärendienst, wenn wir immer ›Antisemiten!‹ rufen.«

Diese Selbstgerechtigkeit spiegelt sich in dem berüchtigten Zitat, das Golda Meir zugeschrieben wird, die einmal darüber gesagt haben soll: »Wir verzeihen Ihnen, dass Sie unsere Kinder töten. Aber dass Sie uns zwingen, Ihre Kinder zu töten, das verzeihen wir Ihnen nie.«

Ich möchte dagegenhalten, dass es normalen Menschen keinen Spaß macht, Täter zu sein. Es ist bekannt, dass vielen Israelis der Spaß zunehmend vergeht und dass sie deshalb Israel verlassen wollen – viele von ihnen kommen sogar nach Berlin, wo inzwischen etwa 30 000 Israelis leben. Wir wissen auch, dass viele der Nazi-Täter sich nach dem Krieg das Leben genommen haben, weil sie eben keinen Spaß daran empfinden konnten, Täter gewesen zu sein. Und die Frage, ob »Täter sein« Spaß machen kann, hat Hajo Meyer, der Auschwitz überlebt hat, wie folgt beantwortet: »Es kommt darauf an, ob man ein Gewissen hat.« Broder scheint ein Mann ohne Gewissen zu sein.

Bleibt die Frage, was Broder ist: ein Hofnarr oder ein Inquisitor? Es fällt schwer, solche Bonmots einzuordnen: Sind sie ernst gemeint oder nur Clownereien? Es fällt schwer zu glauben, dass jemand, der sich für intelligent hielt, tatsächlich meint, wer Antizionist sei, wolle sich vom Judentum distanzieren. Es gibt Hunderttausende von chassidischen und ultraorthodoxen Juden, die den Zionismus ablehnen, weil sie ihn nicht mit dem Judentum für vereinbar halten. Für Broder sind das offenbar keine Juden, er exkommuniziert sie einfach. Denn Broder glaubt, dass jeder antizionistische Jude »tendenziell ein Antisemit ist«, wie er der schweizerischen jüdischen Zeitschrift *Tacheles* sagte. Damit stellt er seine Ideologie, also den Zionismus, letztlich über die Gebote der jüdischen Religion und spricht allen anderen, auch religiösen Juden, ab, richtige Juden zu sein. Man könnte das für Satire halten, aber er meint es leider ernst.

Ich werde Broder wegen seiner Art nicht verurteilen. Für mich ist nicht er, sondern die deutsche Presselandschaft daran schuld, dass er so ist. Er darf zynische Beleidigungen und Verleumdungen aussprechen, weil er Jude ist. Für mich ist aber dieser Philosemitismus echter Antisemitismus, denn ich frage mich oft, ob der Grund für das Schweigen der Kollegen Häme und Genugtuung ist, dass Broder sich immer wieder selbst blamiert und das Bild eines bösartigen, zynischen und arroganten Juden gibt, den man nicht lieben sondern nur hassen und verachten kann. Broder ist, gemäß seinem Motto, »warum sachlich wenn es auch persönlich geht«, für mich ein Kotzbrocken und er kokettiert damit. Er verachtet die Menschen, die nicht seiner Meinung sind und merkt nicht, was er damit anrichtet, nämlich Antisemitismus.

Es ist wie mit den Teilnehmern am Dschungelcamp: Hauptsache man wird berühmt und es gibt viel Geld und man nimmt in Kauf, dass man verachtet und ausgelacht wird. Broder provoziert und polarisiert und es reicht ihm, von Antideutschen bewundert zu werden, während die anderen ihn inzwischen völlig ignorieren. Wenn man schon nicht mit Anstand Ruhm erlangt, dann eben mit Hass. Ähnlich machen es auch die Neonazis. So wie der Zionismus dem Antisemitismus nützte, und umgekehrt, so unterstützt auch Broder antisemitische Tendenzen in der Gesellschaft, indem er sie vermeintlich bekämpft, und diese unterstützen ihn.

13 Wie Günter Grass diffamiert wurde

Am 10. April 2012 veröffentlichte die *Süddeutsche Zeitung* auf ihren Seiten ein Gedicht des Literatur-Nobelpreisträgers Günter Grass, das in der deutschen Öffentlichkeit wie eine Bombe einschlug. Von einer Bombe war auch in diesem Gedicht die Rede – von der Atombombe. Und zwar von der israelischen Atombombe und der Angst des Schriftstellers, sie könnte gegen den Iran zum Einsatz kommen.

Sofort hob ein Sturm der Entrüstung an. Henryk M. Broder diffamierte den Nobelpreisträger als »ewigen Antisemiten«, der Historiker Michael Wolffsohn warf dem Dichter vor, in seinem Gedicht finde sich »so ziemlich jedes antisemitische Klischee«, und meinte, Grass mache in seinem Gedicht die »Opfer« zu »Tätern«. Dabei hatte Günter Grass in seinem Gedicht gar nicht gesagt, dass die Israelis »Täter« seien, sondern wollte sie nur davor warnen, Täter zu werden. Wer diesen Unterschied nicht sieht, will ihn nicht sehen.

Der Zentralrat der Juden nannte das Gedicht »ein aggressives Pamphlet der Agitation«, und für den 2014 verstorbenen Schriftsteller Ralph Giordano war es nicht weniger als ein »Anschlag auf Israels Existenz«. Immerhin, Israel hat ihn überlebt. In Israel selbst stufte das Außenministerium das Gedicht als »geschmacklos« ein, was im Vergleich zu den Reaktionen in Deutschland noch eine ziemlich harmlose Kritik war, und verhängte ein Einreiseverbot gegen den Nobelpreisträger für Literatur, der sowieso nicht vorhatte, nach Israel zu reisen.

Aus den USA fragte der Publizist und Friedensnobelpreisträger Elie Wiesel ängstlich: »Ist der alte Deutsche plötzlich zurückgekehrt und hat sein Haupt erhoben?« Auch ein großer Teil der deutschen Elite stand geschlossen gegen Günter Grass. *FAZ*-Herausgeber Frank Schirrmacher meinte es mit einem »Machwerk des Ressentiments« zu tun zu haben. Mathias Döpfner, Theaterwissenschaftler und Vorstandsvorsitzender des Axel-Springer-Verlags sprach von »politisch korrektem Antisemitismus«, und urteilte in Anspielung an Grass' Roman *Häuten der Zwiebel*, der Kern der Zwiebel sei braun. Und der Publizist und ehemalige SPD-Kulturstaatsminister Michael Naumann befand: »Sein Gedicht ist ein moralischer und politischer Skandal.«

Das war nur eine kleine Auswahl der größtenteils mit Schaum vor dem Mund geäußerten Kritiken an diesem harmlosen Gedicht. Zu den wenigen, die Grass in Schutz nahmen, gehörte Klaus Staeck, der Präsident der Akademie der Künste: »Man muss ein klares Wort sagen dürfen, ohne als Israel-Feind denunziert zu werden«, sagte er. Der israelische Historiker Tom Segev empfand das Gedicht von Günter Grass zwar als »pathetisch« und »egozentrisch«, aber keinesfalls als antisemitisch und erinnerte daran, dass doch die Diskussion über einen israelischen Angriff auf den Iran in Israel bereits seit längerer Zeit geführt werde. Und der israelische Verleger von Günter Grass, Ziv Lewis, meinte nur: »Israelis regen sich nicht so sehr darüber auf wie die Deutschen.« Das war keine Meinung, sondern eine Feststellung.

Doch auch der damalige israelische Botschafter in Deutschland, Emmanuel Nahshon, meinte, sich in diese Debatte einmischen zu müssen, wie viele seiner Vorgänger und Nachfolger, und erklärte, dass es zur europäischen Tradition gehöre, die Juden vor dem Pessach-Fest des Ritualmordes anzuklagen. »Früher waren es christliche Kinder, deren Blut die Juden angeblich zur Herstellung der Mazzen verwendeten, heute ist es das iranische Volk, das der jüdische Staat angeblich auslöschen will«, und stellte Grass in eine Reihe mit antisemitischen Vorurteilen der Vergangenheit. Wer ernsthaft behauptet, dass Grass sich mit seinem Gedicht in die Tradition der Ritualmord-Legenden gestellt habe, die einst über die Juden verbreitet wurden und zu deren Verfolgung beitrugen, der verabschiedet sich aus jedem ernst zu nehmenden Diskurs.

Was genau wurde Grass denn vorgeworfen? Dass er schrieb, dass Israel den Plan hegte, den Iran durch einen voreiligen Präventivschlag anzugreifen, um ihn vom Bau einer eigenen Atombombe abzuhalten, war schließlich kein antisemitisches Gerücht, sondern seit Jahren allgemein bekannt. Bereits 2010 veröffentlichte der *ZEIT*-Herausgeber Josef Joffe in der Hamburger Wochenzeitung unter der Überschrift »Israel im Alleingang gegen den Iran?« einen umfangreichen Artikel, der genau davon handelte.[1] Im *Handelsblatt* konnte man im November 2011 lesen, Israel drohe mit einem Militärschlag gegen den Iran. Und in der *WELT* veröffentlichte der bekannte israelische Historiker Benny Morris schon im Juli 2008 einen Artikel, in dem er der Frage nachging, ob Israel und der Iran kurz vor einem Atomkrieg stünden. »Da Israel glaubt, dass seine schiere Existenz auf dem Spiel steht, wird es den Angriff wagen«, schrieb Morris. Westliche Geheimdienste erwarteten, dass der Iran binnen ein bis vier Jahren die Bombenproduktion aufnehmen könne.[2]

Schon 2008 hatte Israels Premier Benjamin Netanjahu dem Iran mit einem vernichtenden Schlag gedroht, sollte der Iran sein Atomprogramm weiterentwickeln und am Ende Atombomben bauen wollen. Dass Israel selbst mehr als 100 Atombomben bunkert und im Oktoberkrieg von 1973 gegen Ägypten Atomraketen an seinen Kampfflugzeugen festgemacht haben soll, war seit Jahren ein offenes Geheimnis. Seitdem sind fast neun Jahre vergangen, und weder hat der Iran eine Atombombe gebaut, noch hat Israel den Iran angegriffen. Zum Glück. Aber die Medien waren zwischen 2008 bis 2014 voll von solchen Artikeln. Allein der *SPIEGEL* berichtete mehrmals darüber, dass Israel einen Atomschlag plane – nicht zuletzt mithilfe der aus Deutschland gelieferten U-Boote. Da ist es doch merkwürdig, heuchlerisch und zynisch, Günter Grass des »Antisemitismus« zu bezichtigen, nur weil er es wagte, die Gefahr eines Atomkrieges in einem kritischen Gedicht zu thematisieren.

Doch selbst in der Sonntagabend-Polit-Talkshow von Günther Jauch wurde das Gedicht debattiert. Die schleswig-holsteinische SPD-Politikerin Heide Simonis, die von Grass oft in ihren Wahlkämpfen unterstützt wurde, wandte sich von ihm ab. Simonis meinte, sie könne »Grass' sogenanntes Gedicht nicht gutheißen« und frotzelte, dass er »die Aufnahme in den diplomatischen Dienst damit nicht geschafft hätte«, als ob das seine Absicht gewesen wäre. Marcel Reich-Ranicki meinte, Grass sei kein Antisemit, aber ein »Antiisraeli«, womit er vielleicht recht hatte, obwohl man nicht gleich ein »Antiisraeli« ist, wenn man Israels Politik kritisiert. Ich tue es auch und würde mich auch nicht als »Antiisraeli« bezeichnen. Und der Schauspieler Michael Degen meinte, Grass habe schon lange Probleme mit den Juden und Israel. Wie er zu dieser Erkenntnis kam, wollte er aber nicht verraten. Der Nahostexperte Michael Lüders meinte, dass der Iran womöglich gar nicht in der Lage wäre, Israel ernsthaft zu gefährden, was ihm von Michael Wolffsohn und dem damaligen Entwicklungsminister und jetzigen Waffenlobbyisten Dirk Niebel (FDP) Hohn und Spott einbrachte.

Den Vogel schoss im Berliner *Tagesspiegel* dessen Autor Malte Lehming ab, als er den Titel des Gedichtes von Grass – »Was gesagt werden muss« – mit der Naziparole »Die Juden sind unser Unglück« verglich, was für ihn als Beweis für den »Antisemitismus des Autors« genügte. In totaler Verkennung des literarischen Werkes von Grass war sich Lehming nicht zu dumm, zu schreiben: »Wer plötzlich im ›Nationalzeitungsjargon‹ dichtet, ohne es zu merken, hat es vielleicht immer getan, ohne dass es andere merken.« Da könnte man umgekehrt genauso gut fragen: Schreibt Lehming vielleicht selbst im »Nationalzeitungsjargon«, und merkt es bloß nicht? Und hat es das Nobelpreis-Komitee auch nicht gemerkt?

Michel Friedman erinnerte außerdem daran, dass Günter Grass mit 17 Jahren zur 10. SS-Panzer-Division »Frundsberg« der Waffen-SS einberufen wurde und »über fünfzig Jahre lang« darüber geschwiegen habe. Und Henryk M. Broder setzte im *Focus* noch einen drauf: »Damals war Grass ein SS-Mann, heute schreibt er wie einer.« Ja, Grass hatte sich freiwillig zur Marine gemeldet und war unfreiwillig bei der SS gelandet. Aber wer wirft hier den ersten Stein, außer Selbstgerechte wie Broder, Friedman und Wolffsohn? Die hätten natürlich jederzeit und immer moralisch einwandfrei und politisch korrekt gehandelt.

Ich bin 1945 geboren und kann über die Zeit davor nicht aus eigener Erfahrung sprechen und schreiben. Aber so viel sagt mir mein gesunder Menschenverstand, meine Erfahrung und mein historisches Wissen: Ein 17-jähriger im Jahre 1944 war in der damaligen Zeit weit davon entfernt, politisch aufgeklärt zu sein, und es wäre absurd und unsinnig, ihn mit einem 17-jährigen von heute zu vergleichen – ganz abgesehen davon, dass Günter Grass in einer Diktatur aufgewachsen ist, die eine intensive Gehirnwäsche für die Bevölkerung betrieb.

Doch Antisemitenjäger brauchen die angeblichen Antisemiten wie die Luft zum Atmen. Wie sonst ließe sich ihre Aufregung rechtfertigen? Für Broder sind Antisemiten »Schwammerl«, wie der Politologe Mark T. Fliegauf den Mut hatte, zu behaupten. Denn für Broder und Co. ist Antisemitismus überall. »Grass? Ganz klar – Antisemit. Das ZDF? Antisemiten. Claudia Roth? Antisemitin. Die Deutschen? Antisemiten. Und selbst Barack Obama, der Israel vor einem Erstschlag gegen den Iran warnt, ist ein Antisemit«.[3] Wenn Antisemitismus eine Phobie ist – Broder hat sie. Und glaubt man der Antisemitismusforschung, was immer das auch genau sein soll, ist es ein Kriterium für antisemitische Einstellungen, in Juden und in Israel etwas Besonderes zu sehen und sie mit doppelten Standards zu betrachten. Was aber, bitte schön, ist es anderes, als dieses Kriterium durch den obsessiven Gebrauch des Antisemitismusvorwurfes zu erfüllen?

Statt nach angeblichen Spuren von Antisemitismus in Deutschland zu suchen, sollten sich diese Leute lieber mit dem offenkundigen Rassismus in Israel beschäftigen. Die radikalen jüdischen Siedler in den von Israel besetzten Gebieten etwa sind fest davon überzeugt, dass arabisches Blut weniger wert sei als jüdisches Blut. Unterstützt werden sie von radikalen Siedler-Rabbinern, die ihre Ideologie theologisch zu begründen suchen. Genauso schlimm wie diese Radikalen ist eine Gesellschaft, die ihnen das durchgehen lässt oder zu wenig dagegen tut.

Der Siedler-Rabbiner Moshe Levinger (1935–2015) gründete einst die nationalreligiöse Siedlerbewegung Gush Emunim (»der Block der Getreuen«), die nach dem Yom-Kippur-Krieg von 1974 das Ziel der Besiedlung von ganz »Eretz Israel« ausgab, also auch der Gebiete im Westjordanland und im Gazastreifen. Levinger war selbst an der Gründung der Siedlungen in Hebron und dem nahe gelegenen Kirjat Arba beteiligt, stand mehrmals vor Gericht und wurde mehrfach verurteilt – unter anderem zwei Male, weil er bei zwei verschiedenen Gelegenheiten Palästinenser erschossen hatte. Levinger begrüßte ausdrücklich das Massaker, dass der jüdische Arzt und radikale Siedler Baruch Goldstein 1994 an 29 betenden Palästinensern in der Abraham-Moschee in Hebron verübte. Sein Leitspruch lautete: »Land ist wichtiger als Leben.«

Zu seinen geistigen Nachfolgern zählt der 1966 geborene Rabbiner Jitzhak Schapira, der in der Siedlung Yitzhar im Westjordanland eine Religionsschule leitet. 2008 gab er mit dem ebenso radikalen Rabbiner Josef Elitzur das Buch *Die Tora des Königs* heraus, in dem er Gewalt gegen Palästinenser religiös legitimierte und schrieb, es sei Juden erlaubt, Nichtjuden zu töten, wenn diese für Israel eine Bedrohung darstellten. Das gelte ausdrücklich auch für Kinder, die als Feind des jüdischen Volkes aufwachsen könnten. Zuvor war sein Kollege Jossi Peil dafür eingetreten, alle männlichen Palästinenser, die älter als dreizehn Jahre waren, zu vertreiben oder zu töten, und hatte dafür Zuspruch von Jitzhak Schapira erhalten. Gegen beide wurden Verfahren wegen Volksverhetzung eingeleitet, die am Ende im Sande verliefen.

Radikale Rabbiner wie Schapira treten dafür ein, Palästinenser im Krieg als menschliche Schutzschilde zu missbrauchen, um jüdisches Leben zu schützen. Sein Koautor Jossi Peil soll auch die sogenannten »Preisschild«-Angriffe begrüßt haben – Racheakte radikaler Siedler gegen Palästinenser, deren Eigentum oder Moscheen, mit denen diese in ihren Augen »Vergeltung« für palästinensische Gewalt üben.[4]

Wenn man diesen Hintergrund kennt, dann erscheint es glaubhaft, wenn der Gründer der Menschenrechtsorganisation Breaking the Silence, Yehuda Shaul, davon berichtet, radikale Siedler hätten im Westjordanland einen von Palästinensern genutzten Brunnen mit Kadavern von Hühnern vergiftet, weshalb die Bevölkerung für mehrere Jahre evakuiert worden sei und erst viel später habe zurückkehren können. Das Ziel hinter der Vergiftung des Wassers bestand darin, die Palästinenser aus ihren Städten und Dörfern zu vertreiben, um den Siedlern zu ermöglichen, das palästinensische Land zu übernehmen. Mit der alten Brunnenvergifter-Legende, mit der im Mittelalter gegen Juden gehetzt wurde, hat das nichts zu tun. Für solche absurde Taten von Juden im Mittelalter gibt es keine Beweise und sie sind auch unwahrscheinlich, da doch die Juden aus demselben Wasser getrunken haben.

Trotzdem wurde dem Menschenrechtler Yehuda Shaul, der selbst ein orthodoxer Jude ist, in radikal proisraelischen Blogs vorgeworfen, solche Vorurteile zu befördern, nur weil er über Tatsachen berichtete.[5]

Und Mahmud Abbas, der Präsident der palästinensischen Autonomiebehörde, der diesen Bericht in einer Rede vor dem Europäischen Parlament referierte, wurde daraufhin mit dem Judenhasser Julius Streicher verglichen.

Der Streit ums Wasser ist einer der zentralen Konflikte in der Region, denn Israelis und Palästinenser nutzen ein gemeinsames Grundwasserreservoir. Nach Erhebungen der Weltbank aus dem Jahr 2009 schöpfen die Israelis mehr als 86 Prozent, die Palästinenser aber nur knapp 14 Prozent daraus. Dass den Israelis weit mehr Wasser pro Kopf zur Verfügung steht als den Palästinensern,[6] das räumen selbst israelische Behörden ein. Zugleich wird die Wasserversorgung für die jüdischen Siedler im Westjordanland immer weiter ausgebaut. Das kann auch jeder sehen, der durch das Land an jüdischen und nichtjüdischen Siedlungen vorbeifährt. Man kann in den meisten Fällen die großzügig angelegten Schwimmbäder in den jüdischen Siedlungen sehen und man riecht fast förmlich die Wasserknappheit in den arabischen Siedlungen, wenn man sieht, wie die Bewohner in Schlangen vor mit Wasser befüllten Tanklastwagen stehen und auch noch teuer für das eigene Wasser bezahlen müssen.

Zur Gewohnheit ist es auch geworden, dass junge Siedler Palästinenser angreifen, Moscheen mit antimuslimischen Parolen beschmieren und Olivenhaine zerstören. Die Armee macht wenig, um sie zu stoppen. Mehr als 90 Prozent der Anzeigen gegen Gewalt durch Siedler, die bei der Polizei erstattet werden, bleiben ohne Folgen für die Täter, hat das zur UN gehörende Office for the Coordination of Humanitarian Affairs (OCHA) berechnet. Einige Rabbiner, die der Siedler-Bewegung nahestehen, äußern Verständnis für diese Gewalt.

Im Sommer 2016 beklagte das palästinensische Außenministerium in Ramallah, die Palästinenser seien daran gewöhnt, dass Israelis ihr Wasser stehlen und es ihnen teuer zurückverkaufen. Gleichzeitig hätten die israelischen Behörden ausgerechnet während der heißesten Tage des Ramadan den Norden der Westbank von der Wasserversorgung abgeschnitten und machen strikte Auflagen für Palästinenser, die Wasserbrunnen ausheben wollen.

Grass war nicht der Erste, der zu diesen Entwicklungen nicht mehr schweigen wollte. Mehrere Jahre vor ihm veröffentlichte der Menschenrechtsaktivist Rupert Neudeck ein Buch mit dem Titel *Ich will nicht mehr schweigen – über Recht und Gerechtigkeit in Palästina*.[7] Und der jüdische Dichter Erich Fried veröffentlichte bereits 1974 seinen Gedichtband *Höre Israel*, in dem er scharfe Kritik an Israel und dem Zionismus übte.[8] Er nannte seine Poeme *Gedichte gegen das Unrecht* und wandte sich damit gegen Rassismus und Faschismus, Unterdrückung und Vertreibung unschuldiger Menschen überall auf der Welt, auch gegen das Unrecht an den Palästinensern. Es begann mit den Zeilen: »Die geschrien haben ›Die Juden sind schuld‹, sind schuld daran, dass die Zionisten schuld werden konnten.« Mit seinem Gedicht *Benennungen* nahm er vieles von dem voraus, was Grass 40 Jahre später schreiben sollte. Und schon damals hatte Fried Schwierigkeiten, seinen Band zu veröffentlichen, und allein die Tatsache, dass er selbst

Jude war, hat ihn vielleicht davor bewahrt, so zerfleischt zu werden wie Günter Grass.

Im Jahre 1959 erhielt Hannah Arendt von der Stadt Hamburg den Lessingpreis verliehen. Ihre Dankesrede »Von der Menschlichkeit in finsteren Zeiten« gehört zum Klügsten, was je über das Verhältnis von Geist und Macht geschrieben wurde. »Lessing hat mit der Welt, in der er lebte, seinen Frieden nie gemacht. Sein Vergnügen war, den Vorurteilen die Stirn zu bieten und dem vornehmen Hofpöbel die Wahrheit zu sagen und wie teuer er für diese Vergnügungen bezahlt haben mag, es waren Vergnügungen«, sagte Arendt. Dem kann ich nachfühlen, vor allem, wenn es um Hofpöbel geht.

Die Israelis sind natürlich auch Täter, aber sie fühlen sich ausschließlich als Opfer. Sie weigern sich, die hässliche Fratze im Spiegel zu betrachten, die sie der Welt mit ihrer Politik darbieten. Sie ignorieren die Warnungen ihrer besten Freunde und beklagen sich, dass sie allein stehen. Schritt für Schritt verwandelt sich Israel in ein Land, wie es der hochangesehene Religionsphilosoph Jeshajahu Leibowitz schon vor bald 50 Jahren vorausgesehen hat: in eine faschistische, national-religiöse Gesellschaft, die zwar die Palästinenser als Hauptfeind sieht, inzwischen aber schon längst auch jüdische Bevölkerungsteile im Visier hat: Frauen, Linke, Schwule und bald jeden, der nicht ihrer Meinung ist.

Das hat auch wohl Heinrich Heine schon vor 200 Jahren vorausgesehen, als er in seinem berühmten Gedicht *An Edom*, gerichtet an die Deutschen, die prophetischen Zeilen schrieb:

Ein Jahrtausend schon und länger,
Dulden wir uns brüderlich,
Du, du duldest, daß ich athme,
Daß du rasest dulde ich.

Manchmal nur, in dunklen Zeiten
Ward dir wunderlich zu Muth,
Und die liebefrommen Tätzchen
Färbest du mit meinem Blut!

Jetzt wird unsere Freundschaft fester,
Und noch täglich nimmt sie zu;
Denn ich selbst begann zu rasen,
Und ich werde fast wie du.

Heine sah voraus, dass Juden eines Tages so werden wie diejenigen, die sich ihre »liebefrommen Tatzen« mit jüdischem Blut befleckten. Wie »Edom« sind die Juden längst geworden. Und so wie Heine, wollte auch Günter Grass die Juden und insbesondere die Israelis warnen, so zu werden wie ihre Feinde.

14 Honestly Concerned

Wenn man die Antisemitismus-Debatten in Deutschland verfolgt, dann muss man auch über die Rolle von Organisationen wie Honestly Concerned sprechen. Diese Organisation arbeitet mit Methoden, wie sie einst Joseph Raymond, genannt »Joe«, McCarthy angewandt haben könnte. Dieser amerikanische Politiker der Republikanischen Partei wurde in den frühen 1950er-Jahren in den USA durch seiner Kampagne gegen Kommunisten bekannt, denen er eine angebliche Unterwanderung des Regierungsapparates der Vereinigten Staaten unterstellte. Er gab einer ganzen Ära, in der antikommunistische Verschwörungstheorien und Denunziationen das politische Klima in den USA bestimmten, seinen Namen: Bis heute spricht man von der McCarthy-Ära.

Eine ähnliche Strategie verfolgt Honestly Concerned: Sie denunziert Kritiker der israelischen Politik als Antisemiten und wendet sich dabei an die Medien, die Politik und manchmal sogar an deren Vorgesetzten oder deren Banken, um ihnen die existenzielle Basis zu entziehen. Wenn eine unliebsame Veranstaltung droht, der Vortrag eines kritischen Autors oder eine unliebsame Ausstellung, dann verteilen sie unter ihren Mitgliedern und Sympathisanten die Telefonnummern oder E-Mail-Adressen von zuständigen Beamten, wie Bürgermeistern, Kulturdezernenten und Intendanten von Rundfunkanstalten, und bitten sie, ihnen Protestbriefe, die sie ihnen druckreif zur Verfügung stellen, an deren Adresse zu schicken. Sie regen Anrufe an und zuweilen auch Drohungen, um andere einzuschüchtern. Das sind McCarthy-Methoden.

So geschah es 2015, als Honestly Concerned seine Mitglieder in einer Mailingliste aufforderte, gegen eine geplante Nakba-Ausstellung in Bremen zu protestieren, mit der an die Vertreibung der Palästinenser bei der Staatsgründung 1948 erinnert werden sollte. Es gelte, sich bei allen relevanten Stellen und beteiligten Personen und Organisationen zu beschweren, hieß es in dem Rundbrief: angefangen bei der Stadtbibliothek bis hin zum Bürgermeister, zu Abgeordneten des Bundestags, der Bremischen Bürgerschaft und des Senats sowie der Bremer Bürgerberatung. Ein Aufruf, dem viele Folge leisteten.

Hinter Honestly Concerned steht der deutsch-jüdische Immobilienmakler Sacha Stawski aus Frankfurt am Main. Stawski ist auch Initiator der jährlichen Israel-Tage, mit denen propagandistisch für die israelische Regierung getrommelt wird, und er hat den Deutschen Israelkongress mit begründet, der seit einigen Jahren regelmäßig in Frankfurt am Main stattfindet. Beim Israelkongress 2016 gaben sich die üblichen Verdächtigen wie der israelische Botschafter in Deutschland, Yakov Hadas-Handelsman, Henryk M. Broder, der Präsident des Zentralrats der Juden, Josef Schuster, der Grünen-Politiker Volker Beck, der Frankfurter Stadtkämmerer und CDU-Politiker Uwe Becker und die Redakteurin des Hessischen Rundfunks, Esther Schapira, ein Stelldichein. Zu den prominenten Größen aus Israel zählte der ehemalige israelische Verteidigungsminister unter Ariel Sharon, Shaul Mofaz, ein in Israel berüchtigter ehemaliger Brigade-General, der seine Soldaten ermuntert hat, so viele Palästinenser zu töten wie möglich.

Stawski war auch Mitbegründer eines Koordinierungsrates deutscher NGOs, die sich angeblich gegen Antisemitismus engagieren, und an einer Reihe von Netzwerken »zur Bekämpfung von Antisemitismus und Delegitimierung des Staates Israel« beteiligt, wie er es nennt. Mit dem Potsdamer Historiker Julius Schoeps hat Stawski sogar ein Buch herausgebracht.[1] Der Sammelband befasst sich nach eigenen Angaben mit dem Antisemitismus im islamischen und christlich-westlichen Kulturkreis. Mit der muslimischen Einwanderung nach Europa seien beide Varianten des Antisemitismus eine unselige Verbindung eingegangen, behaupten die Autoren. Sie behaupten, dass Hitlerdeutschland im Bündnis mit größeren Teilen der damaligen arabischen Nationalbewegung einen wesentlichen Beitrag zur Verbreitung seines antisemitischen Weltverständnisses geleistet habe. Als Beweis dient ihnen die lächerliche Verbindung Hitlers zum Jerusalemer Großmufti Mohammed Amin al-Husseini, der alles andere als ein »wesentlicher Teil« der arabischen Nationalbewegung war. Kaum mehr als 12 000 freiwillige Muslime, die meisten davon aus dem Balkan, brachte der Mufti dazu, sich für den Kampf an der Seite der Deutschen zu verpflichten. Zum Vergleich: Auf der Seite der Alliierten kämpften mehr als 250 000 muslimische Soldaten gegen Hitler, die meisten davon aus Algerien und Marokko.

31 Autorinnen und Autoren haben Beiträge für diesen Sammelband verfasst, darunter Abraham H. Foxman von der Anti-Defamation-Liga, Dieter Graumann vom Zentralrat der Juden sowie die Publizisten Matthias Küntzel, Ulrich Sahm, Esther Schapira und Sacha Stawski. Sie alle sind keine Historiker und ihr Wissen so mangelhaft, einseitig und ungenügend, weil es höchstwahrscheinlich aus israelischen Propaganda-Quellen stammt. Zu den Autoren des leidlich unseriösen und einseitigen Buches zählen auch Alibi-Muslime wie der Grünen-Politiker Cem Özdemir (MdB) und der anrüchige Publizist Bassam Tibi.

Stawski unterhält gute Beziehungen zum Zentralrat der Juden und zur israelischen Botschaft. Zu einer Podiumsdiskussion beim Norddeutschen Rundfunk fuhr der israelische Botschafter einmal zusammen mit Sacha Stawski im Dienstfahrzeug der Botschaft vor. Als der Botschafter von den anwesenden Journalisten gefragt wurde, was er mit Honestly Concerned zu tun habe, vergaß er offensichtlich, dass er zusammen mit Sacha Stawski vor aller Augen gerade aus dem Dienstwagen der Botschaft ausgestiegen war, und behauptete, er kenne diese Organisation nicht.

Es entzieht sich meiner Kenntnis, welcher Art die Beziehungen zwischen der Israelischen Botschaft und Sacha Stawski sind. Es ist aber offensichtlich, dass dieser Organisation erhebliche Mittel zur Verfügung stehen. Das sieht man allein schon an der großzügigen und nicht billigen Durchführung des Israel-Tags und anderer »I LIKE ISRAEL« Events, die dies sicherlich nicht allein den Spenden der Stadt Frankfurt verdanken.

Honestly Concerned wurde 2002 gegründet, um für eine »wahrhaftige Berichterstattung« über Israel zu sorgen und den Antisemitismus zu bekämpfen, wie es in der Selbstdarstellung heißt. Anlass waren damals Äußerungen des damaligen FDP-Fraktionsvorsitzenden in Nordrhein-Westfalen, Jürgen W. Möllemann. Dieser hatte sich hinter den Politiker Jamal Karsli gestellt, der Israel im Umgang mit den Palästinensern »Nazi-Methoden« vorgeworfen hatte. »Spätestens da war die Schmerzgrenze erreicht«, sagte das Gründungsmitglied von Honestly Concerned, Sacha Stawski. Mit einer Anzeige in der *Frankfurter Allgemeinen Zeitung* äußerten er und eine Handvoll Mitunterzeichner ihre Bestürzung darüber, dass Möllemann »auf Stimmenfang im braunen Sumpf« gehe.

Die Resonanz auf diese Anzeige war größer als erwartet. So sei die Idee entstanden, diese »spontan zusammengetretene Initiative besorgter Bürger« weiter auszubauen. Der Name Honestly Concerned solle laut Stawski ausdrücken, was die Gruppe ausmache. Einer bestimmten politischen Richtung will sich die Organisation angeblich nicht zuordnen lassen. Man sei jedoch »solidarisch mit den Menschen in Israel« und legt Wert darauf, dass es den Staat »Palästina« nicht gebe, wie es in Medienberichten angeblich oft suggeriert werde. Initiator Stawski hält Leserbriefe für »ein ganz wichtiges Mittel, um in den Medien etwas zu verändern«. Und deshalb sorgt er dafür, dass manche Chefredakteure eine Flut von Protestbriefen und -mails erhalten, wenn bei ihnen ein kritischer Beitrag gedruckt oder gesendet wird.

Durch eine Mailingliste erhalten die inzwischen über 1200 Empfänger einen aktuellen Pressespiegel sowie private Briefwechsel und Kommentare rund um das Thema Naher Osten, Judentum und Antisemitismus.

Protest erhebt sich bei den aktiven Mitgliedern der Mailingliste beispielsweise dann, wenn die Mauer, die Israel entlang der

Grenze zum Westjordanland gebaut hat, um die Bevölkerung vor Terror zu schützen und erhebliche Gebiete zu annektieren, nicht verharmlosend als »Zaun« bezeichnet wird. Selbst ein »Israel-Quiz« zum 50-jährigen Jubiläum der deutsch-israelischen Beziehungen in der *Süddeutschen Zeitung* ist Sacha Stawski nicht zu unbedeutend, wenn er die Auswahl der Fragen als tendenziös empfindet, um dagegen nicht eine wahre Protestlawine loszutreten.

Am 15. Juli 2015, dem Tag der Einigung über die Nutzung der Atomenergie mit dem Iran, konnte man bei Honestly Concerned Folgendes lesen:

»Bereits vor der Unterzeichnung des Atomabkommens hat Bundeswirtschaftsminister Gabriel angekündigt, mit einer Wirtschaftsdelegation in den Iran zu reisen, um hochrangige Vertreter aus Politik und Wirtschaft zu treffen. Solange Teheran weiterhin Deutschlands Bündnispartner bedroht, die Region destabilisiert und Terrorismus fördert, so lange sollte man Zurückhaltung in den Wirtschaftsbeziehungen walten lassen«, sagte Deidre Berger, Direktorin des American-Jewish Committee (AJC) Berlin.

Honestly Concerned lebt vom ehrenamtlichen Einsatz zahlloser Sayanim, von denen viele Mitglieder von jüdischen Gemeinden sind. Sie beobachten in ihrer Freizeit die Medien, »nehmen Einfluss« und engagieren sich »für eine wahrhaftige Berichterstattung über Israel«, wie es Sacha Stawski schreibt, der die Mailingliste persönlich betreuen soll. Auf der Website von HC kann man lesen: »Wir informieren proaktiv über Tatsachen und wir verbreiten aktiv Nachrichten, die den Anspruch erfüllen, der Realität gerecht zu werden. Wir werden dazu beitragen, dass wichtige Fakten bekannt werden. Und wir werden reaktiv gegen unlautere, Tatsachen verfälschende Beiträge vorgehen. Wir werden zu Leserbriefaktionen aufrufen, Unterschriftsaktionen fördern, Veranstaltungen planen und unterstützen adäquate Formen der Information, Aktion und Reaktion.«

Hinter HC verbirgt sich eine Gruppe ideologisch verbohrter Fanatiker, die davon überzeugt sind, dass sie moralisch auf der richtigen

Seite stehen und dass sie Kritiker der israelischen Politik deshalb unter Druck setzen und drangsalieren dürfen. Letztendlich geht es Honestly Concerned darum, Kritik an Israel zu unterbinden. Demokratie bedeutet aber, berechtigte und auch unberechtigte Kritik zuzulassen und sich ihr zu stellen.

15 Das Simon Wiesenthal Center, Claude Lanzmann oder: der Antisemitismus-Vorwurf als Lachnummer

Das Simon Wiesenthal Center (SWC) veröffentlicht jedes Jahr eine Liste mit den zehn seiner Meinung nach gefährlichsten Antisemiten weltweit. Diese Top Ten sind kein Witz, die meinen das völlig ernst. Damit ist der Antisemitismus-Vorwurf endgültig im Entertainmentbereich gelandet. Neben den Top-Ten-Hits in den Musikcharts, den Top-Ten-Filmen und den Top-Ten-Friseuren gibt es also auch die Top-Ten-Antisemiten zu bestaunen.

Die Liste des Simon Wiesenthal Centers in Los Angeles ist ziemlich peinlich, denn auch das Simon Wiesenthal Center setzt Antisemitismus mit Kritik an Israel gleich, beides geht munter durcheinander. Auf Platz eins in der Liste der zehn schlimmsten antisemitischen und antiisraelischen Vorfälle landete 2014 ein Arzt aus Belgien. Er soll sich geweigert haben, einer 90-jährigen Jüdin mit gebrochener Rippe zu helfen. Als der Sohn der alten Dame bei einer medizinischen Hotline anrief und den Fall schilderte, soll der Arzt ihm gesagt haben: »Schick' sie für ein paar Stunden nach Gaza, dann wird sie ihren Schmerz schon los.« Vielleicht war es nur ein ziemlich schlechter Scherz. Ich würde sagen, wenn das der schlimmste Auswuchs an Antisemitismus ist, müssen wir uns über ihn keine großen Sorgen machen.

Platz zwei belegten zwei jordanische Parlamentarier, die eine Schweigeminute für zwei palästinensische Attentäter abgehalten hatten. Die beiden Attentäter waren im November 2014 mit Äxten, Messern und Pistolen bewaffnet in die Synagoge des von orthodoxen Juden bewohnten Stadtteils Har Nof in West-Jerusalem eingedrungen, hatten vier Männer beim Morgengebet getötet und mehrere Menschen verletzt, bevor sie selbst getötet wurden. Für die jordanischen Parlamentarier handelte es sich bei dieser Tat um palästinensischen Widerstand gegen eine ungerechte und völkerrechtswidrige Besatzung, und diese Auffassung muss man bestimmt nicht teilen. Inwieweit spätere israelische Ministerpräsidenten wie Menachem Begin und Jitzhak Schamir, die als Helden des Unabhängigkeitskriegs gefeiert wurden, für die Engländer, die von 1917 bis 1948 Palästina im Auftrag des Völkerbundes regierten, auch nichts anderes als »Terroristen« waren, muss hier nicht beantwortet werden.

Auf Platz drei der Top-Ten-Antisemiten landeten vermummte Kriminelle in Frankreich, die im Dezember 2014 in einem Pariser Vorort in eine Wohnung eingedrungen waren, einen jungen Mann gefesselt und dessen Freundin vergewaltigt hatten. Die Opfer waren Juden, und die Täter handelten womöglich aus antisemitischen Motiven. Wenn sie keine Juden gewesen wären, dann wären die Vergewaltiger aber wohl kaum auf der Liste gelandet – aber wäre es für die Opfer erträglicher und weniger bedrohlich gewesen? Darüber hinaus: Wie viele in der Tat abscheuliche Vorfälle dieser Art gibt es weltweit jährlich – ohne aber, dass sie besonderen Eingang in die Berichterstattung finden, weil die Leidtragenden Moslems, Atheisten, Christen oder Hindus sind? Auch hier wieder: Die Hohepriester im Erkennen von latentem Antisemitismus genügen nicht ihrer eigenen Doktrin. Denn antisemitisch ist ja tatsächlich, wer Juden mit doppeltem Standard misst. Wenn es einen Christen trifft, schlimme Sache, wenn es einen Juden trifft: Antisemitismus!

Insgesamt sechs von zehn der schlimmsten antisemitischen Vorfälle des Jahres 2014 ereigneten sich nach Auffassung des Wiesenthal Centers in Europa, einer in der Türkei und zwei in den USA. »2014 war ein Jahr der noch nie da gewesenen Explosionen von antisemitischem und antiisraelischem Hass«, behauptete das Wiesenthal Center. Fast jedes Jahr meldet das Center übrigens ein neues Ausmaß an »noch nie da gewesenem Hass gegenüber Juden«. Was das für eine absurde Liste ist, in der Bagatellen zu Staatsaffären aufgeblasen werden, zeigt sich daran, dass dort 2011 sogar ein Lokalpolitiker aus Duisburg auftauchte: der damalige Chef der Duisburger Ratsfraktion Die Linke, Hermann Dierkes, der zum Boykott gegen Israel aufgerufen hatte. Außerdem auf der Liste: der dänische Regisseur Lars von Trier, der beim Filmfestival in Cannes mit einer wirren Rede über Israel und Hitler für einen Eklat gesorgt hatte, und der Modedesigner John Galliano, der im volltrunkenen Zustand mehrere Gäste in einem Pariser Bistro mit antisemitischen Sprüchen beleidigt hatte. Der Designer verlor daraufhin seinen Job beim Modehaus Dior sowie als Chefdesigner der nach ihm selbst benannten Modemarke John Galliano, und er musste sich für seine Ausfälle vor Gericht verantworten. Sogar der Titel eines Ritters der französischen Ehrenlegion, der ihm zwei Jahre zuvor verliehen worden war, wurde ihm durch Präsident François Hollande per Dekret aberkannt. Mithin: Glücklich kann sich die Minderheit schätzen, die offenbar keine größeren Gegner hat als einen Lokalpolitiker in Duisburg, der keine Waren aus Israel kaufen will, einen Regisseur, der wirre Reden schwingt, oder einen betrunkenen Modedesigner, der sich nicht im Griff hat.

Im Jahr 2012 sorgte die Liste des Simon Wiesenthal Centers in Deutschland für Diskussionen, weil der Journalist und Herausgeber der linksliberalen Wochenzeitung *Der Freitag*, Jakob Augstein, auf der umstrittenen Liste gelandet war. Grund war unter anderem ein Text, den Augstein für seine *SPIEGEL-ONLINE*-Kolumne »Im Zweifel links« verfasst hatte. Auf Kritik stieß zum Beispiel diese Passage: »Gaza ist ein Ort aus der Endzeit des Menschlichen. 1,7 Millionen Menschen hausen da, zusammengepfercht auf 360 Quadratkilometern. Gaza ist ein Gefängnis. Ein Lager. Israel brütet sich dort seine eigenen Gegner aus.«

2015 geriet Augstein erneut in den Fokus des Simon Wiesenthal Centers und landete in der gesonderten Kategorie »unehrenhafte Erwähnungen«. Grund war eine Kolumne vom 7. Dezember 2015, in der Augstein Parallelen zwischen der Regierung des israelischen Ministerpräsidenten Benjamin Netanjahu, dem französischen Front National und der deutschen Alternative für Deutschland (AfD) zog. »So rechts wie die deutschen Rechtspopulisten ist die Regierung von Benjamin Netanyahu allemal«, schrieb Augstein dort. Überflüssig zu erwähnen, dass es wieder einmal nur um Israels Politik und nicht um Juden ging, und ebenso überflüssig zu erwähnen, dass Augstein recht hatte.

Einst hatte das Judentum gewaltige Feinde, die zigtausendfach Juden ermordet haben. Einst galt als Antisemit, wer die *Protokolle der Weisen von Zion* verbreitet oder die Ermordung oder zumindest Vertreibung aller Juden forderte. Nicht nur für Leute wie Julius Streicher oder Joseph Goebbels, an deren Händen jüdisches Blut klebte, ist die Bezeichnung Antisemiten ganz sicher angebracht. Heute reicht es schon, die israelische Politik zu kritisieren, eine Jüdin nicht operieren zu wollen oder aus der Rolle gefallen zu sein, um in eine Liste der zehn angeblich »gefährlichsten Antisemiten der Welt« aufgenommen zu werden. Das ist einfach lächerlich.

An der Spitze der Liste stand 2011 übrigens der palästinensische Präsident Abbas, weil er in seiner Rede vor der UN-Vollversammlung vergessen hatte, den Bezug des jüdischen Volkes zum Heiligen Land zu erwähnen. Mit anderen Worten, man warf Abbas vor, kein Zionist zu sein. Wie kommt denn Abbas dazu, ein eigenes Land für sich und sein Volk zu fordern? Genügt ihm nicht der Vorgarten auf dem Grundstück des israelischen Siedler-Außenministers Avigdor Lieberman? Wenn er Sehnsucht nach palästinensischem Land hat, kann er doch jederzeit dieses Stückchen Land bearbeiten. Ob die Amerikaner Israel deshalb so blind und kritiklos unterstützen, weil es sie an ihre eigene Kolonisation Nordamerikas erinnert, wie manche sagen? Nur dass es sich bei den ehemaligen Ureinwohnern im vorliegenden Fall um Palästinenser handelt. Dann wären die Palästinenser tatsächlich die Sioux und Apachen, Abbas der Häuptling Sitting Bull und der ehemalige Ministerpräsident Ariel Sharon wäre Colonel James William Forsyth, der in Wounded Knee Tausende Indianer massakrieren ließ.

Im Januar 2005 veröffentlichte die Europäische Stelle zur Beobachtung von Rassismus und Fremdenfeindlichkeit (EUMC) eine Arbeitsdefinition für Antisemitismus, die als Grundlage für die Beobachtung antisemitischer Tendenzen in den 25 europäischen Mitgliedsstaaten dienen sollte. Das Ziel der EU war, bei der Feststellung und Strafverfolgung antisemitischer Straftaten zu einheitlichen Standards zu gelangen. Dazu wurden folgende Definitionen vorgeschlagen:

- »Die Ablehnung des Selbstbestimmungsrechts von Jüdinnen und Juden, beispielsweise durch die Behauptung, der Staat Israel sei ein rassistisches Projekt.
- Die Anwendung doppelter Standards, indem an Israel Verhaltensansprüche gestellt werden, die von keiner anderen demokratischen Nation erwartet oder gefordert werden.
- Die Anwendung klassisch-antisemitischer Symbole und Bilder (z. B. der Vorwurf, dass Juden Jesus töteten, oder die Behauptung von Blutopfern) für die Charakterisierung Israels oder der Israelis.
- Der Vergleich der aktuellen Politik Israels mit der der Nazis.
- Die Behauptung einer Kollektivverantwortung der Jüdinnen und Juden gegenüber der Politik des Staates Israel.«

Festgestellt wird jedoch auch:

»Allerdings kann Kritik an Israel dann nicht als antisemitisch eingestuft werden, wenn sie in ähnlicher Weise auch gegenüber anderen Ländern geäußert wird.«

Im Rahmen eines Antrages »Den Kampf gegen Antisemitismus verstärken, jüdisches Leben in Deutschland weiter fördern« beschloss der 16. Deutsche Bundestag am 4. November 2008 mit den Stimmen der Union, der SPD, der FDP und der Grünen, die EUMC-Arbeitsdefinition »für die Arbeit staatlicher Behörden zu empfehlen«. Die Arbeitsdefinition wurde jedoch im Dezember 2013 wieder von der Website der Agentur der Europäischen Union für Grundrechte gelöscht. Die Justizabteilung der Europäischen Kommission meinte dazu, dass »weder die Kommission noch die EU eine feste Definition von Antisemitismus haben und dass es keine Bestrebungen gibt, eine zu erschaffen«. Der Verzicht auf die Definition wurde vom American Jewish Congress und der israelischen Regierung nahestehenden NGO Honest Reporting kritisiert.

Früher hat der Namensgeber Simon Wiesenthal Antisemiten und Nazi-Verbrecher wie Adolf Eichmann verfolgt. Heute, da es keine Antisemiten von diesem Format mehr gibt, reicht ein Lokalpolitiker aus Duisburg. Die Zeitung *Junge Welt* schrieb dazu: »Lächerlicher geht es kaum noch«, allein, lächerlich ist nur die eine Seite der Medaille, zynisch, hämisch und gefährlich die andere. Man fragt sich, wie es weitergeht. Soll demnächst eine Top-Ten-Liste der jüdischen Selbsthasser veröffentlicht werden, mit den Namen der inzwischen weltweit bekannten jüdischen Kritiker der israelischen Politik, die nicht müde werden auszurufen: »Nicht in unserem Namen!«? Oder eine Liste der »Top-Ten-Nestbeschmutzer«, die vielleicht von Amos Shocken, dem Herausgeber der liberalen Tageszeitung *Ha'aretz*, angeführt werden wird, der erst unlängst Israel bescheinigt hat, ein Apartheidsstaat zu sein? Es fehlt nur noch, dass das Simon Wiesenthal Center »Wanted«-Plakate verbreitet, mit dem Bild des Delinquenten und einer ansehnlichen Belohnung.

Wenn Abu Mazen, der palästinensische Präsident, ein Antisemit ist, der auf dieser absurden Liste sogar auf Platz Nummer 1 steht, nur weil er in einer Rede vor der UNO sinngemäß gesagt hat: »Ich komme aus dem Heiligen Land, der Geburtsstätte vieler religiöser Ideen«, und als Beispiel dafür nur den Islam und das Christentum genannt hat, muss man an den Auswahlkriterien zu dieser Liste zweifeln. Abbas hat wohl absichtlich nicht gesagt, dass es eigentlich ausschließlich das Land Abraham, Isaacs und Jakobs sei und keines anderen Volkes.

Die Anschuldigung des Antisemitismus ist in Israels rechten Kreisen inzwischen zum Volkssport geworden. So bezeichnete Israels rechte Kultur- und Sportministerin Miri Regev bei der Olympiade in Rio die libanesische Delegation als »antisemitisch«, weil diese sich geweigert hatte, im selben Bus wie die israelische Mannschaft zu fahren. Dass das etwas mit dem israelisch-arabischen Konflikt und dem Kriegszustand zwischen beiden Ländern zu tun haben könnte, in dem sich Israel und der Libanon seit Jahrzehnten befinden, darauf kam sie nicht. Sie selbst dagegen boykottierte die Eröffnungszeremonie der Olympischen Spiele, weil sie an einem Samstag stattfand, dem jüdischen Feiertag. Ich würde mich nicht wundern, wenn Miri Regev das Olympische Komitee deswegen auch für antisemitisch hält.

War früher derjenige ein Antisemit, der keine Juden mochte, so ist heute derjenige ein Antisemit, den bestimmte Juden nicht mögen – so lautet ein Bonmot, das den Bedeutungswandel des Begriffs beschreibt. Früher hatten Juden Angst vor Antisemitismus. Heute haben Nichtjuden Angst davor, als Antisemiten beschuldigt zu werden.

Zu Recht: Heute gilt man schon als Antisemit, wenn man an der Universität ein Seminar über die Nakba hält. Heute ist man schon ein Antisemit, wenn man historische Wahrheiten nennt, die manchen nicht passen – zum Beispiel, wenn man von Kriegsverbrechen der israelischen Armee spricht oder die israelischen Massaker in Gaza kritisiert oder gar dagegen protestiert. Heute ist man schon Antisemit, wenn man auf einer Demonstration eine palästinensische Flagge trägt oder gegen die Ermordung von Kindern protestiert. Ja, heute ist man schon Antisemit, wenn man als Hotel in seinem Telefonverzeichnis nicht die Vorwahl von Israel auflistet, weil man nicht die Vorwahlen aller Länder der Welt auflisten will. Dann kann es passieren, dass irgendein verrückter Gast vorbeikommt, der sich dadurch »an die finstersten Zeiten der deutschen Geschichte erinnert fühlt« und dies mit Schaum vorm Mund an eine seriöse überregionale Tageszeitung schreibt, die dieses Dokument des Irrsinns auch noch abdruckt! So geschehen am 11. August 2016 in einem Beitrag im Feuilleton der *Frankfurter Allgemeine Zeitung*. Wäre der Artikel in einer Hauszeitschrift eines Irrenhauses erschienen, ich hätte mich nicht gewundert. Weil er die Vorwahl Israels nicht fand, folgerte der offensichtlich paranoide jüdische Regisseur Claude Lanzmann, dass »in der Hauptstadt des neuen Deutschlands Israel eliminiert, getilgt und ausgemerzt wird«. Voller »Angst und Empörung« begab er sich zur Rezeption, um von seinem Schock zu berichten.

Aus einer Mücke einen Elefanten machen – und schon wird daraus eine Affäre, auf die sich die *BILD-Zeitung* und der *SPIEGEL* stürzen. »Es ist ein schwerwiegender Vorwurf, den der französisch-jüdische Dokumentarfilmer Claude Lanzmann, 90, in der *Frankfurter Allgemeinen Zeitung* erhebt«, schreibt der *SPIEGEL*. Dabei ist es aber nur ein lächerlicher, dummer und absurder Vorwurf. Solche Leute machen den Antisemitismus-Vorwurf zu einer Lachnummer.

Wenn ein nichtjüdischer Journalist solchen Unsinn schreiben würde, dann wäre die Springer-Presse die letzte, die bereit wäre, es zu drucken. Für jüdische Prominente und Journalisten gibt es da offenbar ganz eigene, sonderbare Gesetze. Manchmal denke ich, dass die Springer-Presse, aber auch andere Zeitungen und Sender mit voller Absicht und Häme solchen Juden ein Forum bieten, um sie und alle anderen Juden öffentlich vorzuführen und antijüdische Ressentiments zu schüren. Es ist zwar nur ein Verdacht, und ich werde daraus keine Verschwörungstheorie machen, aber ich kann ihn nicht loswerden. Das ist aus dem Antisemitismus geworden, seitdem sich diverse jüdische Organisationen wie von AIPAC über Honestly Concerned bis zum Simon Wiesenthal Center in den USA, und unzählige Sayanim, von Henryk M. Broder bis Michael Wolffsohn, seiner bemächtigt haben.

Um nicht falsch verstanden zu werden: Antisemitismus ist schlimm. Aber die billige Antisemitismus-Anschuldigung, die immer schnell zur Hand ist, ist noch schlimmer, weil sie echten Judenhass mit solchen Bagatellen auf eine Stufe stellt. Man kann das Schlagwort »Antisemitismus« fast schon wörtlich nehmen, denn es ist in der Tat heute zu einem Wort geworden, mit dem man Menschen erschlagen kann – zu einer Keule, wie Martin Walser sie einmal genannt hat. Indem man hinter jeder Ablehnung und Kritik an der israelischen Kolonisationspolitik Antisemitismus vermutet, entwertet man den historisch bedeutenden Begriff.

Ich weiß, dass meine Worte von Rechtspopulisten, Neonazis und anderen Fanatikern benutzt und missbraucht werden können. Man riskiert, dass der Beifall manchmal von rechts kommt. Allerdings wissen die Rechtspopulisten und Rechtsradikalen, dass ich nicht ihr Freund bin. Dafür erhalten solche Juden wie der verstorbene Ralph Giordano oder Henryk M. Broder, die meine Texte am liebsten verbieten würden, längst Beifall von Pegida-Anhängern und aus rechtsradikalen Foren, weil sie schon lange scharf nach rechts abgebogen sind.

Es ist höchste Zeit, dass auch manche Juden in Deutschland im 21. Jahrhundert ankommen. Dazu gehört, dass sie sich auch harte Kritik an der Politik des Staates Israel anhören müssen, ohne gleich die Antisemitismus-Keule, die sie offensichtlich oft im Gepäck haben, hervorzuholen, und dazu gehört, dass sie sich endlich von peinlichen Reden ihrer Vertreter distanzieren. Besonders aber, von peinlichen, selbstgerechten und nationalistischen Reden israelischer Politiker, ganz gleich, wo sie gehalten werden, im israelischen Parlament in Jerusalem oder im deutschen Bundestag. Der Vertreter des deutschen Judentums, der Präsident des Zentralrats der Juden in Deutschland, hätte protestierend den Bundestag verlassen müssen, wie vereinzelte Abgeordnete der Linken es taten, als Shimon Peres bei seinem Staatsbesuch 2010 im deutschen Parlament sagte: »Israel ist ein jüdischer und demokratischer Staat, in dem rund 1,5 Millionen gleichberechtigte arabische Bürger leben. Wir werden es nicht zulassen, dass jemand wegen seiner Nationalität oder Religion diskriminiert wird.« Da muss man sich fragen, wie verblendet, wie verlogen muss man sein, um eine solche Unwahrheit zu verbreiten. Die in Israel lebenden Araber sind nicht einmal auf dem Papier »gleichberechtigt«, denn in den israelischen Pässen wird streng zwischen Juden, Arabern und Drusen unterschieden. Wer hätte das gedacht? Beginnt hier die Apartheid? In der sozialen und politischen Realität werden Nichtjuden seit Bestehen des Staates Israel systematisch diskriminiert. Das müssen inzwischen auch die Vertreter der Juden in Deutschland gemerkt haben, aber sie ignorieren es und wollen es nicht wissen.

16 Israels Botschafter als Propagandist

Der 1957 in Tel Aviv geborene Yakov Hadas-Handelsman ist seit 2012 der Botschafter Israels in Deutschland. Ein Beitrag von ihm in *The European* hat mich erschreckt und gleichzeitig amüsiert.[1] Ich hätte niemals gedacht, dass die israelische Botschaft solch einen banalen und absurden Text freigeben würde. Gibt es dort niemanden, der darauf achtet, dass der Botschafter seine Würde behält und nicht Unsinn verzapft, auf einem Niveau, dass, wenn ich Volksschullehrer wäre und mir einer meiner Schüler einen solchen Aufsatz vorlegte, er von mir eine tiefrote Sechs bekommen würde? Aber ein israelischer Botschafter darf sich einiges erlauben, was kein anderer Botschafter tun würde: Er mischt sich in innere Angelegenheiten Deutschlands ein und findet es sogar gut so.

Yakov Hadas-Handelsman schrieb für ein Online-Magazin einen Beitrag, der seine Kernaussage schon in der Überschrift trug: »Jeder kann Antisemit sein«. Was er damit eigentlich sagen wollte, war, dass in seinen Augen jeder, der sein Land kritisiert, ein Antisemit ist.

Er hätte schreiben können, die rote Linie sei für ihn dann überschritten, wenn man hetzt, rassistisch argumentiert und Gewalt verherrlicht. Kritik aber ist immer und jederzeit legitim – egal, ob sie gerecht ist oder ungerecht, eindringlich oder kompromisslos, durchdacht oder oberflächlich. Das ist die Basis einer Demokratie. Wem Kritik nicht passt, sollte seine Reaktion und Position überprüfen.

Aber auch Hadas-Handelsman reihte sich in die Riege derer ein, die überall in Deutschland Antisemitismus wittern und dafür inzwischen eine idiosynkratische Nase entwickelt haben. Weil ein paar durchgeknallte und traumatisierte Schreihälse während der Proteste gegen den Gaza-Krieg in der Tat judenfeindliche Parolen gebrüllt hatten, sprachen der israelische Botschafter, der Zentralrat der Juden und andere von einer neuen »Welle des Antisemitismus« in diesem Land. Die Paranoia kannte keine Grenzen.

Hadas-Handelsman schrieb: »Wer sagt, Israel dürfe man nicht kritisieren, versteckt dahinter nur seine antisemitischen Vorurteile.« Wer behauptet denn, dass man Israel nicht kritisieren dürfe? Natürlich darf man das, auch wenn Hadas-Handelsman und seine Freunde es nur zu gerne verhindern würden. Der Preis ist aber hoch. Wir, die es tun, werden eben dennoch von solchen Freunden Israels regelmäßig als »Antisemiten« oder «jüdische Selbsthasser« beschimpft und bespuckt. Und nur, weil wir sagen: Israel muss man kritisieren. Das ist ja gerade das Verrückte: Erst postuliert der Botschafter, wer sage, man dürfe Israel nicht kritisieren, verstecke dahinter nur seinen latenten Antisemitismus. Wird aber Israel sachlich und konkret kritisiert, sei das natürlich auch antisemitisch. Über die Folgen dieser Argumentation sind sich diese Herrschaften offensichtlich nicht bewusst. Und überhaupt: Je mehr man Israel liebt, desto mehr muss man es kritisieren. Wie im richtigen Leben also.

Es ist ungewöhnlich, dass der Vertreter eines fremden Staates sich so direkt in innere Debatten eines Gastlandes einmischt. Eigentlich müsste man einen solchen Botschafter ausweisen und für unerwünscht erklären. Israel jedenfalls würde einen deutschen Botschafter, der es wagen würde, israelische Bürger auf diese Weise belehren zu wollen, ziemlich schnell zur Persona non grata erklären. Hadas-Handelsman aber glaubt sich dazu berechtigt, weil er glaubt, auch die Toten von Auschwitz zu vertreten, für die Deutschland verantwortlich ist.

Ich halte das für eine Anmaßung. Man kann den Deutschen von heute auch kaum mehr Vorwürfe machen für eine Vergangenheit, die sie nicht verschuldet haben. Die meisten Deutschen waren zur Nazizeit noch Kinder, wurden dann erst geboren oder danach. Gleichwohl haben alle Deutschen die Verantwortung für die Vergangenheit ihres Volkes. Sie können sich nicht die Rosinen herauspicken und sagen, dass die Deutschen das Volk der Dichter und Denker sind, denn sie sind gleichzeitig auch das Volk der Richter und Henker. Und die juristische Person »Bundesrepublik Deutschland« kann nicht moralisch haftbar gemacht werden für die Untaten des Naziregimes, zumal Israels Regierung Deutschland selbst längst einen Persilschein ausgestellt hat.

Israel hat dieses Mandat an sich gerissen. Der Jüdische Weltkongress hätte viel eher einen Anspruch gehabt, die Juden in aller Welt zu vertreten, als Israel, das nur seine Bürger vertreten kann. Der Jüdische Weltkongress aber ist schwach und der israelischen Regierung gegenüber unterwürfig.

Hadas-Handelsman beklagte sich in seinem Gastbeitrag darüber, »vom 8. Juli bis zum 26. August 2014« hätten »die Hamas-Terroristen 4562 Raketen aus dem Gazastreifen auf Israel« abgefeuert. Er tut so, als läge die alleinige Schuld für diese Auseinandersetzungen bei der Hamas, die den Gazastreifen verwaltet. Der Gazastreifen steht aber seit fast 50 Jahren unter der Kontrolle Israels und wird von Israel abgeriegelt. Verglichen mit der Todesangst der Menschen in Gaza, die nirgendwohin flüchten konnten, als ganze Stadtteile und fast die gesamte Infrastruktur im Sommer 2014 zum wiederholten Male von der israelischen Armee bombardiert und zerstört wurde, blieb der Schaden und das Leid der Israelis deutlich dahinter. Der Gaza-Krieg des Sommers 2014 endete mit den mehr als 2000 Toten auf palästinensischer Seite, darunter mehr als 500 Kindern, und bis zu 10000 Verletzten und bis heute traumatisierten Überlebenden. Diese Zahlen sprechen für sich. Es ist zynisch, wenn Hadas-Handelsman beklagt, dass es das »mörderische Vorhaben der Hamas war, so viele israelische Zivilisten wie möglich zu töten«.

Es fällt auf, dass Hadas-Handelsman die Palästinenser in seinem Beitrag mit keinem Wort erwähnt, und auch nicht deren Kampf um Unabhängigkeit und Befreiung von der israelischen Besatzung, die bei ihm ebenfalls gar nicht vorkommt. Stattdessen diffamiert dieser Botschafter die Demonstranten, die in ihrer Mehrzahl nicht gegen

Juden, sondern gegen den Staat Israel protestiert haben, und dies zu Recht. Ich habe die Demonstration in Frankfurt erlebt und die Kundgebung in Berlin im Fernsehen gesehen. Mir ist keine Hetze gegen Juden aufgefallen, oder bestenfalls am Rande, dafür aber scharfe Kritik an Israel.

Hadas-Handelsman aber macht einen Nebenkriegsschauplatz auf, im wahrsten Sinne des Wortes, um von diesem Thema abzulenken. Er bedauert es, dass lediglich die »Entscheidungsträger« in der deutschen Politik die vereinzelten antisemitischen Ausfälle auf den Demonstrationen verurteilt hätten und nicht »die Gesellschaft« an sich, die seiner Meinung nach die »demokratischen Werte verteidigen« sollte. Sein Unmut geht darauf zurück, dass sich nur wenige Menschen an der verlogenen und heuchlerischen Kundgebung des Zentralrats der Juden vor dem Brandenburger Tor beteiligen wollten. Es war einfach zu deutlich und offensichtlich, dass es dem Zentralrat nicht um Antisemitismus ging, sondern darum, Loyalität und Solidarität mit Israel zu demonstrieren. Denn allein für die Handvoll Antisemiten in diesem Land hätte sich eine solch gewaltige Show, an der sich die Spitzen des deutschen Staates beteiligten, doch gar nicht gelohnt. Jeder wusste, dass es eine Kundgebung pro Israel war und dass es darum ging, Israel vor Kritik aus der Gesellschaft zu schützen. Es ging darum, von den Kriegsverbrechen und völkerrechtswidrigen Taten der israelischen Armee abzulenken.

Wenn man sich vergegenwärtigt, welche unangenehmen Folgen zu scharfe Kritik an Israel in Deutschland haben kann, dann ist es zynisch, ja infam, wenn der Botschafter schreibt, Kritik an Israel sei erlaubt und so selbstverständlich wie »Eis essen im Sommer«. Die Angriffe gegen Leute wie Rolf Verleger, der wegen seiner Kritik an Israel aus dem Direktorium des Zentralrats der Juden ausgeschlossen wurde, gegen Rupert Neudeck und andere Kritiker der israelischen Politik füllen ganze Ordner. Und wenn Hadas-Handelsman schreibt, man sei für Kritik von außen offen und die Debatte über diese Fragen werde in Israel täglich geführt »und oft in einer Schärfe, die ihresgleichen in Europa sucht«, dann kann man darüber nur den Kopf schütteln. Uri Avnery wurde schon mehrmals angegriffen und verprügelt, und ihrem Kolumnisten Gideon Levy musste die Zeitung *Ha'aretz* zuletzt einen privaten Leibwächter zur Seite stellen, weil er mit dem Tode bedroht wurde. Gideon Levy, Uri Avnery, Amira Hass, Eva Illouz, David Grossman, Amos Oz und manch andere Kritiker werden in Israel von der Regierung nur als Feigenblatt geduldet, sonst aber ignoriert. Sie werden geduldet, damit man der Welt vorgaukeln kann, man sei eine »lupenreine Demokratie«. In historischer Perspektive werden diese Kritiker aber in Erinnerung bleiben als der moralische Leuchtturm Israels in einer sehr dunklen Zeit.

Was Kritik von außen betrifft, ist man in Israel nicht viel duldsamer. Selbst jüdische Kritiker wie zum Beispiel der Sprachwissenschaftler Noam Chomsky oder der Politologe Norman Finkelstein dürfen nicht mehr nach Israel einreisen. Im Sommer 2012 hinderte man Hunderte von Kritikern der israelischen Politik, die ins palästinensische Autonomiegebiet reisen wollten, an der Einreise. Und Anfang 2017 hat die Regierung beschlossen, dass Ausländer, die zum Boykott Israels oder auch nur der Siedlungen im Westjordanland aufgerufen haben, generell nicht mehr einreisen dürfen.

Hadas-Handelsman behauptet außerdem, dass Kritik an Israel »lupenrein antisemitisch« sei, wenn »das Recht des jüdischen Volkes auf einen eigenen Staat negiert« werde. Als israelischer Botschafter muss er so etwas wohl sagen. Aber Antisemitismus hat grundsätzlich erst einmal nichts mit dem Staat Israel zu tun. Wenn palästinensische Demonstranten das Recht der Juden auf einen eigenen Staat negieren, dann einzig und allein, weil ihnen dieses Recht vorenthalten wird und der Boden, der ihren Eltern, Großeltern und deren Vorfahren, die dort seit Jahrhunderten lebten, streitig gemacht und gestohlen wird.

Ein weiteres vermeintliches Merkmal für Antisemitismus ist es laut Yakov Hadas-Handelsman, »wenn Israelis mit Nazis verglichen werden«. Das sollte er mal in Israel erzählen. Da machten einst, nach dem Friedensabkommen von Oslo in den 1990er-Jahren Karikaturen und Fotomontagen von Jitzchak Rabin in einer SS-Uniform die Runde, für die die Gesinnungsfreunde von Benjamin Netanjahu und Ariel Sharon verantwortlich zeichneten. Ich erinnere mich noch an die Bilder einer gespenstischen Demonstration, auf der Rabin für »vogelfrei« erklärt wurde und beide, Netanjahu und Sharon, diesem Spektakel wohlwollend zusahen. Kurz darauf wurde Rabin von einem Fanatiker ermordet, und seine Witwe Lea Rabin schlug nicht ohne Grund die Hand Netanyahus aus, als dieser ihr kondolieren wollte. Ist Benjamin Netanjahu nun, nach den Maßstäben seines Botschafters, auch ein Antisemit?

Außerdem ist nach Hadas-Handelsman jeder ein Antisemit, »der an Israel andere Maßstäbe ansetzt als an jeden anderen Staat«. Die meisten Kritiker wie ich erwarten von Israel nur, was wir von jedem anderen anständigen, demokratischen und moralischen Staat erwarten. Israel rühmt sich gerne, die »einzige Demokratie im Nahen Osten« zu sein. Doch wenn es darum geht, sich gegen Kritik zu immunisieren, möchte es gerne auf einer Stufe mit Schurkenstaaten und üblen Diktaturen stehen, neben Syrien, Somalia, Saudi-Arabien und vielleicht auch noch dem Islamischen Staat, der Journalisten köpft. Verglichen mit Syrien ist Israel vielleicht eine Demokratie. Aber was ist Israel verglichen mit europäischen Demokratien?

Interessant wird es auch, wenn Hadas-Handelsman meint: »Es ist auch nicht *jeder*, der Israel kritisiert, automatisch frei von Antisemitismus.« Wäre er ein Verfechter der alten römischen Rechtsauffassung, wonach man so lange unschuldig ist, wie eine Schuld nicht erwiesen ist, dann hätte er seinen Satz anders geschrieben. Dann hätte er geschrieben: Nicht jeder, der Israel kritisiert, ist automatisch ein Antisemit. Aber für den Botschafter gilt: im Zweifel gegen den Angeklagten. Der muss erst einmal beweisen, dass er lautere Absichten hegt. Dieses Selbstmitleid – alle sind gegen uns – ringt einem nicht einmal mehr ein Schmunzeln ab.

Israels Existenz ist nicht bedroht, und auch nicht Israels »Existenzrecht«. Ich jedenfalls kenne keinen Staat, der Israels Existenzrecht offiziell bestreitet. Und wenn die Hamas als Beispiel angeführt wird, dann kann man nur erwidern, dass auch Israel das Existenzrecht der Hamas bestreitet. Wenn Israel die Hamas als Partei anerkennen würde, würde sich auch die Hamas auf Israel zubewegen. Denn: Ihr Anführer Khaled Meshal hat sich auf *Al Jazeera* bereits mehrfach zu einem Staat Palästina in den Grenzen von 1967 bekannt.

Israel existiert und soll weiter existieren – aber bitte in rechtlich vereinbarten Grenzen und mit voller Gleichberechtigung für seine nichtjüdischen Bewohner. Und wenn das eines Tages geschehen sollte, dann wird Israel auch nicht mehr ein »Paria der internationalen Gemeinschaft« sein, als der es sich sieht. Denn es ist Israel selbst, das dies bewirkt, allein schon dadurch, dass es nicht bereit ist, seine endgültigen Grenzen festzulegen.

Hadas-Handelsman sagt selbst, die Erfahrung zeige, »dass bei einer Eskalation der Lage im Nahen Osten die Zahl der antisemitischen Vorfälle in Europa und in der Welt steigt«. Wenn dieser Zusammenhang so klar ist, warum zieht man daraus nicht die richtigen Konsequenzen und ändert seine Politik? Stattdessen erwartet man, dass die Welt Israels Verstöße gegen das Völkerrecht und seine Kriegsverbrechen einfach akzeptieren soll.

Die Vertreter der Juden wie Dieter Graumann in Deutschland sagen: »Ja, wir Juden stehen zu Israel. Und für diese Haltung unserer Herzen wollen wir uns auch nicht entschuldigen müssen.« Der Staat Israel hat erfolgreich die jüdische Identität besetzt, sodass viele Menschen tatsächlich glauben, dass zwischen dem Zionismus, Israel und Judentum eine untrennbare Verbindung besteht. Netanjahu nimmt für sich das Recht in Anspruch, für alle Juden weltweit zu sprechen, selbst wenn sie in Neuseeland oder Island leben. Er und das jüdische Establishment kümmern sich nicht um diejenigen, die den Mut haben, aufzustehen und »nicht in unserem Namen!« zu rufen, wie es etwa die Mitglieder der Jüdischen Stimme für gerechten Frieden im Nahen Osten und viele andere jüdische Gruppierungen weltweit tun.

Es ist mir unverständlich, wenn Juden blind zu Israel stehen und nicht in der Lage sind, zwischen Recht und Unrecht zu unterscheiden. Und man kann verstehen, dass viele deutsche und insbesondere muslimische und palästinensische Bürger das nicht gut finden und das kritisieren, auch wenn das manchmal zu emotional und zu laut geschieht. Man kann auf diese Proteste auch anders antworten, als sie pauschal als Ausdruck von Antisemitismus zu diffamieren. Palästinenser aus Gaza, die durch israelische Bomben Familienangehörige verloren haben, überzeugt man dadurch nicht. Wenn sie Israel hassen, dann haben sie Gründe dafür. Und sie wollen nicht von einem Dieter Graumann hören, dass sie sich von der Hamas distanzieren sollen, solange sich der Zentralrat der Juden in Deutschland nicht von den Kriegsverbrechen der Israelis distanziert, wie sie zum Beispiel im UNO-Bericht des südafrikanischen Juristen, Völkerrechtlers und UN-Chefanklägers Richard Goldstone aktenkundig gemacht wurden. Obwohl selbst ein Jude, wurde er von israelischer Seite enorm unter Druck gesetzt, und man versuchte, seinen Ruf zu beschädigen.

Hadas-Handelsman beklagt, dass »heute jeder Antisemit sein kann«! Aber er verwechselt Kritik an Israel und am Zionismus mit Antisemitismus. Und er wandelt auf den Spuren von Ariel Sharon, der den Antisemitismus in Europa begrüßt hat, weil er Juden nach Israel treibt, wenn er schreibt: »Heute weiß jeder Jude auf der ganzen Welt, dass er bei Gefahr jederzeit nach Israel kommen kann.« Als ob es in Israel nicht viel größere Gefahren gibt als anderswo auf der Welt – etwa, wieder in einen unnötigen Krieg hineingezogen zu werden.

Die Frage ist auch, ob sich jeder Jude, der nach Israel einwandert, bewusst ist, dass er damit womöglich einen Palästinenser vertreibt beziehungsweise dessen Existenz gefährdet.

Einst besuchte der damalige israelische Präsident Chaim Herzog Deutschland und forderte alle Juden hierzulande auf, Deutschland zu verlassen und nach Israel auszuwandern. Der Zentralrat der Juden in Deutschland und die deutsche Regierung schwiegen betreten dazu. Ein Gast aus Israel darf das, was sich kein anderer herausgenommen hätte. Israelische Präsidenten und Botschafter genießen bei uns Narrenfreiheit.

17 Die Antideutschen und die Querfront zur Neuen Rechten

Die sogenannten »Antideutschen« sind ein Phänomen, das typisch deutsch ist und das man deswegen so wohl auch nur in Deutschland findet. Es handelt sich um eine aus Teilen der sogenannten radikalen Linken hervorgegangene, politische Strömung, die sich nach eigener Überzeugung gegen einen spezifisch deutschen Nationalismus wendet, von dem sie glaubt, dass er insbesondere im Zuge der deutschen Wiedervereinigung erstarkt sei. Typische antideutsche Positionen sind eine bedingungslose Solidarität mit Israel sowie eine entschiedene Gegnerschaft zu Antizionismus und Antiimperialismus und bestimmten Formen des Antikapitalismus, die sie pauschal mit Antiamerikanismus und Antisemitismus gleichsetzen.

Es überrascht nicht, dass das Aufkommen der Antideutschen zu heftigen Kontroversen innerhalb der linken Szene führte. Denn die Antideutschen treiben ihre aus der deutschen historischen Verantwortung hergeleitete Solidarität mit Israel so weit, dass sie Israel und die USA als Träger der abendländischen Zivilisation verherrlichen. Ihre Solidarität mit Israel resultiert also nicht aus einer Auseinandersetzung mit dem realen Konflikt im Nahen Osten, sondern aus einer Überidentifikation mit »den Juden« sowie aus einer Projektion vermeintlich links-deutscher Befindlichkeiten auf Israel. Sogenannte Linksautonome werfen den Antideutschen eine »völkische« Ideologie vor, weil diese in ihrem klebrigen, peinlichen Philosemitismus die jüdischen Menschen romantisieren und homogenisieren. Der Philosemitismus basiert auf fast denselben Stereotypen wie der Antisemitismus, nur dass er sie positiv bewertet. Wenn Antisemiten Juden dafür hassen, dass sie angeblich so klug und kosmopolitisch sind und angeblich den Nationalstaat zerstören, bewundern die antideutschen Philosemiten sie dafür. War es nicht sogar Henryk M. Broder, der einmal sagte, Philosemiten seien Antisemiten, die die Juden lieben? Er zählt heute zu den publizistischen Helden der Antideutschen.

Viele Exponenten der Antideutschen weisen in der Tat zudem Berührungspunkte zu neurechten Gruppen auf, insbesondere aus der islamophoben Ecke. Zu den Zentralorganen der Antideutschen zählen die Wochenzeitung *Jungle World*, das Magazin *Bahamas* und die Monatszeitschrift *konkret*. Manche antideutschen Autoren pflegen zudem eine gewisse Nähe zu den Publizisten der Website des rechtspopulistischen Netzwerks »Achse des Guten« um Henryk M. Broder, schreiben für entschieden proisraelische Internet-Blogs oder für die extrem rechte *Jüdische Rundschau*, die rassistische und nationalistische Ideologien verbreitet.

Manche linken Kritiker haben die antideutsche Strömung schon zur »grotesken Narrentruppe deutschen Schuldkomplexes«[1] erklärt und werfen ihnen vor, sie propagierten und zelebrierten »eine Form der Israel-Begeisterung, die sich mit den Maximalpositionen der israelischen Rechten deckt«. In der Zeitschrift der Rosa-Luxemburg-Stiftung war zu lesen, das Problem beim Philosemitismus der Antideutschen sei, dass sie jüdische Personen ebenso als homogene Masse betrachten würden, wie sie dies bei Antisemiten vermuten, nur dass die Vorzeichen spiegelverkehrt sind.

Der linke israelische Historiker Moshe Zuckermann meint, die »doktrinäre Israel-Solidarität« ignoriere die Widersprüchlichkeit der israelischen Gesellschaft. Die Protagonisten der linken Solidarität mit Israel würden einem Zionismus huldigen, der »weitgehend enthistorisiert« sei. Der Zionismus sei in der Vergangenheit eine Notwehrmaßnahme gegen den Antisemitismus gewesen. Vor diesem Hintergrund ist die Parteinahme für Israel im Selbstverständnis der antideutschen Ideologie eine zwingende Konsequenz aus ihrer strikten Ablehnung von Antisemitismus als größtem Übel der

Welt. In einigen Ausläufern der autonomen Antifa-Szene ist es deshalb schick geworden, mit einer kaum noch theoretisch begründeten Israel-Solidarität zu kokettieren.

Ironischerweise entzündete sich die »antideutsche« Kritik ursprünglich einmal am verlogenen Gesinnungskitsch der deutsch-jüdischen Versöhnung mit ihrem tatsächlich »klebrigen Philosemitismus«. Der Publizist Eike Geisel (1945–1997) hat schon früh »jenes unerträgliche Gemisch aus betroffenen Christen, schwärmerischen Israel-Touristen, geduldigen Berufsjuden, bekennenden Deutschen und eifernden Hobby-Judaisten« scharf kritisiert. Nun sind die Antideutschen selbst beim, nunmehr zionistischen, Gesinnungskitsch angekommen.

Aber wie kam es dazu? Vor 1989 war »antideutsch« noch eine ziemlich diffuse Fremdbezeichnung für die antinationale Haltung in Teilen der deutschen Linken. Seine heutige Prägung erfuhr der Begriff erst sehr viel später, indem er als Selbstbezeichnung von einer spezifischen theoretischen Strömung innerhalb der Linken wieder aufgegriffen wurde, und zwar nach dem Mauerfall von 1989.

Die Spaltung der Antideutschen von der übrigen Linken wurde in der aufgeregten Wendezeit von einer breiten Öffentlichkeit kaum beachtet – bis heute. Während in Leipzig zehntausende Menschen für das nahende Ende der DDR und die deutsche Wiedervereinigung demonstrierten, fanden sich in Frankfurt am Main 20 000 Anhänger diverser kommunistischer Gruppen und der Grünen zusammen, um auf die Gefahren der Wiedervereinigung aufmerksam zu machen. Den Deutschen, so sahen es viele von ihnen schon damals, sei der Antisemitismus kulturell quasi unauslöschbar eingraviert, und jeder deutsche Staat müsse deshalb unweigerlich in einen neuen Holocaust führen. Auf einer antideutschen Kundgebung in Hamburg im Januar 2004 war auf einem Transparent zu lesen: »Deutschland denken heißt Auschwitz denken!« Positionen, die denen der Antideutschen widersprachen, wurden schnell als »antisemitisch« denunziert, was der Satiriker Wiglaf Droste einmal mit dem Bonmot charakterisierte: »Wer als Erster Auschwitz sagt, hat gewonnen.«

Die Haltung der »antideutschen Linken« zur übrigen Linken entspricht der Haltung, die der frühere Präsident des Zentralrats der Juden in Deutschland, Dieter Graumann, einmal in der *Süddeutschen Zeitung* auf den Punkt brachte. Er schrieb dort: »Der alte antizionistische Geist der DDR spukt noch in der Linken«, wenngleich es vor allem West-Linke seien, »die ihren geradezu pathologischen, blindwütigen Israel-Hass ausleben«.

Das einzigartige Phänomen der »Antideutschen« gibt es so nur in Deutschland. Es gibt auch in Frankreich oder Italien Linke, die mit Israel sympathisieren. Die »Antideutschen« nennen sich so, weil sie Deutschland wegen seiner nationalsozialistischen Vergangenheit hassen und die USA und insbesondere Israel lieben. Sie betrachten sich als die Beschützer der Juden und sehen auch in den Israelis keine Israelis, sondern Ghetto-Juden, die geschützt werden müssen. Da kann ich nur sagen: »Gott schütze mich vor solchen Freunden, vor meinen Feinden kann ich mich selber schützen!«

Sie hassen Deutschland, stehen fest an der Seite Israels und lehnen jede Kritik an den USA ab. Die Antideutschen sind eine sehr seltsame Gruppe innerhalb der linken Bewegung. Ursprünglich wollten sie mal das »Vierte Reich« verhindern – und haben sich dabei furchtbar verlaufen. Vielleicht glauben sie das alles auch selbst. Wahrscheinlicher ist aber, dass sie sich in der Unübersichtlichkeit politischer, gerade linker Splittergruppen mit diesem Thema so wunderbar wichtigmachen können. Gerade jüngere Antideutsche finden dieses vermeintliche Distinktionsmerkmal ganz, ganz toll. Schlussendlich geht es dabei nur um die eigene Befindlichkeit. Eine Art politische Theorie oder Analyse ist nicht in Sicht. Ach, wie schön ist es doch, in jeder Bewegung der Hardliner zu sein, sprich, der Durchblicker.

Nach Beginn der Zweiten Intifada ab September 2000 in Israel und Palästina und dem Terroranschlag vom 11. September 2001 in den USA kam es zu einer schroffen Polarisierung zwischen den eher traditionellen Linken auf der einen und den nunmehr als eigenständige Strömung erkennbaren Antideutschen auf der anderen Seite. Der Anschlag auf das World Trade Center am 11. September 2001 und zahlreiche Anschläge auf Synagogen und jüdische Menschen weltweit deuteten sie als Alarmzeichen für einen unverändert starken antisemitischen Vernichtungswillen in allen Teilen der Welt. Seitdem steht die vorbehaltlose Solidarität mit dem Staat Israel und die scharfe Gegnerschaft zu antizionistischen Haltungen im Zentrum des antideutschen Selbstverständnisses. Antideutsche sehen Juden in aller Welt und insbesondere im Staat Israel von verschiedenen Seiten bedroht – sowohl durch das Fortbestehen einer Ideologie der Volksgemeinschaft in den westlichen Ländern und insbesondere in Deutschland (»Postfaschismus«) als auch durch die Ignoranz der europäischen Regierungen gegenüber dem angeblich erstarkenden Antisemitismus in der EU und in den Nachfolgestaaten der Sowjetunion. Besonders der virulente Antisemitismus in vielen islamischen Ländern sei eine nicht zu unterschätzende Gefahr für das Existenzrecht Israels und Bestandteil einer »antisemitischen Internationale«, davon sind sie überzeugt.

Als eigentliche Geburtsstunde der antideutschen Bewegung kann das Jahr 1995 gelten. Bei der Zeitschrift *Bahamas* verließ die Fraktion, die sich als Teil einer linken Bewegung verstand, die Redaktion. Die verbliebenen Redakteure wollten fortan außerhalb der Linken »nur sich selbst« verantwortlich sein. Die Antideutschen, als deren Zentralorgan *Bahamas* fortan galt, organisierten sich als (pseudo-intellektuelle) Zirkel, die sich vor allem auf die Kritische Theorie und die Psychoanalyse (sic!) beriefen. Gleichwohl ist ihr intellektuelles Niveau eher schlicht, und sie haben immer wieder zu roher Gewalt gegriffen, wenn es darum ging, andere Gruppen zum Schweigen zu bringen. Statt sachliche Analysen zu betreiben, theoretisieren sie ihre eigene Befindlichkeit.

In Leipzig versuchten sie den Vortrag des britisch-kanadischen Philosophen Ted Honderich zu sprengen, indem sie mit einer riesigen Israelfahne auf das Podium traten, Honderich verdeckten und ihn so am Vortrag hinderten. Es musste schließlich die Polizei gerufen werden. Ebenfalls in Leipzig versuchten »Antideutsche«, den Vortrag des Auschwitzüberlebenden Hajo Meyer auf dieselbe Art und Weise zu verhindern. Als Meyer sie darauf aufmerksam machte, dass ihn das an die Aufmärsche der SA-Trupps erinnerte, als diese vor der Machtergreifung diverse Veranstaltungen von Kommunisten, Sozialdemokraten und natürlich Juden sprengten, lachten die überwiegend jugendlichen Störenfriede. Ähnlich wie die Nazis waren sie überzeugt von ihrer Untat. Meyer konnte nur noch hinzufügen, dass die Polizei damals auf der Seite des Unrechts war – im Gegensatz zu heute.

Berühmt und berüchtigt sind die Antideutschen auch deswegen, weil sie einen unnachgiebigen Kampf gegen den Islamismus propagieren und ihnen auch gewöhnliche Muslime verdächtig sind. Sie sind der Ansicht, dass dieser Kampf vor allem militärisch geführt werden müsse und dass Entwicklungen wie die arabischen Revolten auch langfristig keinen Anlass zur Hoffnung auf Besserung des Nahost-Konfliktes bieten könnten, und bieten dafür komplexe und abstrakte philosophische Begründungen auf. Mit den Niederungen gesellschaftlicher Realitäten und der spezifischen Geschichte des Nahen Ostens befassen sich Antideutsche dagegen nur ungern bis gar nicht. Man will sich eigentlich nur mit der eigenen Sichtweise befassen.

Aus dieser Analyse folgt für Antideutsche die Forderung nach bedingungsloser Solidarität mit Israel, welches als Staat der Holocaust-Überlebenden eine notwendige Zuflucht für verfolgte Juden aller Länder bilde. Diese grundsätzliche Solidarität mit Israel bedeutet bei vielen Antideutschen auch die volle Unterstützung für die konkreten politischen und militärischen Maßnahmen der jeweiligen israelischen Regierungen. Israel habe »als Opfer beständiger Aggression durch palästinensische Organisationen das Recht, sich mit Maßnahmen wie Kontrollen, Sperranlagen im Westjordanland und zum Gazastreifen sowie gezielten Tötungen zu verteidigen«, heißt es in einem typischen antideutschen Text. Ein sich in fortwährendem Bedrohungszustand befindendes Israel dafür zu kritisieren, dass es sich selbst verteidige und, sofern notwendig, auch präventiv zum Angriff übergehe, laufe darauf hinaus, seine Vernichtung billigend in Kauf zu nehmen. Solidarität, die über Lippenbekenntnisse hinausgehen wolle, könne daher nur bedingungslos sein.

Einige prominente Vordenker der antideutschen Linken haben die Solidarität mit Israel philosophisch zu begründen versucht. So entwickelte der Politologe Stephan Grigat den »zionistischen kategorischen Imperativ« als Maßstab für eine aktive Solidarisierung, die dazu beitragen solle, »die Möglichkeiten reagierender und präventiver Selbstverteidigung« des Staates Israel aufrechtzuerhalten.

Ohne es offen auszusprechen, beruht das antideutsche Denken auf einem rassistischen Argument: Einmal Deutscher, immer Nazi! Wer dem widerspricht und bezweifelt, dass Deutschland wieder ein Reich errichten und Juden ermorden will, betreibt in ihren Augen »Appeasement«. Für die Mehrzahl einiger Linken, die sich den Antideutschen verbunden fühlen, ist, was immer Deutschland tut und welcher Mittel es sich auch bedient, vom gleichen Motiv getrieben. Es geht ihrer Ansicht nach immer um das Gleiche: um eine Wiederauflage der Hitlerei, der deutschen Eroberungskriege und vor allem – der Judenvernichtung.

Der wegen Auschwitz erteilten Absage ans deutsche Böse steht die einseitige Parteilichkeit für den absolut guten, zu allem berechtigten Staat der Juden gegenüber. Dabei wird der Staat Israel nicht als das wahrgenommen, was er ist, sondern als Wirklichkeit seiner historischen Gründungsideologie. Darüber erschließt sich den Antideutschen, was für eine segensreiche und heimelige Einrichtung der Nationalstaat doch ist. In der Zeitschrift *konkret* schrieb deren Herausgeber und Chefredakteur Hermann Gremliza einmal: »Israel ist der Staat, dessen ganzer Zweck der Schutz jüdischen Lebens ist, verlören die Juden ihn, wären sie erneut den Launen der Antisemiten preisgegeben.«[2] Gremliza schrieb hier wohlweislich nichts vom Schutz »seiner Bürger«, sondern griff auf die radikal zionistische Vorstellung zurück, dass Israel alle Juden auf der ganzen Welt schütze. Doch den Juden in aller Welt winkt in Israel keine sichere »Heimstatt«, und umgekehrt erwartet die Juden in aller Welt kein Pogrom. Stattdessen leben Juden heute in Israel am gefährlichsten. Und wenn man nicht in Israel lebt, was auf die meisten Juden zutrifft, wird man von diesem Staat materiell und vor allem moralisch in Anspruch genommen und unter Druck gesetzt, bis hin zu der Konsequenz, dass selbst jüdische Kritiker als »Antisemiten« und »Jüdische Selbsthasser« denunziert werden.

Die absurde und seltsame Ideologie der sogenannten Antideutschen leuchtet den meisten Linken nicht ein. Die Antideutschen pochen auf eine angebliche Pflicht der politischen Linken zu proisraelischer Parteilichkeit. Die linken Israelis, die aber mit der Politik in ihrem Land nichts zu tun haben wollen und deshalb zu Tausenden nach Berlin flüchten, werden von diesen Antideutschen als Vaterlandsverräter (sic!) beschimpft und verleumdet. Und wenn sich irgendwo tatsächlich ein Linker rührt, der zu Deutschland oder gar zu Israel eine andere Meinung hat als sie, dann kann er äußern, was er will: Er wird als Beleg für jenen angeblichen »linken Antisemitismus« gesehen, dessen moralisches Bekämpfen die Antideutschen sich zum Daseinszweck gemacht haben.

So sehr diese vermeintlich linksradikale und antideutsche Strömung von sich behauptet, gegen das herrschende System zu sein, so sehr hat es ihr gefallen, als Bundeskanzlerin Angela Merkel verkündete, dass Israels Sicherheit »deutsche Staatsräson« sei. Wer zwischen dem Groß-Israel-Projekt der rechten Likud-Regierungen, aber eigentlich auch fast aller Regierungen davor, und dem Anspruch von Juden in aller Welt auf ein Leben ohne rassistische Anfeindungen auch nur den geringsten Unterschied macht, will Auschwitz reaktivieren, und wer auf den Straßen von Berlin gegen den israelischen Angriff auf Gaza protestiert, will den Holocaust wiederbeleben.

Die Antideutschen, die sich fast ausschließlich mit der Politik Israels und der Politik der USA beschäftigen, sind der Meinung, dass um der jüdischen Opfer von Auschwitz willen dem Staat Israel eine bedingungslose blinde Solidarität zusteht, auf die andere Opfer keinen Anspruch erheben können. Wer aber behauptet, dass die Opfer von Auschwitz das wollten? Evelyn Hecht-Galinski, die Tochter des früheren Vorsitzenden des Zentralrats der Juden in Deutschland, wird nicht müde zu erklären, dass ihr Vater, Heinz Galinski, Auschwitz nicht überlebt hatte, um zu neuem Unrecht zu schweigen. Zum Unrecht in Israell hat er aber geschwiegen.

Daran, dass er Israel zubilligt, was man sonst als schreiendes Unrecht verurteilen würde, bewährt sich der wahre und gute »Antideutsche«. Da legen sich sogar mutmaßliche Intellektuelle die Borniertheit einer israelisch-vaterländischen Parteilichkeit als Standpunkt zurecht. Ihr Imperativ, als guter Deutscher wie ein idealtypisch bornierter Israeli zu denken und zu urteilen, gerät folgerichtig zu einer explizit bindungslosen Affirmation staatlicher Gewalt, zu der es in dieser Rigidität normalerweise einen israelischen Faschisten bräuchte.

Solche Antideutsche machen den Eindruck, dass sie sich eines fortgesetzten Moral-Verrats schuldig machen, weil sie nicht noch bedingungsloser zu Israel halten als jeder noch einigermaßen nüchtern gebliebene israelische Patriot. »Man kann in Deutschland nicht gegen Israel und auch nicht gegen die konkrete Regierungspolitik in Israel demonstrieren!«, glauben sie. »Der Staat, in den sich die den deutschen Mördern entkommenen Juden gerettet haben, war in tödlicher Gefahr. Es gibt kein Prinzip, das es Mitgliedern des Kollektivs, ›die Deutschen‹ erlaubte, in solcher Lage anderes zu tun, als Israels Partei zu ergreifen.«

Dass der Staat, in den sich viele Juden aus Europa gerettet haben, damals noch nicht existierte, sondern ein bewohntes Gebiet war, das den Palästinensern gehörte, ignorieren sie.

Selbst in den Verfassungsschutzbericht fand die »antideutsche« Strömung im Jahr 2006 erstmals Eingang. Doch schon zwei Jahre später konstatierte der Verfassungsschutzbericht: »Den Höhepunkt ihres Einflusses auf den traditionellen Linksextremismus hat die »antideutsche« Strömung inzwischen überschritten. Ihr wird in der Szene kaum noch Aufmerksamkeit entgegengebracht.« Im Folgejahr wurden die Antideutschen nicht mehr im Bericht des Verfassungsschutzes erwähnt.

Die Zahl der Antideutschen, die sich um das Sektenblatt *Bahamas* und vergleichbare Mini-Publikationen wie *Prodomo* und *Bonjour Tristesse* gruppieren, ist nicht hoch, sie dürfte einige Hundert nicht übersteigen. Sie besitzen allerdings eine junge und eingeschworene Fangemeinde, primär in den Antifa-Szenen, von manchem Beobachter auch als »eventorientierte Spaßjugend« bezeichnet, der Universitätsstädte, und ihre Ideen, oder besser, der Wunsch nach Distinktion, verbreiten sich auch in anderen Strömungen der Linken. Mittlerweile gibt es in zig linken Gruppierungen – von den Jusos bis zu den Anarcho-Syndikalisten – eine explizit proisraelische Fraktion. Antiisraelische Aktivitäten wie die BDS-Kampagne stoßen bei ihnen auf größeren Widerstand. Die Antideutschen mögen einen Hang zum Sektierertum haben, wie ihnen auch von Wohlmeinenden attestiert wird. Ohne politische Wirkung sind sie aber nicht geblieben. Der Einfluss der »antideutschen Strömung« zeigt sich unter anderem daran, dass die Bundestagsfraktion der Linkspartei ihren Mitgliedern vor einigen Jahren das Eintreten für eine Ein-Staaten-Lösung, die Teilnahme an einer weiteren Gaza-Flottille und Boykottaufrufe gegen israelische Produkte untersagt hat.

Der Verein Jüdische Stimme für gerechten Frieden in Nahost und eine Gruppe von mehr als 100 israelischen linken Aktivisten kritisierten die Linkspartei für diesen Beschluss: Solche kritischen Positionen seien legitim.

Ob es einen Kausalzusammenhang zwischen radikal-aggressiver linker Theorie und dem Erstarken des Rechtspopulismus gibt, kann ich nicht beurteilen. Sicher ist aus meiner Sicht aber die Tatsache: Eine Linke, die nicht daran glaubt, dass es verschiedene Meinungen und Fakten, Lügen und Wahrheit, verbale und reale Gewalt, falsch und richtig gibt, geben darf und vielleicht auch geben muss, hat rechten Lügnern, Leugnern und Tätern argumentativ wenig entgegenzusetzen. Hier bezeichnet sie sich nur noch als links, bei genauem Hinsehen bildet sich hier aber die oft beschworene Querfront tatsächlich aus. Zu rechten Positionen gibt es gar keine Unterschiede mehr. Links ist daran gar nichts.

Israel verliert nach und nach seine Freunde in der Welt. Nicht nur Sozialdemokraten und Linke gehen auf Distanz zur israelischen Politik. Die Labour Party in England distanziert sich von Benjamin Netanjahu, auch andere linke Parteien quer durch Europa, von Italien und Spanien, über Frankreich und Holland bis hin zu Schweden, kritisieren die nationalistische Politik Israels. Demgegenüber gewinnt Israel Freunde auf der rechten Seite.

Heute unterhält die israelische Regierung unter Benjamin Netanjahu nicht nur gute Kontakte zu Heinz-Christian Strache, dem Vorsitzenden von Österreichs rechtspopulistischer Freiheitlicher Partei (FPÖ), der in Israel von Mitgliedern der Koalitionsregierung mit offenen Armen begrüßt wurde. Straches Partei wurde ursprünglich von österreichischen Nazis gegründet, und Jörg Haider, ihr früherer Vorsitzender, äußerte Sympathien für gewisse politische Maßnahmen Adolf Hitlers. Heute steht sie aber in erster Linie für einen antimuslimischen und Anti-Einwanderungskurs und bildet hier also einen Querfrontpunkt mit den Antideutschen.

Ein anderer Freund Israels ist der Rechtspopulist Geert Wilders aus den Niederlanden, der zwar extrem fremdenfeindlich, andererseits aber Israel sehr freundlich zugewandt ist. Im Herbst 2016 wurde bekannt, dass Wilders Besuche in Israel und seine Treffen mit israelischen Regierungsmitgliedern so häufig stattfanden, dass der holländische Geheimdienst seine »Verbindungen mit Israel und ihre möglichen Auswirkungen auf seine Loyalität zu Holland« untersuchte.[3] Wilders hasst Muslime, und nicht wenige Juden, wie zum Beispiel Henryk M. Broder, stehen deshalb hinter ihm. Auch die rechtspopulistische und islamophobe französische Politikerin Marine Le Pen sucht die Nähe zu Israel, nach dem Motto: Der Feind meines Feindes ist mein Freund. Und Israel unterhält auch zu den fundamentalistisch-evangelikalen Christen in den USA enge Beziehungen, obwohl jeder weiß, dass diese antisemitisch eingestellt sind. Mit der Wahl von Donald Trump zum US-Präsidenten hat diese Art der Zusammenarbeit Einzug in das Zentrum der amerikanischen Politik gehalten. Deshalb hat Trump auch einen erklärten Zionisten als Botschafter nach Israel entsendet, will die Botschaft der USA nach Jerusalem verlagern und den illegalen Siedlungsbau stärker unterstützen. Das läuft auf eine US-Außenpolitik hinaus, die sich zionistischer als der Zionismus gibt.

Unlängst solidarisierten sich auch die AfD-Politikerin Beatrix von Storch und andere ultrarechte Europa-Abgeordnete im Europaparlament mit der neu gegründeten Lobby zugunsten der völkerrechtswidrigen Siedlungen in den besetzten Palästinensergebieten. Hier kommt offensichtlich zusammen, was zusammengehört: Rechte Zionisten aus Israel und rechte Nationalisten in Europa. Plus die Antideutschen. Querfront eben.

18 Zensur für Israel?

Die Kairoer Erklärung der Menschenrechte im Islam ist eine Deklaration, die 1990 von den Mitgliedsstaaten der Organisation der Islamischen Konferenz beschlossen wurde. Sie fußt auf den Prinzipien der Scharia, des islamischen Rechts, welche die »einzig zuständige Quelle für die Auslegung jedes einzelnen Artikels dieser Erklärung« waren, wie die Verfasser hervorhoben. Die Kairoer Erklärung wird als Antwort der islamischen Orthodoxie auf die Allgemeine Erklärung der Menschenrechte gesehen, die sie mit Ergänzungen und Einschränkungen versieht. Das Recht auf freie Meinungsäußerung etwa gilt nur insoweit, »wie es nicht die Grundsätze der Scharia verletzt«. Blasphemie gilt deshalb als Frevel. Es solle verboten sein, »die Heiligkeit und Würde der Propheten zu verletzen, die moralischen und ethischen Werte auszuhöhlen und die Gesellschaft zu entzweien, sie zu korrumpieren, ihr zu schaden oder ihren Glauben zu schwächen«, heißt es dazu. Darum gibt es in vielen muslimisch geprägten Ländern Gesetze, die den Islam davor schützen sollen, infrage gestellt zu werden.

So ähnlich würden das Zionisten, wohl auch in Bezug auf Israel und den Zionismus, sehen. Das Recht auf freie Meinungsäußerung gilt für sie nur und insoweit, wie es nicht gegen die Grundsätze des Zionismus und der israelischen Propaganda verstößt. Es soll verboten sein, die Heiligkeit und Würde Israels und des Zionismus zu verletzen, die moralischen und ethischen Werte des Zionismus anzuzweifeln und den Glauben daran zu schwächen. Darum wenden sie sich gegen jeden, der den Zionismus schwächen und infrage stellen könnte.

Solche Freunde, die jedem anständigen Juden nur peinlich sein können, befinden sich überall: in den Kirchen, Gewerkschaften und in den Parteien. So wollen deutsche Banken und deutsche Politiker Israel vor solchen Juden schützen, die die Politik dieses Staates ablehnen und darum – an der Seite von gleichgesinnten Palästinensern und solidarischen Gruppen – einen Boykott seiner Waren und Institutionen fordern und fördern. Wie einst weiße und schwarze Südafrikaner gemeinsam mit solidarischen Gruppen in aller Welt den Boykott gegen Südafrika gefordert und begrüßt haben, um dessen Politik der Rassentrennung zu bekämpfen, fordern inzwischen viele jüdische Organisationen wie zum Beispiel die Jüdische Stimme für gerechten Frieden in Nahost, die weltweit verbunden ist mit der Bewegung Jewish Voice for Peace, zu einem Boykott Israels – oder zumindest von Produkten aus den besetzten Gebieten – auf.

Am 9. Juli 2005 gaben 171 zivile palästinensische Organisationen den Gründungsaufruf der BDS-Kampagne heraus. BDS-Vertreter stellen diesen Aufruf ausdrücklich in die Tradition früherer Boykotte gegen die »britische Besatzung« und »zionistische Kolonisierung« seit 1920, die seit 1948 oft wiederholt worden sei. Die meisten Parteien und Gewerkschaften der Palästinenser sowie die Vertreter palästinensischer Flüchtlinge, Bewohner der besetzten Gebiete und auch jüdische Staatsbürger Israels unterstützten ihn. BDS ist eine weltweite, friedliche Bewegung, die auf Israel Druck ausübt, damit es seinen Verpflichtungen gemäß dem internationalen humanitären Völkerrecht und den Menschenrechten, wie in zahlreichen UN-Resolutionen gefordert, nachkommt und die Besetzung palästinensischer und syrischer Gebiete beendet, die systematische Diskriminierung der Palästinenser im besetzten palästinensischen Gebiet und in Israel selbst stoppt und eine Rückkehr der palästinensischen Flüchtlinge aus dem Ausland zulässt.

Nach dem Vorbild der Anti-Apartheid Bewegung, die die weltweite Zivilgesellschaft gegen die Apartheid in Südafrika mobilisierte, wurde die BDS-Bewegung zu einer starken und wirksamen weltweiten Bewegung, die Maßnahmen befürwortet, um Israel zu zwingen, das Völkerrecht zu respektieren und andere Staaten und Unternehmen zu überzeugen, Israel jegliche Unterstützung für seine Verletzungen des Völkerrechts zu verweigern. Die Kampagnen gegen die Apartheid in Südafrika oder für die Bürgerrechtsbewegung in den Vereinigten Staaten sind von ausländischen Regierungen nicht behindert worden. Doch die Wirksamkeit der BDS-Bewegung hat nicht nur Israel, sondern auch einige andere Staaten veranlasst, Gegenmaßnahmen zu ergreifen, um diese Bewegung zu unterdrücken.

In Frankreich, Großbritannien, Kanada und in einigen US-Bundesstaaten haben Parlamente Gesetze erlassen oder exekutive Maßnahmen ergriffen, um die Boykott-Bewegung zu unterdrücken, zu kriminalisieren oder sogar zu verbieten. Diese Maßnahmen zielen darauf ab, Einzelpersonen, Unternehmen und private und öffentliche Institutionen, die ethisch und rechtlich verantwortliche Geschäfts-, Investitions- und Beschaffungsentscheidungen treffen, zu bestrafen.

Andere Staaten, insbesondere Schweden, die Niederlande und Irland vertreten dagegen die Position, dass sich die BDS-Bewegung im Rahmen der Meinungsfreiheit bewegt – einer hoch geschätzten Freiheit, die sowohl im nationalen Recht als auch in den internationalen Menschenrechtskonventionen verankert ist. Namhafte Menschenrechtsorganisationen, darunter Amnesty International, die Internationale Föderation für Menschenrechte (FIDH) und Human Rights Watch vertreten ebenfalls die Position, dass Einzelpersonen, Verbände, öffentliche und private Einrichtungen, lokale Regierungen und Unternehmen berechtigt sind, BDS im Rahmen der Meinungsfreiheit zu tolerieren und zu unterstützen. Dabei geht es nicht darum, ob man die Ziele oder Methoden von BDS billigt. Die Frage ist, ob im Hinblick auf die Meinungsfreiheit eine Ausnahme gemacht werden darf, um Israel zu schützen.

Die Frankfurter CDU etwa will das so. Und die Münchner Stadtratsfraktionen der CSU und SPD ebenfalls. Die Frankfurter CDU hat auf dem Bundesparteitag der CDU im Dezember 2016 in Essen einen

Antrag eingebracht, der klar Position gegen die BDS-Bewegung bezieht, und die Mehrheit der Delegierten hat dem zugestimmt. »Wer heute unter der Fahne der BDS-Bewegung zum Boykott israelischer Waren und Dienstleistungen aufruft, der spricht in der gleichen Sprache, in der man einst die Menschen dazu aufgerufen hat, nicht bei Juden zu kaufen«, behauptet die CDU darin. »Mit BDS kommt der Antisemitismus als Antizionismus daher. Deshalb müssen alle notwendigen Anstrengungen darauf gerichtet werden, dieser Form des Antisemitismus und der aggressiven Feindlichkeit gegenüber Israel entschieden entgegenzutreten«, erklärte der Kreisvorsitzende der Frankfurter CDU, Uwe Becker. Der Vergleich der BDS-Kampagne mit dem Boykott der Nazis gegen Juden und jüdische Geschäfte ist zynisch, perfide und geschichtsvergessen. Denn die Nazis haben Menschen boykottiert, nur weil diese Juden waren. Davon abgesehen war die Kampagne der Nazis nicht wirklich ein Boykott, sondern eine massive Einschüchterungsstrategie, schließlich standen die SA-Männer vor den Geschäften. Wer dennoch bei Juden kaufte, machte sich in den Augen der »Volksgemeinschaft« schuldig und wurde stigmatisiert, so wie später auch die Deutschen, die mit Juden verheiratet waren. Die BDS-Kampagne dagegen boykottiert keine Menschen, sondern richtet sich gegen eine perverse Politik der Landenteignung, die im Übrigen nicht nur die Genfer Konventionen und das Völkerrecht verbietet, sondern auch von den höchsten israelischen Gerichten als illegal bezeichnet wird. Allein die israelischen Regierungen halten sich nicht daran. Die Juden in Deutschland waren vollkommen machtlos der Willkür der Nazis ausgeliefert. Die Israelis sind alles andere als machtlos, und sie haben eine Wahl: Sie könnten der Boykott-Bewegung sofort und für immer die Grundlage entziehen, wenn sie sich aus den 1967 von ihnen besetzten Gebieten zurückziehen und das Land seinen ursprünglichen Besitzern zurückgeben würden.

Das Ziel der Nazis war die Vernichtung der deutschen und europäischen Judenheit. Das Ziel von BDS ist die Befreiung Palästinas, nicht die Zerstörung Israels. Man kann auch sagen, Ziel ist es, dass das Völkerrecht zum Tragen kommt, was ja eigentlich eine Selbstverständlichkeit sein sollte. Es liegt darum in den Händen der Israelis, die BDS-Kampagne obsolet zu machen. Die deutschen Juden im Dritten Reich hatten dagegen keine Chance, sich des Boykotts der Nazis zu erwehren. Es ist absurd und sehr traurig, dass man auf solche offensichtlichen Unterschiede überhaupt hinweisen muss.

Mit ihrem Beschluss erklärt die CDU Deutschlands, dass sie jegliche BDS-Aktivitäten missbilligt und ablehnt und diese als »antisemitisch« verurteilt. Aber die BDS-Kampagne kommt von unten. Sie wird getragen von einer Graswurzelbewegung, die denen da oben zeigt, was die da unten können. Und Tatsache ist, dass die BDS-Kampagne, die ursprünglich in Israel entstanden ist, sehr erfolgreich ist – so erfolgreich, dass Israel sich mit unlauteren Mitteln gegen BDS-Organisationen wehrt, auch wenn diese aus Juden und Israelis bestehen.

»Jeglichen Aktionen, die Israel feindlich begegnen, tritt die CDU Deutschlands entschieden entgegen. Die CDU Deutschlands bekennt sich zu der tief empfundenen Freundschaft zu Israel und setzt sich auch weiterhin für eine friedliche Lösung des Konfliktes zwischen Israel und den Palästinensern ein«, heißt es in der Erklärung vom Essener Parteitag. So viel Verlogenheit und Zynismus sind unerträglich. Oder ist es schlicht Dummheit? Auf solche Freunde, die alles tun, um den Konflikt zwischen Israel und den Palästinensern zu verlängern, können wir Juden gut verzichten.

Wahrscheinlich wird auch die EU-Außenbeauftragte Federica Mogherini zu den Antisemiten gerechnet, nachdem sie im Oktober 2016 unter Verweis auf die UN-Grundrechte die BDS-Maßnahmen als Teil der Meinungs- und Assoziationsfreiheit anerkannt hat.

Bank für Sozialwirtschaft kündigt Vereinskonto zum Ende des Jahres

Es ist ungeheuerlich, wenn der Vorstandsvorsitzende einer deutschen Bank, Prof. Dr. Schmitz von der Bank für Sozialwirtschaft, deutschen Juden und Israelis vorwirft, sie würden, weil sie Israels

Politik kritisieren und die Boykott-Kampagne unterstützen, einer Vernichtung Israels das Wort reden. Plemplem? Seine Bank hat deshalb der Jüdischen Stimme für einen gerechten Frieden im November 2016 kurzerhand das Konto gekündigt – einem Verein, der sich für eine Zukunft von Palästinensern und Israelis einsetzt. Wenn es nicht so absurd wäre, könnte man lachen. Hier vollzieht sich etwas vollkommen Absurdes: Die Bank will mit diesem Akt deutlich machen, wie politisch korrekt sie aufgestellt ist, wie genau man hinsieht und mutig den Anfängen wehrt. Bei genauem Hinsehen gerieren sich die verantwortlichen Mitarbeiter dieses Instituts aber als die eigentlichen Antisemiten, weil sie, vornehmlich in Ermangelung von Wissen, in Juden etwas Besonderes sehen. Das ist die Perfidie an der Sache. Offensichtlich haben sie keinen blassen Schimmer, dass sie sich selbst damit als Antisemiten entlarven. Eine solche Kündigung aus politischen Gründen stellt aber auch einen Angriff auf die Meinungsfreiheit und eine Diskriminierung dar, die das Grundgesetz verbietet. Es ist schwer erträglich, wenn eine Bank, die sich ihrer sozialen Gesinnung sogar in ihrem Namen rühmt, ihre Kunden nach politischer Gesinnung aussortiert und einer Friedensbewegung das Bankkonto kündigt. Umgekehrt heißt es, dass mehr Leute ihre Bank nach deren ethischer und politischer Gesinnung auswählen sollten. Und nun, da der Skandal öffentlich geworden ist, wissen noch mehr Menschen, was die BDS-Kampagne will.

Die Jüdische Stimme für gerechten Frieden in Nahost (JS) wurde vor 13 Jahren als deutsche Sektion der europäischen Jewish Voice for a Just Peace gegründet. Seitdem wirkt sie hierzulande und in der EU für die Verwirklichung der universellen Menschenrechte in Israel und Palästina sowie für eine gerechte Friedenslösung zwischen beiden Völkern. Seit 2007 ist sie als gemeinnütziger Verein registriert. Damit erlebt auch die deutsche Öffentlichkeit, dass die jüdische Gemeinschaft in diesem Land vielfältiger und kritischer ist, als es die offiziellen Vertreter der Jüdischen Gemeinde suggerieren. Dass die Aktivitäten des Vereins einigen Unterstützern der israelischen Regierung nicht gefallen würden, war diesem immer bewusst. Man hat jedoch nicht mit einem Übergriff einer deutschen Bank auf das Recht auf freie Meinungsäußerung gerechnet.

Anfang November 2016 erhielt der Verein von der Bank für Sozialwirtschaft AG (BSW) ein Schreiben, in dem ohne Angabe von Gründen die Kündigung des Kontos zum Ende des Jahres ausgesprochen wurde. Nach einem langwierigen Klärungsversuch und viel Druck seitens mehrerer Unterstützerinnen und Unterstützer begründete die Bank ihre Entscheidung politisch: Die Unterstützung der BDS-Kampagne (Sanktionen, Desinvestition und Boykott) durch den Verein Jüdische Stimme war der Bank offensichtlich ein Dorn im Auge. Auf diese Unterstützung wurde die Bank von einer Person aufmerksam gemacht, die für die im rechten politischen Spektrum positionierte israelische Zeitung *Jerusalem Post* arbeitet. Der Vorstand der Bank für Sozialwirtschaft hörte wahrscheinlich nur »Jerusalem«, »Juden«, »Antisemitismus« und bekam sofort Schweißperlen auf der Stirn. Dass die Bank sich hier mit der extremen Rechten in Israel gemein machte, ahnt er wahrscheinlich heute nicht einmal. Zudem nahm sie sich die Deutungshoheit in dieser Angelegenheit, unabhängig vom Grundgesetz zu bestimmen, welche Meinung vertretbar ist und welche nicht – anders ausgedrückt: Die Bank übt politische Zensur aus. Gleichzeitig informierten Bankangehörige die *Jerusalem Post* darüber, dass das Konto gekündigt wurde, und verletzten damit das Bankgeheimnis, das im Grundgesetz garantiert wird.

Dasselbe passierte auch mir, mit der Commerzbank. Ich musste aus einem Online-Artikel in der rechten israelischen Zeitung *Jerusalem Post* erfahren, dass ich ein BDS-Unterstützer sei und dass deshalb mein Privatkonto gekündigt wurde. Im Gegensatz zur Bank für Sozialwirtschaft war die Commerzbank nicht bereit, mir die Gründe für die Kündigung des Kontos zu nennen, und das nach mehr als 40 Jahren Kontoführung. Mein Freund Uri Avnery, der sich bei mir erkundigte, was da in Deutschland vor sich gehe, meinte, dass israelische Banken niemals aus politischen Gründen kündigen würden, dafür aber die Regierung aus politischen Gründen ein Konto sperren dürfe. In Deutschland ist es eben umgekehrt. Vielleicht sollten wir alle Konten in Israel eröffnen, weil man uns dann nicht vorwerfen könnte, dass unser Konto »eine Destabilisierung des Staates Israel zum Ziel hat«.

Die Jüdische Stimme für gerechten Frieden erklärte in einer Pressemitteilung, warum sie sich für die gewaltfreie Boykottkampagne gegen israelische und internationale Firmen ausspricht. »Die Behauptungen der Bankleitung, die BDS-Kampagne richte sich gegen das Existenzrecht Israels, weisen wir zurück«, schreiben sie darin. »Ein Blick über den deutschen Tellerrand hinaus zeigt, dass sich weltweit namhafte Persönlichkeiten, darunter auch zahlreiche verdiente WissenschaftlerInnen, mit gutem Grund und in bestem Wissen und Gewissen der BDS-Bewegung angeschlossen haben. Darunter befinden sich beispielsweise Judith Butler, Angela Davis, Erzbischof Desmond Tutu, Naomi Klein und Alice Walker.«

Die Entscheidungen der Bank für Sozialwirtschaft wie auch die der Commerzbank haben weder der Jüdischen Stimme noch mir geschadet. Die Jüdische Stimme ist zur Sparkasse gewechselt, wo ihr nicht mehr gekündigt werden kann, und ich habe schon vor Jahren ein zweites Konto bei einer anderen Bank eröffnet. Geschadet hat die Kündigung den Banken, die an Vertrauen in der Bevölkerung verloren haben und jetzt in Kauf nehmen müssen, dass andere Kunden ihre Konten dort auflösen.

Stephanie Rüth, die Pressesprecherin der Bank für Sozialwirtschaft, erläuterte die Beweggründe der Bank. Maßgeblich für die Kündigung sei, dass die Jüdische Stimme die Kampagne Boykott, Desinvestitionen und Sanktionen (BDS) unterstütze. Diese habe eine »Destabilisierung« des Staates Israel zum Ziel, die mit den Grundsätzen der Bank unvereinbar sei. »Sicher ist Ihnen bekannt, dass der Spitzenverband der jüdischen Wohlfahrtspflege in Deutschland zu den Gründungsgesellschaftern der 1923 gegründeten Bank für Sozialwirtschaft gehört. Wir fühlen uns seit dem Ende der Nazi-Gewaltherrschaft der Aussöhnung zwischen Deutschland und Israel verpflichtet und unterstützen das Existenzrecht des jüdischen Staates«, schrieb sie in einer Mail an einen Unterstützer der Jüdischen Stimme für einen gerechten Frieden, der sich über die Hintergründe informieren wollte.

Um ihre Entscheidung zu begründen, stützte sich die Bank auf eine Einschätzung der Friedrich-Naumann-Stiftung, die in einer Stellungnahme (»Boykott des Friedens: Die BDS-Bewegung und der Westen«, 6.10.2015) zu dem Fazit kam, die BDS-Bewegung verfolge »nur oberflächlich das Ziel, Israel durch Kooperationsverweigerung wirtschaftlich zu schädigen. Vielmehr liegt die Motivation darin, das Außenbild Israels in der unbeteiligten Weltgemeinschaft durch eine minutiös geplante und mittlerweile reflexartig eingespielte Kampagne zu schwärzen: BDS möchte Köpfe, nicht Kassen erreichen.«

Als weiterer Kronzeuge diente der Bank der deutsche Soziologe Prof. Dr. Samuel Salzborn von der Universität Göttingen. Er nennt die BDS-Kampagne »eine moralisch imprägnierte palästinensische Interessenartikulation, mit der international der politische Druck auf Israel erhöht und die palästinensische Politik flankiert werden soll«. Salzborn meint, dass die Kampagne sich dabei zu Unrecht auf den Kampf gegen das südafrikanische Apartheidregime beziehe, denn sie sei »nicht um Kritik bemüht [...], sondern ihrer Intention nach antisemitisch«.[1]

Die Bundesregierung sieht das anders. Auf eine Anfrage der Grünen-Fraktion, vertreten durch Volker Beck, ob sie die BDS Kampagne gegen Israel als antisemitisch einstufe (Drucksache 18/3870), antwortete die Regierung, dass ihr darüber keine Erkenntnisse vorlägen. Was zwang also die BFS zu einer solch ungewöhnlichen und absurden Kündigung?

BDS will dem Staat Israel nicht »den Boden unter den Füssen wegziehen«, wie die Israel-Lobby behauptet, sondern kämpft einzig und allein gegen die Besatzung, also, und das kann nicht oft genug gesagt werden, gegen die Verletzung des Völkerrechts. Wer, bitte schön, will hier in Deutschland klüger sein als das Völkerrecht? Offensichtlich sehen Benjamin Netanyahu und seine Regierung in BDS eine ernsthafte Gefahr für Israel, ziehen aber die falschen und verkehrten Konsequenzen daraus. Statt die Besatzung zu beenden, bekämpfen sie deren Gegner.

Dabei gewinnt die BDS-Kampagne mehr und mehr an Zuspruch – nicht nur bei der Bevölkerung, sondern auch bei Banken, Konzernen, Musikgruppen und Schriftstellern, während israelische Regierungen ihre Kolonisierungspolitik ausbauen und verschärfen. Es sind die häufigen Angriffe Israels auf den Gazastreifen oder die seit Jahrzehnten andauernden gewalttätigen Auseinandersetzungen der israelischen Armee (Zahal) mit palästinensischen Zivilisten, die Israels Ansehen schaden und nicht der Widerstand und das Anprangern dieses völkerrechtswidrigen Vorgehens.

Der von der Jüdischen Stimme unterzeichnete BDS-Aufruf ist an klare Bedingungen geknüpft. Er richtet sich nicht gegen den international anerkannten Staat Israel, sondern unmissverständlich gegen die Besatzungs-, Siedlungs- und Ausgrenzungspolitik seiner Regierungen. Mit prinzipiell gewaltfreien Protestformen widersetzen sich Zivilgesellschaften allerorts gegen die anhaltende Verletzung internationalen Rechts durch Israels Regierungen. In Deutschland haben Politiker wie Helmut Schmidt, Richard von Weizsäcker und andere prominente Persönlichkeiten zu Sanktionen gegen Israel aufgerufen. Firmen wie die Deutsche Bahn, Heidelberg Zement und zuletzt G4S ziehen ihre Investitionen aus den besetzten Gebieten zurück. Viele amerikanische Kirchenbanken haben ihre Investitionen annulliert und zurückgezogen, Künstler nehmen sich ein Beispiel an dem südafrikanischen Apartheid-Boykott und sagen ihre Auftritte in Israel ab. Das macht Israelis natürlich betroffen. Genau das ist gewollt, denn letztendlich zielen diese wie auch andere zivilgesellschaftliche Boykottkampagnen auf Veränderungen, die durch andere Mittel zu erreichen sich als unmöglich erwies.

Nicht alle Mitglieder der Jüdischen Stimme unterstützen alle BDS-Forderungen aktiv. Alle verteidigen jedoch das grundgesetzlich verbriefte Recht, die zivile BDS-Bewegung zu unterstützen oder sich aktiv an ihr zu beteiligen. Die BDS-Bewegung ist dazu geeignet, die Regierung Israels dazu zu bewegen, ihre Besatzung– und Siedlungspolitik zu überdenken. Das liegt sowohl im Interesse der jüdischen als auch der palästinensischen Bevölkerung. Darum ist der Vorwurf der Bank für Sozialwirtschaft, die Jüdische Stimme bestreite das Existenzrecht Israels, nicht zuletzt angesichts vieler Israelis in deren

Reihen absurd. Es sei denn, die Bank meint, dass Israel nicht existieren könne, ohne eine Besatzungsmacht zu sein.

Zahlreiche Organisationen, verschiedene Bundestagsabgeordnete der Linken, der SPD und der Grünen sowie zahlreiche Bürgerinnen und Bürger haben bei der Bank gegen diese Kündigung protestiert. Dieser beispiellose Fall der politischen Zensur einer jüdischen Vereinigung in der Bundesrepublik Deutschland hat auch ein Echo im Ausland gefunden. Einige Organisationen haben bereits mitgeteilt, dass sie aus Protest ihre Konten bei der Bank für Sozialwirtschaft zu kündigen beabsichtigen. Die Bank musste schließlich ihre Kündigung zurückziehen.

Dass die Bank für Sozialwirtschaft dieses Konto zum Ende des Jahres 2016 gekündigt hat, geht offensichtlich auf einen Wunsch aus Jerusalem zurück. Das ist keine Verschwörungstheorie, sondern war in einem Artikel von Benjamin Weinthal in der *Jerusalem Post* vom 28. November 2016 zu lesen. »Ich begrüße und lobe die Entscheidung der Commerzbank und anderer europäischer Banken, die Konten von BDS-Organisationen zu schließen«, erklärte da Gilad Erdan, israelischer Minister für öffentliche Sicherheit, dem rechten Blatt. »Das zu tun ist aus rechtlicher, finanzieller und moralischer Perspektive das Richtige.« Erdan forderte andere Banken auf, dem Beispiel der Commerzbank zu folgen. Die Commerzbank hat sich übrigens bis heute nicht entschuldigt und die Kündigung auch nicht zurückgezogen.

19 Haben Juden Anlass zur Sorge?

Im Jahre 2015 hat sich im Schatten des Zentralrats der Juden in Deutschland eine »Werteinitiative zur Stärkung freiheitlich-demokratischer Grundwerte« etabliert, die von einem jüdischen Freundeskreis in Berlin gegründet wurde. Im Frühjahr 2017 hat diese »Werteinitiative« ihre Positionen zur Bundestagswahl verbreitet und gleichzeitig die deutschen Parteien nach ihrer Position zur Jüdischen Gemeinschaft und zu Israel befragt.

Die Initiatoren hoffen, dass die von ihnen formulierten Forderungen nach der Stärkung einer »freiheitlich-demokratischen Leitkultur« und einer konsequenten Bekämpfung des »islamistischen Antisemitismus« eine intensive Debatte darüber anstoßen würde, welche Werte unsere Gesellschaft als wichtig und verteidigungswert betrachtet. Dass sich angeblich Juden in Deutschland zunehmend Anfeindungen ausgesetzt sehen, soll nach der Vorstellung der unabhängigen Initiative verstärkt als ein den Bestand der Demokratie gefährdendes Problem der gesamten Gesellschaft wahrgenommen werden.

Außer zu den genannten Themen befragte die »Werteinitiative« die Parteien zu Bereichen wie dem Verhältnis zu Religionsfreiheit sowie dem deutschen Verhältnis zu Israel. Bemerkenswert ist, dass sich die AfD lediglich zu einem einzigen Unterpunkt äußert und dabei eine Formulierung aus ihrem Grundsatzprogramm wiederholt: »Die doppelte Staatsbürgerschaft soll auf wohlbegründete Sonderfälle beschränkt werden.« Eine Stellungnahme zu allen anderen Themen blieb sie schuldig.

In ihrem Positionspapier schreibt die »Werteinitiative« freilich: »Auch wenn viel dafür spricht, dass ein Mensch nur eine Staatsbürgerschaft haben kann, gibt es Gründe, warum auch zwei möglich sein sollen, zum Beispiel bei deutsch-israelischen Staatsbürgern.« Bei jedem Bürger stellt sich hier automatisch die Frage, warum Israelis wieder bevorzugt werden sollen. Etwa weil sie Juden sind? Zwar hat Deutschland gegenüber Juden eine gewisse Verantwortung und es ist schon richtig, dass man beispielsweise meinem Vater die deutsche Staatsbürgerschaft zurückgab, ohne ihn aufzufordern, auf die inzwischen auch erlangte israelische Staatsbürgerschaft zu verzichten. Handelt es sich deswegen nun um ein immerwährendes, umfassendes Prinzip, oder sollte man diese Handhabung 70 Jahre nach Ende der Naziherrschaft modernisieren?

Union, SPD, Linke, Grüne und FDP hingegen bekräftigten ausführlich und in zum Teil ähnlichen Formulierungen ihr Bekenntnis zu jüdischem Leben in Deutschland und zum Kampf gegen jede Form von Antisemitismus, was inzwischen ziemlich hohl klingt. Wenn man so viel von der Integration der muslimischen Bürger hört, warum hört man nicht von der Integration der jüdischen Bürger, die offiziell immer noch nicht integriert sind, sondern sich nur als »Juden in Deutschland« verstehen? Ich möchte aber gleich erwähnen, dass ausgerechnet in diesem Papier der »Werteinitiative« zum ersten Mal von »jüdischen Deutschen« die Rede ist, also von Deutschen jüdischen Glaubens, wie sich die Juden vor dem Aufstieg der Nazis auch bezeichnet haben.

Die Union sieht einen »Grund zur Freude« darin, dass »viele Juden in Deutschland wieder ihre Heimat sehen«, die Linke ist »froh, dass es nach und trotz der Shoah weiter jüdisches Leben in Deutschland gab und gibt«, die Grünen zeigen sich »dankbar für das vielfältige Leben und die erneute Verwurzelung jüdischer Kultur«, während die FDP »glücklich ist, dass jüdisches Leben in Deutschland stattfindet«. Zur besonderen deutschen Verantwortung für die Sicherheit Israels bekennen sich alle fünf Parteien – selbst die Linke, aus deren Reihen oft Kritik an der Politik des jüdischen Staates zu vernehmen ist.

Das Papier der jüdischen »Werteinitiative« ist aber ziemlich verworren, einseitig und chauvinistisch, und besonders fällt auf, dass es äußerst islamophob ist. So kann man dort gleich zu Anfang lesen: »Deutschland muss durch seine Werte ›identifizierbar‹ sein, wenn es ein echtes Einwanderungsland sein will. Mit der Ankunft von Millionen Muslimen in Europa steigt auch der Judenhass. Die Haltung vieler Muslime zum Judentum ist hinlänglich bekannt. Eine neuerliche Jagd auf Juden hat begonnen und die Mehrheit schweigt. Auch die Linke schweigt.«

Das jüdische Positionspapier verteidigt eine freiheitlich-demokratische Leitkultur, aber nur für solche Bürger, die hinter Israel stehen und es vermeiden, die israelische Politik zu kritisieren. Der Zentralrat der Juden hat Ähnliches verlangt, nämlich jeden Flüchtling nach seiner Einstellung zu Israel zu überprüfen, und wenn sie nicht so ist, wie der Zentralrat erwartet, dann sollen sie »verboten, deren Moscheen geschlossen und strafrechtlich verfolgt«, kurz: ausgewiesen werden.

Die jüdische »Werteinitiative« betont ausdrücklich, dass sie die Werte des Grundgesetzes als christlich-jüdisch betrachtet, auch wenn es dort heißt, dass »sicherlich nicht die Juden das Grundgesetzt geprägt haben, sondern eher die Christen, mit ihrem Christentum, welches auf dem Judentum basiert.« Also doch die Juden? Man erwähnt, dass jüdische Religionsführer bereits vor Jahrhunderten festgelegt haben, dass die Gesetze des Staates über den religiösen Gesetzen stehen, was schlicht bedeutet, dass kluge jüdische Religionsführer schon längst Integration gefordert haben. Freilich nicht, wenn diese »ethisch widersprechen«, was wiederum für jeden Menschen gilt, nicht nur für Juden. Deshalb ist der Folgesatz vollkommen irre, absurd und dumm: »Das ist der Fall, wenn der Staat bürgerliche Verbrechen wie Mord vom jüdischen Bürger verlangt, dem ein Jude unter keinen Umständen nachfolgen darf.« Ein Nichtjude wird wohl dürfen, oder? Welcher Staat verlangt von seinen »jüdischen Bürgern«, dass sie Morde begehen? Das ist für mich in Israel schon eher vorstellbar als in Deutschland. Im Papier steht aber noch folgender Satz: »In einer Demokratie sind solche

Konstellationen nicht zu erwarten. Es soll jedoch nicht unterschlagen werden, dass es bezüglich der Religionsfreiheit unüberbrückbare Gegensätze zwischen dem deutschen Grundgesetz und der Israelischen Verfassung gibt.« Dabei hat Israel keine Verfassung. Die jüdischen Nationalisten, die dieses Papier entwarfen, scheinen total in einer anderen Welt zu leben, wenn sie fortfahren: »… im größten Teil unserer Welt (wird) der Glaube nicht religiös, sondern primär national verstanden (…). Diese Einsicht setzt sich langsam auch in Deutschland durch«, wohl wegen der aktuellen Zuwanderung. Im Umgang mit dem politischen Islam wird gefordert, dass Einflussnahme und Unterstützung strikt zu unterbinden sind. »Dem kommen Deutschland und weniger Israel noch nicht nach«. Es ist richtig, dass Israel den politischen Islam nicht unterstützt, übrigens Deutschland auch nicht, aber Israel unterstützt umso mehr das politisch-fanatische und kolonialistisch-nationale Judentum der Siedler und deren Organisation Gush-Emunim.[1] Ist das etwa besser?

Das aktuelle Papier hetzt unverfroren gegen Muslime. »Aktuell stellt sich die Frage, ob der starke Zuzug von Muslimen aus Staaten, mit denen sich Israel im Kriegszustand befindet [AM: gemeint ist Syrien], einen negativen Einfluss auf die Sicherheitslage von in Deutschland lebenden Juden hat. Jeder, der den Judenhass in den meisten arabischen Ländern kennt, der bereits in den Kindergärten verbreitet wird, wird ehrlicherweise zugeben, dass die Gefahr für Leib und Leben der Juden in Deutschland mit jedem muslimischen Zuwanderer aus dem Orient ansteigt.« Solche Zeilen könnten aus hetzerischen Magazinen der düstersten Zeit stammen, sie sind rassistisch und widerlich. Schaut man in die Kindergärten und Schulen der national-religiösen Siedler, würde man Rassismus und Araberhass in erschreckendem Maße vorfinden.

Es folgt aber noch mehr Unsinn: »Es ist leider nicht davon auszugehen, dass in kurzer Zeit die muslimischen Zuwanderer sich dem durchschnittlichen post-Holocaust einheimischen Deutschen anpassen, der gelernt hat, seinen Judenhass zu unterdrücken oder zu verleugnen.« Ich hoffe, dass die Zuwanderer, die mit dem Holocaust nichts zu tun haben, niemals sich dem einheimischen Deutschen anpassen und Judenhass, den sie gar nicht haben, unterdrücken oder verleugnen.

Die Hetze geht weiter: »Ob in diesem Sinne die Integration der Flüchtlinge überhaupt gelingt, ist noch nicht bekannt und eher zweifelhaft. An einem gescheiterten Experiment werden die Juden in Deutschland und in der gesamten EU am meisten zu leiden haben. Nach jüdischer Ethik ist es nicht von Vorteil, wenn auch Nicht-Juden durch falsche Einwanderungspolitik zu Schaden kommen.« Verlogener und zynischer geht es nicht. Die jüdische Ethik sagt, dass man Fremde einlassen und sie achten und beschützen soll. Und der kategorische Imperativ der jüdischen Ethik stammt von Rabbi Hillel,[2] der gesagt hat: »Tue deinem Nächsten nicht das an, was du nicht willst, dass man es dir antut.« Den Flüchtlingen und den Muslimen allgemein Antisemitismus vorzuwerfen ist infam und politisch ein Fehler, der sich eines Tages rächen könnte.

Den Damen und Herren von dieser gänzlich unjüdischen »Werte-initiative« kann ich nur raten, sich um die jüdischen Immigranten, zum Beispiel aus Russland, die Deutschland aufgenommen hatte, zu kümmern, weil diese weit davon entfernt sind, integriert zu sein. Und sie, die Initiatoren, scheinen mir noch lange nicht auf dem Boden des Grundgesetzes zu stehen. Im Positionspapier heißt es: »Die jüdischen Deutschen verstehen sich als loyale Bürger Deutschlands und haben hier ihre Heimat.« Aber schon wenige Zeilen danach kann man lesen: »Viele Juden sehen in Israel ihre spirituelle Heimat.« Benötigen sie etwa deshalb auch einen spirituellen israelischen Pass? Man fordert die Bundesregierung auf, die »Erfüllung des palästinensischen Wunsches nach Selbstbestimmung« mit Vorsicht zur Kenntnis zu nehmen, also zu ignorieren. Man mahnt die Bundesregierung, dass islamische Verbände »mit dem Grundgesetz nicht vereinbar sind« und erinnert daran, dass »die jüdische Beschneidung und das koschere Schächten konstituierende Bestandteile der jüdischen Religion sind«, also entgegen den hiesigen Gesetzen erlaubt sein sollen, obwohl man kurz vorher bekannt hat, dass die Gesetze des Landes über den Gesetzen der Religion stehen.

Und natürlich darf der Kampf gegen den Antisemitismus nicht fehlen, der wie ein klassisches Mantra immer wieder wiederholt wird: »Richtigerweise ist der Kampf gegen den klassischen Antisemitismus politischer Konsens. Von doppelten Standards geprägte »Israel-Kritik«, »Antizionismus« und die »BDS-Bewegung« sind jedoch derselbe Hass in anderem Gewand.« Dabei üben Millionen Israelis und Juden »Israel-Kritik«, sind Millionen von Juden »antizionistisch« und beteiligen sich Millionen von Juden an der BDS-Bewegung. Sind sie alle Antisemiten? Man kann unschwer erkennen, dass es hier um etwas anderes geht, nämlich die Deutungshoheit zu behalten, die mit allen Mitteln, auch den unlautersten, verteidigt werden muss. Wie kann es eigentlich sein, dass die Oberaufpasser, wenn es vermeintlich um Antisemitismus geht, permanent mit doppelten Standards messen. Ausgerechnet sie, da sie doch genau darin ein konstitutives Merkmal von antisemitischen Stereotypen sehen? In der Nazizeit galt wohl das ironische Motto: »Was du nicht willst, dass man dir tu, das füge einem andern zu!« So scheinen die Damen und Herren der »Werteinitiative« auch zu denken, aber leider nicht ironisch.

Gleichzeitig mit der Veröffentlichung dieses Positionspapiers der freiheitlich-demokratischen Juden hat die Jüdische Allgemeine eine Umfrage unter Rabbinerinnen und Rabbinern in Deutschland veröffentlicht über die Bedeutung des Westjordanlandes für den Friedensprozess. Die Antworten waren erschreckend und ganz und gar nicht »freiheitlich-demokratisch«. So meint der orthodoxe Rabbiner Avichai Apel aus Frankfurt: »Unser Recht auf Eretz Israel ist ein historisches Recht, aber vor allem ist es ein Geschenk so wie die Tora. Mit Eretz Israel ist das ganze Land Israel gemeint.« Der ebenfalls orthodoxe Rabbiner Elischa Portnoy aus Dessau meint: »Keine Regierung darf aus Sicherheitsgründen auch nur einen Zentimeter des Landes abgeben, weil es ein Erbe des Volkes ist.« Und noch mehr: »Gott entscheidet, wem er das Land gibt.« Rabbiner Portnoy hat wohl mit Gott telefoniert und dieser hat ihm versichert, dass er das Land den Juden gegeben hat. Aber selbst wenn das so wäre, so sind doch die Palästinenser noch eher »Juden« als die jüdischen Aschkenasim, die wohl alle von den Chasaren abstammen.

Der orthodoxe Rabbiner Raphael Evers aus Düsseldorf schreibt: »Ich nehme das Versprechen Gottes, dem Volk Israel das Land zu geben, wörtlich.« Ob er auch andere Gebote und Verbote Gottes »wörtlich« nimmt? Wie zum Beispiel die Achtung vor dem »Fremden«: »Der Fremde, der sich bei euch aufhält, soll euch wie ein Einheimischer gelten und du sollst ihn lieben wie dich selbst; denn ihr seid selbst Fremde in Ägypten gewesen. Ich bin der Herr, euer Gott.« So steht es im Buch Levitikus (Lev 19,34).

Rabbinerin Ulrike Offenberg von der liberalen Gemeinde in Hameln meint, dass »Eretz Israel unverzichtbar ist. Das Land kann nicht aufgegeben werden.« Wenn aber auch die Palästinenser so denken, dass sie ihr Land nicht aufgeben können, was dann? Und ein anderer liberaler Rabbiner, Salomon Almekias-Siegl, aus Hamburg, betätigt sich als Geograf und meint: »Das Land (Israel) erstreckt sich von der Wüste bis zum Libanon, und der Euphrat markiert die Ostgrenze des von Gott verheißenen Landes. Diese idealen Grenzen schließen auch das Westjordanland, Syrien und den Libanon mit ein.« Für Syrien und den Libanon, und auch für Jordanien, das er in seiner so großzügigen Aufzählung vergessen hat, wären das aber keine idealen Grenzen. Allein, dort leben arabische Moslems und die zählen nicht, denn Gott hat nur die Juden beschenken wollen.

Bemerkenswert ist aber, dass trotz der fundamentalen Unterschiede, die es zwischen orthodoxen und liberalen Rabbinern gibt, in Bezug auf das Land Israel, die Heilige Kuh des Judentums, alle Unterschiede verwischen. Hier sind sie sich alle einig. Allein die ultra-orthodoxen Juden und einige chassidische Sekten denken anders und bekämpfen den Zionismus, der ihrer Meinung nach im Widerspruch zum Judentum steht.

Die grenzenlose Unterstützung, die Israel weltweit gewährt wird durch viele jüdische Organisationen hat auch ihren Teil daran, den Unterschied zwischen Zionismus und Judentum und zwischen Israelis und Juden zu verwischen. Die Kritiker des Zionismus versuchen mit all ihrer Kraft, dieses Verwischen zu verhindern. Sie kritisieren die Unterordnung jüdischer Interessen unter die Interessen Israels. Die Sayanim, die heimlichen Unterstützer Israels, zeigen manchmal radikalere Ansichten als offizielle Vertreter der israelischen Politik.

Währenddessen wird die Legitimität der jüdischen Vertretungen weltweit immer mehr erschüttert: Repräsentieren sie ihre jüdischen Mitglieder oder etwa den Staat Israel? Die Losung »Wir sind ein Volk«, die so effektiv war bei der Verbreitung des Zionismus, zeigt sich heute als nicht minder effektiv bei der Schaffung von Antisemitismus. Die Gegnerschaft zu Juden bekommt heute Zulauf nicht vom »gewöhnlichen« europäischen Antisemitismus, sondern aus Empörung über das, was die israelische Armee den Palästinensern antut, schrieb die Zeitung *Ha'aretz* über dieses Phänomen:

»Ob es Dummheit, Mangel an Solidarität oder Zynismus ist, der Erfolg nur im Zuwachs der Einwanderung sieht – Israel, dass sich als einzige Stütze für alle Juden in der Welt betrachtet, ist imstande zu entdecken, dass es die Quelle für ihre Probleme ist.«

Andere Kritiker beobachten einen Teufelskreis. Die unbegrenzte Unterstützung Israels durch jüdische Aktivisten verstärkt den Antisemitismus, eine Tatsache, die die Unterstützung des Zionismus mit sich bringt und Israel zum notwendigen Schutz vor dem Antisemitismus macht. Uri Avnery schrieb darüber:

> »Was die Juden betrifft, so entstand hier ein gefährlicher Teufelskreis. Sharons Taten erwecken in der Welt Abneigung und Abscheu. Diese stärken den Zionismus. Gegenüber dieser Gefahr drängen sich die jüdischen Institutionen, Israel zu beschützen und sich mit ihm ohne Einschränkung zu identifizieren. Diese Identifizierung ermöglicht es den Antisemiten nicht nur, Israels Regierung anzugreifen, sondern auch die Juden schlechthin. Und so weiter. Israel beschützt nicht die Juden vor dem Antisemitismus, sondern im Gegenteil – Israel produziert und exportiert Antisemitismus und gefährdet damit die Juden überall auf der Welt.
>
> Wenn man mich fragen würde, hätte ich den jüdischen Gemeinden in der Welt geraten: Zerschlagt den Teufelskreis. Ent-

waffnet die Antisemiten. Verzichtet auf die automatischen Antworten der Identifizierung mit all den Taten und Untaten der israelischen Regierung. Lasst euer Gewissen reden. Kehrt zurück zu den traditionellen jüdischen Werten von ›Gerechtigkeit, Gerechtigkeit sollst du folgen‹ (Deuteronomium 16, 20) und ›Suche Frieden und folge ihm‹ (Psalmen 34,15).«

Die Gegner des Zionismus sehen eine direkte Verbindung zwischen dem Wachsen von antijüdischen Ereignissen in vielen Ländern auf der Welt und der Politik der israelischen Regierung. Die Behauptung von dem Wachsen des Antisemitismus ist vor diesem Hintergrund eine gewaltige Propagandalüge.

Dr. I.M. Rabinowitch schrieb in der Ausgabe 1 von *The Jewish Guardian* im April 1974: »Der politische Zionismus lehrt eine doppelte Loyalität, und wenn sich eine Gelegenheit ergibt, wird diese Loyalität zugunsten von Israel gelenkt. Der politische Zionismus ist demnach nicht konsequent, wenn die Rede von guter Staatsbürgerschaft ist, sondern hat in sich den Samen für die Verbreitung von Antisemitismus. Von Anfang an war es eine Politik, die vorgesehen war, Hass auf Juden zu lenken, und dann, indem man sich entsetzt zeigt, redet man von der Rechtfertigung eines jüdischen Staates. Das ist aber konsequenter Macchiavellismus.«

Schon von Anfang an haben viele Gegner des Zionismus die Zionisten beschuldigt, den Antisemitismus zu beleben. Diese Beschuldigungen wirken heute noch überzeugender, zumal israelische Politiker wie Sharon, Netanjahu und viele andere offen zugegeben haben, dass sie den Antisemitismus nicht fürchten, sondern sogar begrüßen, da er Juden nach Israel treibt.

Epilog

Ein wesentlicher Block der deutschen Presse, vor allem die Zeitungen aus dem Axel-Springer-Verlag, steht stramm, treu und unkritisch hinter Israel. Die blinde Treue zu Israel scheint wie in Granit gemeißelt in den Grundsätzen des Konzerns, gilt als das wichtigste Erbe Axel Springers und jeder neue Mitarbeiter muss sie unterschreiben. Ein Redakteur, der sich daran nicht hält, wird sofort entlassen. Die übrige Presse ist vielleicht nicht so festgelegt, aber deshalb nicht minder einseitig. Kaum eine Zeitung, kaum ein Sender hat den Mut, das zu tun, was Journalismus eigentlich tun sollte: Regierungen und ihre Politiken zu analysieren und sachlich, aber auch schonungslos zu kritisieren. Warum sollte das Land Israel davon ausgenommen sein? Allein in Israel selbst geschieht das, unter anderem von renommierten Autoren wie Gideon Levy, Uri Avnery, Amira Hass und anderen.

Auch in der Justiz ist es nicht anders. Während Gerichte in Frankfurt und München zugunsten des Grundgesetzes entschieden haben, hat das Landgericht Berlin am 10. Mai 2017 im Namen des Volkes genau das Gegenteil verkündet, dass nämlich die Meinungsfreiheit in Deutschland ihre Grenzen hat, dort wo es um die Interessen Israels geht. Geklagt hat Gisela Siebourg, die im Rahmen des Kairos-Thementages auf dem Kirchentag in Berlin eine Veranstaltung mit dem Titel »50 Jahre israelische Besatzung – wir dürfen nicht schweigen« in den Räumen einer katholischen Einrichtung durchführen wollte. Der Vertrag dazu wurde schon am 13. Juni 2016 von beiden Seiten unterzeichnet. Am 30. März 2017, kurz vor dem vereinbarten Tagungstermin, erklärte die kirchliche Stelle den Rücktritt von dem geschlossenen Vertrag. Sie befürchtete als kirchliche Einrichtung eine Beschädigung ihres Ansehens und des Ansehen der Katholischen Kirche in Berlin in der Öffentlichkeit, wenn sie während des Kirchentages in Berlin Tagungsräume für eine solche Veranstaltung zur Verfügung stellt.

Dass Städte, Gemeinden, Universitäten und nicht zuletzt kirchliche Einrichtungen immer wieder von geschlossenen Verträgen zurücktreten, ist nicht neu. Interessant in diesem Zusammenhang ist nur noch die Begründung eines Richters, der die Klage zurückgewiesen hat und den Vortrag der Beklagten, der Kirche also, quasi wortwörtlich wiederholt: »Das Thema Palästina ist für die Kirche zunächst ein neutrales Thema, zudem die Kirche um eine vermittelnde Position bemüht ist. Der konkrete Titel der Veranstaltung greift jedoch eine »israelische Besatzung« auf und ruft dazu auf, dagegen anzugehen, bezieht also in diesem Konflikt Position für eine der Konfliktparteien. Dies stellt nicht den Standpunkt der Kirche in diesem Konflikt dar und ist zumindest abstrakt geeignet, in der Außenwirkung – auch unbeabsichtigt – eine antiisraelische Einstellung der Kirche zu vermitteln.«

Das Gericht hatte lediglich darüber zu befinden, ob ein Eilantrag der kirchlichen Stelle zulässig und begründet ist. Hier gibt es zwar einen gewissen Bewertungsspielraum, die Frankfurter Richterin hat es auch mit guten Argumenten anders gesehen, aber in Berlin wollte man den Spielraum nicht nutzen.

Man muss den Text zwei- oder sogar dreimal lesen, um sich zu vergewissern, dass man ihn richtig verstanden hat. Die Begründung ist unglaublich empörend. Die Katholische Kirche müsste sich schämen und laut protestieren, dass ihr von den eigenen Untergebenen unterstellt wird, sich nicht gegen Unrecht zu stellen, sondern Unrecht zu verschweigen, zu verdecken und zu dulden. Ich weiß, dass dies nicht die Meinung aller Würdenträger in der Katholischen Kirche ist, aber es ist offensichtlich die Meinung der Kirchenverwaltung in Berlin. Man müsste sich auch fragen, warum eine Auseinandersetzung und Diskussion um die Besatzung und Unterdrückung anderer Völker nicht »Standpunkt« der Kirche sein sollen. Welchen Standpunkt hat denn die Katholische Kirche? Immer den auf der

Seite der Mächtigen? Und ist der Papst auch damit einverstanden? Schade, man hätte ihn als Zeugen in diesem Streit laden sollen.

Es gibt auf der Welt leider viel zu viele Plätze, wo man Position beziehen sollte, und Palästina ist einer davon. Keinen Standpunkt zu haben heißt, einen Standpunkt zu haben, nämlich den falschen.

»Denk ich an Deutschland in der Nacht, dann bin ich um den Schlaf gebracht«, schrieb vor 200 Jahren der Jude Heinrich Heine, der damals von der Zensur gejagt wurde und schließlich nach Paris floh, wo er den Rest seines Lebens verbrachte – in Freiheit. Ich aber möchte nicht ins Ausland fliehen müssen, um meine Meinung frei äußern zu dürfen. Zumal ich befürchten muss, dass mir die Propagandisten der israelischen Politik auch dort den Mund verbieten wollen.

Wollen wir uns aber von solchen engstirnigen Ideologen vorschreiben lassen, wie wir denken und was wir sagen dürfen und welche Veranstaltungen erlaubt sein sollen? Ich verstehe nicht, was an einem Benefiz-Konzert für die Kinder von Gaza antisemitisch sein soll. Und doch wurde ein solches Konzert im Sommer 2016 kurzfristig untersagt – ebenfalls in München.

Broder und andere Extremisten dürfen alle Bühnen benutzen. Wir aber werden von solchen Leuten diffamiert und verleumdet – und die Gerichte und die Öffentlichkeit, die uns schützen sollten, versagen. Wie kann es sein, dass ein Richter in Deutschland einem Hetzer und Verleumder wie Broder erlaubt, mich und den Holocaust-Überlebenden Hajo Meyer allen Ernstes in die Nähe von Adolf Hitler zu rücken? Wie ist es möglich, dass eine Charlotte Knobloch öffentlich behaupten darf, ich sei ein »berüchtigter Antisemit«, ohne dass Presse und Öffentlichkeit dagegen protestieren? Eine kleine aggressive, skrupellose und unverschämte Minderheit nutzt die in unserem Grundgesetz garantierte Meinungsfreiheit, um anderen genau diese Meinungsfreiheit abzusprechen – und die Mehrheit schweigt dazu. Das darf nicht sein.

Wenn man das tut, was ich jahrelang getan habe und immer noch tue, nämlich die israelische Politik zu kritisieren, dann bekommt man zuweilen Lob von der falschen Seite. Aber auch Hass von jüdischer, proisraelischer oder ultrazionistischer Seite. Doch auch an meinem PC gibt es Gott sei Dank eine Löschtaste, um anonyme E-Mails zu löschen, wie ich sie manchmal erhalte. »melzer, wie tief willst du eigentlich fallen. dein vater- dem du nie das wasser reichen kontest, im gegensatz zu broder, würde sich im Grabe umdrehen. du bist ein versager, aber was kann israel dafür?«, heißt es da etwa. Oder: »Melzer, der Vadder Abraham aller durchgeknallten Judenhasser im deutschsprachigen Raum, flennt große Krokodils Tränen um einen toten arabischen Terroristen. Ermordete Juden gehen diesem widerlichen Stück Scheiße weiterhin gepflegt am Arsch vorbei.« Dieser »Freund Israels« meint, ich sei »scheinheilig«, weil ich nicht um ermordete Siedler und Rassisten weine, weil ich in der Tat keine Krokodilstränen vergießen möchte. Ich weine aber selbstverständlich um unschuldige Israelis – so, wie ich auch um unschuldige Palästinenser weine, die ermordet und die pauschal als »arabische Terroristen« abgestempelt werden. Ich habe gelernt, solche Beleidigungen auf unterstem Niveau am besten gar nicht zu beachten – darüber ärgern sich die, die solch einen Blödsinn verzapfen, am meisten.

Was aber soll man davon halten, wenn eine gewisse R. L. dem in Bremen lebenden Journalisten Arn Strohmeyer von ihrem Android-Mobiltelefon per Mail folgende Nachricht sendet: »Du dreckiger Antisemit. Immer schön aufpassen, wenn du über die Straße gehst.« Das ist keine Beleidigung mehr, sondern eine handfeste Drohung. Mir schrieb die gleiche Person: »du machst doch schon seit jahren den adolf, du nazi.« Man merkt, sie hat ihren Broder gelernt.

Der Journalist und Betreiber der Website »Das Palästina-Portal«, Erhard Arendt, erhält Anrufe mit der Ansage: »Erhard, wo bist du? Wir werden dich erschießen, in deinem Hauseingang Paulinenstraße. Du Arschloch du.« Oder »Herrmann und Arendt, stecht sie ab, stecht sie ab, stecht sie ab.« Oder »Erhard, Phase eins und Phase zwei ist beendet. Wir kommen jetzt zur Phase 3, das heißt, wir werden deine Existenz beenden!«

Die Anhänger der israelischen Politik driften immer mehr nach rechts und machen das, was sie Kritikern der israelischen Politik vorwerfen: Nazivergleiche verwenden und in Gewaltfantasien schwelgen. Broder hat es vorgemacht und andere machen es ihm nach. Und wir sollten es ernst nehmen.

Anhang

Anhang 1: Frankfurter Jüdische Gruppe

In einer Grußadresse an die Teilnehmer der Demonstration in Bonn haben sich eine Reihe deutscher Juden mit den Palästinensern solidarisch erklärt:

In den letzten Wochen haben sich die andauernden Unterdrückungsmaßnahmen der israelischen Behörden gegen das palästinensische Volk weiter verschärft. Unmittelbarer Grund hierfür ist der Versuch, die gewählten kommunalen Vertreter der Palästinenser auf der Westbank und im Gaza-Streifen durch dem Besatzungsregime botmäßige Quislinge zu ersetzen. Dies wird mit einer sogenannten »Zivilverwaltung« bemäntelt, deren Aufgabe nur noch die Beschleunigung der ohnehin durch die Siedlungspolitik betriebenen schleichenden Annexion bedeutet. Eine Politik, die weiter hin die Diskriminierung, Enteignung, Verdrängung und letzthin Vertreibung der Palästinenser zur Folge hat.

Als Juden empfinden wir eine besondere Verpflichtung gegen diese Politik des israelischen Staates unsere Stimme zu erheben.

Wir solidarisieren uns mit dem palästinensischen Volk in seinem Kampf gegen die israelische Unterdrückung- und Verdrängungspolitik, für die Wiederherstellung seiner Rechte.

Wir glauben, dass ohne Anerkennung und kollektiven Rechte des arabisch-palästinensischen und jüdisch-israelischen Volkes – einschließlich der Selbstbestimmung – weder Friede in dieser Region einkehren noch das Überleben der dort lebenden Menschen – gleich welcher Herkunft – gewahrt und garantiert werden kann.

Unterzeichnet von: *Micha Brumlik, Susann Heenen, Moische Postone, John Bunzl, Armando Koziner, Chana Salomon, Daniel Cohn-Bendit, Cilly Kugelmann, Gabriel Schor, Dan Diner, Martin Löw-Beer, Mosche Speier, Amichai Dreyfus, Dalia Moneta, Sammy Speier, Martin Vingron*

Anhang 2: Nakba in Bremen
Bremen: Aufregung um »Nakba«-Ausstellung zur Vertreibung der Palästinenser 1948
Von Sönke Hundt in junge Welt vom 13.02.2015

Die Ausstellung mit dem Titel »Nakba – die Flucht und Vertreibung der Palästinenser 1948«, die vom 18. Februar bis zum 17. März in der Zentralbibliothek in Bremen gezeigt wird, hat in der Hansestadt zu heftigen Auseinandersetzungen – vor allem hinter den Kulissen – geführt. Am Dienstag, während der öffentlichen Sitzung der Kulturdeputation der Bremischen Bürgerschaft, erklärte Bürgermeister Jens Böhrnsen auf Anfrage des Vertreters der CDU, dass mit juristischen Mitteln die Ausstellung wohl nicht mehr verhindert werden könne. Versuche in diese Richtung hatte es mehrere gegeben, vor allem von Seiten der Deutsch-Israelischen Gesellschaft (DIG) und der Jüdischen Gemeinde. Auch eine Gruppierung aus dem sogenannten antideutschen Spektrum (sie nennt sich »C3«, ihre Mitglieder bleiben anonym) meldete sich im Internet zu Wort und forderte, »den renitenten Bremer Antisemiten (...) kein öffentliches Forum zu geben«.

»Hinten herum wurde versucht, die Ausstellung zu verhindern«, bestätigt auch Detlef Griesche, Vorsitzender der Deutsch-Palästinensischen Gesellschaft, gegenüber *junge Welt*. Da das nicht funktionierte, gelte jetzt die neue Devise »totschweigen«. Nur in der *taz* erschien bisher ein Beitrag – unter dem Stichwort »Antisemitismus«. Am Mittwoch habe es dann eine Pressekonferenz gegeben, zu der kein Medienvertreter erschienen sei, so Griesche. Veranstalter der Ausstellung (unter anderem das Bremer Nahost-Forum, Friedensforum, AK Nahost, Deutsch-Palästinensische Gesellschaft, Israelisches Komitee gegen Hauszerstörungen) wollten der Kritik, dass die Ausstellung einseitig wäre, frühzeitig den Wind aus den Segeln nehmen. So ist die DIG eingeladen, auf zwei Schautafeln im Ausstellungsraum ihre Sicht auf die Ereignisse der »Nakba« darzulegen und für die große Podiumsdiskussion – unter Leitung des *Radio Bremen*-Moderators Theo Schlüter – am 4. März im Wallsaal der Zentralbibliothek zwei eigene Vertreter zu benennen.

Eröffnet wird die Ausstellung am 18. Februar von der palästinensischen Botschafterin Dr. Khouloud Daibes (Berlin) und Rolf Verleger (Lübeck). Der Präsident der Bürgerschaft, Christian Weber, wurde angefragt, ob er die Botschafterin begrüßen möchte. »Er entgegnete, er habe keine Zeit«, so Griesche. Für die vielen Begleitveranstaltungen konnten jedoch renommierte Referenten (unter anderem der Historiker Ilan Pappe und Jeff Halper vom Israelischen Komitee gegen Hauszerstörungen) gewonnen werden. Im »Kino 46« läuft ein vielfältiges Filmprogramm, und im Sendesaal Bremen wird es ein Solidaritätskonzert »Weltmusik für den Frieden« mit dem Jugendsinfonieorchester Bremen-Nord unter Martin Lenz mit vielen internationalen Gästen geben

Anhang 3
Schalom 5767 (Berliner Erklärung)

Seit Jahrzehnten leben das israelische und das palästinensische Volk als Nachbarn. Es gäbe viele Möglichkeiten zur Zusammenarbeit und zur gemeinsamen Entwicklung. Stattdessen wird ihr Leben vergiftet durch Krieg und Gewalt, durch Bedrohung und Terror, durch gegenseitigen Hass, Verachtung und Respektlosigkeit.

Das Grundübel ist die seit 1967 andauernde israelische Besetzung palästinensischen Gebiets. Die Besetzung bedeutet Entwürdigung und Entrechtung der Palästinenser. Sie lähmt ihr wirtschaftliches, politisches und soziales Leben. Darüber hinaus verhindert dieses täglich neu erlebte Unrecht einen friedlichen Ausgleich des alten Unrechts, das den Palästinensern mit der Vertreibung von 1948 angetan wurde. All dies treibt die Spirale der Gewalt an.

Es ist an der Zeit, diese Spirale zu durchbrechen und einer dauerhaften Friedenslösung den Weg zu bereiten, die

- dem palästinensischen Volk ein selbstbestimmtes Leben in Würde ermöglicht
- beiden Nationen die Existenz in international anerkannten Grenzen sichert
- die gesamte Region befriedet und dadurch die ganze Erde friedlicher und sicherer werden lässt

In beiden Gesellschaften, der israelischen wie der palästinensischen, gibt es seit langem Stimmen für Verständigung; die »Genfer Vereinbarung« ist dafür wegweisend (www.genfer-initiative.de). Diese Stimmen brauchen Unterstützung.

Nur wenig Unterstützung kommt jedoch aus Deutschland. Das hat seinen Grund: Vor 61 Jahren endete mit der Niederlage Nazi-Deutschlands der unter Führung von Deutschen begangene Massenmord an den Juden Europas. Scham und Trauer über dieses Verbrechen lässt viele Menschen zur Politik des jüdischen Staats Israel schweigen. Aber dieses Schweigen ermöglicht neues Unrecht. Um in diese erstarrte Situation Bewegung zu bringen, haben wir, Jüdinnen und Juden aus Deutschland, als Erstunterzeichnende diese Erklärung auf den Weg gebracht. Denn wir sehen mit Entsetzen, wie der mit so großen Hoffnungen gegründete Staat Israel in einer Sackgasse der Gewalt feststeckt.

Wir fordern die deutsche Regierung auf, mit der Europäischen Union

- die israelische Besatzungspolitik nicht länger zu tolerieren
- kurzfristig den Boykott der Palästinensischen Autonomiebehörde zu beenden
- endlich die Verwirklichung eines lebensfähigen palästinensischen Staates ernsthaft anzustreben, in Gaza und dem gesamten 1967 besetzten Westjordanland einschließlich Ost-Jerusalems, mit voller Souveränität und freiem Verkehr.

Damit wird eine Sicherheitsregelung für die Staaten der Region zu verbinden sein, besonders für das sich bedroht fühlende Israel, ebenso wie für seine Nachbarstaaten.

Fragen des Rückkehrrechts der von Israel 1948 vertriebenen Palästinenser können einvernehmlich gelöst werden, wenn Israel als Zeichen der Versöhnungsbereitschaft die Vertreibung als Unrecht benennt. Der Status Jerusalems als Doppelhauptstadt wird zu klären sein. Ein Vorschlag der Arabischen Liga zur Einigung mit Israel liegt vor. Der Frieden wäre greifbar nahe.

»Was Dir verhasst ist, tu Deinem Nächsten nicht an.« So fasste vor zweitausend Jahren Rabbi Hillel das Wesen des Judentums zusammen. Das sollte auch heute der Leitfaden menschlichen Handelns sein, - auch in der Politik.

Jüdische Erstunterzeichnende der Berliner Erklärung Schalom 5767

Vera Ansbach (Berlin) Ursula Ansbach (Berlin), John Attfield (Geschäftsführer, Buchholz), Dr. Hanna Behrend (Historikerin, Berlin), Dr. Friedel Beier (Rechtsanwältin, Berlin), Edna Bejarano (Sängerin, Hamburg), Esther Bejarano (Sängerin, Hamburg), Joram Bejarano (Musiker, Hamburg), Susan Berger (Berlin), Jutta Bergt (Rentnerin, Weil am Rhein), Judith Bernstein (München), Stacey Blatt (Duisburg), Sharon Blumenthal (Juristin, Köln), Prof. Dr. Y. Michal Bodemann (Soziologe, Berlin / Toronto), Iris Borchardt-Hefets (Biologin, Berlin), Marion Brasch (Journalistin, Berlin), Prof. Dr. Almut Sh. Bruckstein (Philosophin, Berlin), Tsafrir Cohen (Journalist, Berlin) Gerty Colden (Rentnerin, Berlin), Martin Colden (Maler, Berlin), Hilary Coleman (Ärztin und Übersetzerin, Düsseldorf), Ruth Czichon (Berlin), Marianne Degginger (Berlin), Prof. Dr. Wolfgang Edelstein (Bildungsforscher, Berlin), Ursula Epstein (Musikpädagogin, Aachen), Erica Fischer (Schriftstellerin, Berlin), Alfred Fleischhacker (Journalist, Berlin), Dr. Michael Fleischhacker (Biologe, Berlin), Bettina Fraenkel (Behindertenpädagogin, Berlin), Ruth Fruchtman (Autorin, Berlin), Kurt Goldstein (Ehrenvorsitzender Internationales Auschwitz-Komitee, Berlin), Werner Goldstein (Journalist, Berlin), Harri Grünberg (Politologe, Berlin), Kurt Gutmann (Berlin), Hella Händler (Berlin), Werner Händler (Berlin), Doreet Harten (Kuratorin, Berlin), Michal Kaiser-Livneh (Psychotherapeutin, Berlin), Schira Kaiser (Studentin, Berlin), Dr. Inge Lammel (Autorin, Berlin), Dr. Kate Leiterer (Biologin, Berlin), Angelika Levi (Regisseurin, Berlin), Gabriel Lévy (Psychologe, München), Dr. Oswald LeWinter (Autor, Seligenstadt), Dr. Erika Lifsches (Ärztin, Mühlheim/Ruhr), Dr. Edith Lutz (Lehrerin, Köln), Petra Mendelsohn (Bibliothekarin, Berlin), Abraham Melzer (Verleger, Neu-Isenburg), Gerhard Moss (St. Peter-Ording), Deborah Philips (freie Künstlerin, Berlin), Margalith Pozniak (Zahntechnikerin, Hamburg), Sara Reifenberg (Rentnerin, Berlin), Prof. Dr. Fanny-Michaela Reisin (Informatik, Berlin), Michael Riese (Lehrer, Alsfeld), Dr. Ruth Rosenberg (Tierärztin, München), Rafi Rothenberg (Kameramann, Köln), Ruth Rürup-Braun (Innenarchitektin, Karlsruhe), Dr. Sonja Sager (Juristin, Berlin), Shelly Steinberg (Studentin, München), Dr. Klaus Sternberg (Lehrender, Berlin), Dr. Maria Striewe (Ärztin, Neuss), Richard Szklorz (Journalist, Berlin), Prof. Dr. Jochanan Trilse-Finkelstein (Germanist, Berlin), Prof. Dr. Ernst Tugendhat (Philosoph, Tübingen), Nora van der Walde (Lehrerin, Buchholz), Prof. Dr. Rolf Verleger (Psychologe, Lübeck), Dr. Susan Winnett (Literaturwissenschaftlerin, Hamburg), Dr. Andrea Zielinski (Anthropologin, Hamburg)

Literatur

Arendt, Hanna: Eichmann in Jerusalem. Ein Bericht von der Banalität des Bösen, München 1964
Avnery Uri: Israel ohne Zionisten, München 1972
Menachem Begin, The Revolt – Story of the Irgun, Steimatzky, 1977
Benbassa; Esther: Jude sein nach Gaza, Hamburg 2010
Die Bibel: Übersetzung von Dr. Martin Luther
Broder, Henryk M. / Lang, Michael R.: Fremd im eigenen Land
Henryk M. Broder, Hurra, wir kapitulieren, wjs, 2006
Brumlik, Micha, Kein Weg als Deutscher und Jude, München 1996
Brumlik, Micha, Kritik des Zionismus, Hamburg 2007
Buber, Martin: Politische Schriften, Frankfurt 2010
Finkielkraut, Alain: Der eingebildete Jude, München 1982
Freie Jüdische Stimme: Nr. 3, September 1979
Grosbard, Ofer: Israel auf der Couch. Zur Psychologie des Nahostkonflikts, Düsseldorf 2001
Halper, Jeff: Ein Israeli in Palästina. Widerstand gegen Vertreibung und Enteignung. Israel vom Kolonialismus erlösen, Berlin 2010
Theodor Herzl, Altneuland, Hermann Seemann Verlag, Leipzig 1902
Honderich, Ted: Nach dem Terror, Neu-Isenburg 2005
Jüdischer Kalender: 2014–2015
Kohlstruck, Michael/Ullrich Peter, Antisemitismus als Problem und Symbol, Berlin 2015
Levy, Gideon, Schrei, geliebtes Land, Neu-Isenburg 2005

Lohmann, Hans-Martin: Psychoanalyse und Nationalsozialismus. Beiträge zur Bearbeitung eines unbewältigten Traumas, Frankfurt/Main 1984
Hajo Meyere, Das Ende des Judentums. Der Verfall der israelischen, Melzer Verlag, 2005
Mitscherlich, Alexander und Margarete: Die Unfähigkeit zu trauern, München/ Zürich 1985
Ostrovsky, Victor: Der Mossad
Pappe. Ilan: Die ethnische Säuberung Palästinas, Frankfurt/Main 2007 (Neuauflage 2014)
David Ranan, Die Schatten der Vergangenheit, Nicolai, 2013
Sand, Shlomo: Die Erfindung des jüdischen Volkes, Berlin 2008
Sand, Shlomo: Warum ich aufhöre, Jude zu sein, Ein israelischer Standpunkt, Berlin 2013
Schreiber, Rainer: Religion, Volk, Identität, Das Judentum in der Sackgasse des modernen Nationalismus, Aschaffenburg 2014
Segev, Tom: Die Siebte Million, München 1995
Strohmeyer, Arn: Warum für Israel Frieden unmöglich ist, 2014
SEMIT: Nr. 4, Jahrgang 1989
Wild, Petra: Apartheid und ethnische Säuberung in Palästina. Der zionistische Siedlerkolonialismus in Wort und Tat, Wien 2013
Leon de Winter, Das Recht auf Rückkehr, Diogenes 2009
Zuckermann, Moshe: Israels Schicksal. Wie der Zionismus seinen Untergang betreibt, Wien 2014

Anmerkungen

1 Wie ich ein Jude in Deutschland wurde

1 Admonter Heute – Zweiwochenzeitschrift herausgegeben vom UNRRA-Lager Admond

2 Am Abend des Pessach feiern viele jüdische Familien gemeinsam den Sederabend. Dann lesen die Familien gemeinsam die Geschichte vom Auszug des Volkes Israel aus Ägypten und singen, beten und essen.

3 Der Journalist Karl Marx (1897–1966) war während der Zeit des Nationalsozialismus in die Emigration gegangen und gehörte nach 1945 zu den Wiederbegründern der jüdischen Presse in Deutschland.

4 Antisemitismus heute

1 Jürgen Mansel, Viktoria Spaiser: *Ausgrenzungsdynamiken. In welchen Lebenslagen Jugendliche Fremdgruppen abwerten.* Beltz Juventa (Weinheim und Basel) 2013

5 Die Mär vom neuen Antisemitismus

1 Zentrum für Antisemitismusforschung an der TU in Berlin, Centrum für jüdische Studien Graz, Bericht des Unabhängigen Expertenkreises Antisemitismus des Deutschen Bundestages, weitere Kooperationspartner finden sich auf der Website des ZfA: http://www.tu-berlin.de/fakultät_i/zenrum_fuer_antisemitismusforschung/menue/kooperationspartner

2 Michael Kohlstruck, Peter Ullrich 2015: *Antisemitismus als Problem und Symbol. Phänomene und Interventionen in Berlin,* Berliner Forum Gewaltprävention 52 (unter Mitarbeit von Franziska Paul und Jakob Quentin), 2., korr. Auflage 2015 Berlin: Landeskommission Berlin gegen Gewalt.

6 Israel – nicht mein Land

1 Es ist immer eine heikle Sache, wenn sich eine Regierung in die innenpolitischen Angelegenheiten eines anderen Staates einmischt. Das gilt erst recht für die deutsch-israelischen Beziehungen. Es muss daher wirklich ernst sein, wenn sich die Bundesregierung »besorgt über das innenpolitische Klima« in Israel äußert. SPON 11.7.2016

2 Interview mit der Tageszeitung Maariv, 6. Nov. 2015

3 Simcha Flappan: *Die Geburt Israels*, Melzer Verlag, Neu-Isenburg 2005

4 http://www.nexusboard.net/sitemap/6365/das-haavara-abkommen-ua-judische-auswanderungen-t296556/

5 Tom Segev: *Die siebte Million. Der Holocaust und Israels Politik der Erinnerung*. Rowohlt, Reinbek bei Hamburg 1995.
Yfaat Weiss: »Ha'avara-Abkommen«, in: Dan Diner (Hrsg.): *Enzyklopädie jüdischer Geschichte und Kultur* (EJGK). Band 2, Metzler, Stuttgart/Weimar 2012, S. 490–494

6 Quelle: Tom Segev, a. a. O.

7 www.achgut.com/artikel/geert_wilders_ich_habe_eine_mission www.Spiegel.de/ Kultur/Gesellschaft 30.03.2008 – Der niederländische Politiker Geert Wilders wegen seines Video-Pamphlets »Fitna« und Henryk M. Broder: henryk-broder.com/hmb.php/blog/article/4771

8 El-Khaldi, ein liberaler Palästinenser, ehemaliger Bürgermeister von Jerusalem, fürchtete trotz seiner Sympathie für die jüdischen Siedler einen Interessenkonflikt mit der palästinensischen Bevölkerung.

9 *Breaking the Silence*: Israelische Soldaten berichten von ihrem Einsatz in den besetzten Gebieten. Econ Verlag, Berlin 2012

7 Nicht in meinem Namen: der Zentralrat der Juden in Deutschland

1 Die Schätzungen über die Anzahl der Nuklearsprengköpfe beruhen in der Regel auf Berechnungen, wie viel waffenfähiges Material die Reaktoren in Israel jährlich produzieren können. Israelische Wissenschaftler nannten 1982 die Zahl von 250 Sprengköpfen. Die Federation of American Scientists vermutete 2007, dass Israel über 100 bis 250 Atomsprengköpfe für Mittelstreckenraketen verfüge. Oberstleutnant Warner D. Farr von der Air University der US-Luftwaffe schätzte die Zahl der Atomsprengköpfe für das Jahr 1997 auf über 400. Das International Institute for Strategic Studies vermutete 2009 hingegen eine Zahl von bis zu 200 Sprengköpfen.

2 Henryk M. Broder, Michel R. Lang (Hrsg.): *Fremd im eigenen Land*. Juden in der Bundesrepublik. Fischer Taschenbuch, Frankfurt 1979,

3 Henryk M. Broder, Michel R. Lang, a. a. O.

4 »Israelis in Berlin. Wie viele und was zieht sie nach Berlin?« *Süddeutsche Zeitung*
5 http://www.zeit.de/2014/41/juden-deutschland-antisemitismus
6 Joseph Roth, Romane und Erzählungen, S. 1179.

8 Importierter Antisemitismus unter Flüchtlingen?

1 http://www.faz.net/aktuell/feuilleton/debatten/zentralratspraesident-schuster-ueber-fluechtlinge-13935952.html
2 »Nahost-Konflikte erreichen deutsche Schulhöfe«, *DIE WELT*, 24.Juli 2017
3 ebenda
4 ebenda
5 ebenda
6 ebenda
7 ebenda
8 *DIE ZEIT* Nr. 10 vom 5. März 2015
9 *DIE WELT* vom 26. Juni 2017 »Die Mär vom liberalen Islam«
10 https://www.plattentests.de/forum.php?topic=54890&seite=2

9 Mein Antizionismus

1 Brumlik, Micha: Kein Weg als deutscher und Jude. Eine bundesrepublikanische Erfahrung. Ullstein, Berlin 2000
2 Aufruf im Anhang Seite
3 Alan Hart, Zionismus gegen Judentum, Zambon Verlag, 2015
4 Genesis 25, 12-18

10 Mein Judentum

1 Sand, Shlomo: Die Erfindung des jüdischen Volkes. Israels Gründungsmythos auf dem Prüfstand. Propyläen Verlag, Berlin, 2010
2 Stammesreligionen sind Religionen, die sich durch Tradition entwickelt haben. Sie sind häufig kleinere Religionsgemeinschaften, die über einen regionalen Raum begrenzt sind und sich über ein bestimmtes Siedlungsgebiet erstrecken. Bei Stammesreligionen sind die Ethnie und die Religion sehr stark miteinander verbunden. Weltweit leben ca. 100 Millionen Menschen, die einer Stammesreligion angehören.
3 Eretz Israel ist die traditionelle, religiöse Bezeichnung für das Land Israel
4 Simon bar Kochba war ein jüdischer Rebell und messianischer Prätendent, der von 132 bis 135 nach Christus den Bar-Kochba-Aufstand gegen das Römische Reich unter Kaiser Hadrian führte. .

5 Die ehemalige jüdische Festung Masada befindet sich in Israel am Südwestende des Toten Meeres. Auf der Festung, die von Herodes gebaut wurde, fand der letzte Kampf gegen die römischen Legionen von Titus statt, der später Kaiser wurde. Als die jüdischen Verteidiger erkannten, dass sie die Römer nicht besiegen können und diese früher oder später die Festung erobern werden, haben sie sich alle umgebracht.
6 Josephus Flavius, Geschichte des Jüdischen Kriegs,
7 Haman und Mordechai sind die Hauptfiguren aus dem Buch Esther im Alten Testament.

11 Broder, Brumlik & Co

1 Henryk M. Broder: »Ihr bleibt die Kinder Eurer Eltern« und »Warum ich gehe.« In: *DIE ZEIT*, 27. Februar 1981.
2 http://www.achgut.com/artikel/ein_lupenreiner_antisemit_eine_antisemitische_dreckschleuder/
3 http://www.achgut.com/artikel/ein_lupenreiner_antisemit_eine_antisemitische_dreckschleuder/
4 http://www.focus.de/kultur/medien/henryk-m.broder_aid_823406.html
5 https://web.archive.org/web/20100302194642/http://www.weltwoche.ch/weiche/artikel-fuer-abonnenten.html?hidID=536975
6 https://de.europenews.dk/Henryk-M-Broder-reloaded-Die-Opferluege-der-islamischen-Einwanderer-92880.html
7 www.tagesspiegel.de/Medien. Der deutsche Publizist *Henryk M. Broder* wird im »Manifest« des mutmaßlichen Rechtsterroristen Anders Behring Breivik zitiert.
8 http://von-den-einzigwahren-freunden-israels.blogspot.de/2010/01/henryk-m-broder-leon-de-winter-walter.html
9 Ostrovsky, Victor: Geheimakte Mossad. Die schmutzigen Geschäfte des israelischen Geheimdiensts. Goldmann Verlag, München 1996
10 http://www.tagesSpiegel.de/medien/henryk-m-broder-den-adolf-gemacht/1090752.html
11 http://www.achgut.com/artikel/todenhoefer_du_alter_heuchler_sitzt_du_immer_noch
12 https://www.blauenarzisse.de/die-taz-verliert/; https://sezession.de/53132/linksliberales-stuehleruecken.html
13 http://www.achgut.com/artikel/schweinchen_schlau_und_die_sprechende_kanonenkugel
14 http://www.achgut.com/artikel/mit_musikalischer_begleitung_ins_kz/P5

15 http://www.achgut.com/artikel/der_herr_der_fliegen
16 15.08.2000 achgut.com Der Schmock der Woche, Günther Rühle und das Ende der Schonzeit.
17 http://www.sueddeutsche.de/politik/juedische-kritik-an-israel-das-schweigen-der-diaspora-1.2123305
18 Der Link ist online nicht mehr zu erreichen. Das Zitat wird aber auf einigen Seiten veröffentlicht: http://www.hronline.de/website/radio/hr2/index.jsp?rubrik=22564&key=standard_podcasting_hr2_doppelkopf&mediakey=podcast/hr2_doppelkopf/hr2_doppelkopf_20090625&type=a
19 »Die Achse des Guten« vom 02.08.2014
20 »Die Achse des Guten« vom 18.12.2013
21 http://www.achgut.com/artikel/horst_eberhard/
22 https://www.youtube.com/watch?v=8WdDCPsz-uE
23 https://www.youtube.com/watch?v=8WdDCPsz-uE
24 Thomas Rothschild ist ein britisch-österreichischer Literaturwissenschaftler, Hochschullehrer an der Universität Stuttgart, Autor und Journalist.
25 Lea Fleischmann, Dies ist nicht mein Land, Hoffmann und Campe 1990

12 Meine Fehde mit Micha Brumlik

1 Freie Jüdische Stimme, Nr. 3, Köln, September 1979

13 Wie Günter Grass diffamiert wurde

1 http://www.zeit.de/politik/ausland/2010-08/israel-iran
2 https://www.welt.de/politik/article2230158/Stehen-Israel-und-Iran-kurz-vor-einem-Atomkrieg.html
3 http://www.theeuropean.de/mark-t-fliegauf/10757-broder-kritik-an-guenter-grass
4 http://www.jpost.com/Israel-News/Rabbi-Yosef-Elitzur-author-of-The-Kings-Torah-allegedly-praised-price-tag-attacks-474517
5 https://lizaswelt.net/2016/08/03/breaking-the-silence-propaganda-statt-aufklaerung/
6 www.audiatur-online.ch/2015/04/28/israel-die-palaestinenser-und-das-wasser/
7 Rupert Neudeck: *Ich will nicht mehr schweigen – über Recht und Gerechtigkeit in Palästina*, Melzer Verlag Neu-Isenburg 2005
8 Erich Fried, Höre Israel, Melzer Verlag Neu-Isenburg, 2005

14 Honestly Concerned

1 Klaus Faber, Julius H. Schoeps und Sacha Stawski (Hrsg.): *Neu-alter Judenhass. Antisemitismus, arabisch-israelischer Konflikt und europäische Politik*. Verlag für Berlin-Brandenburg. Berlin 2006

16 Israels Botschafter als Propagandist

1 http://www.theeuropean.de/yakov-hadas-handelsman

17 Die Antideutschen und die Querfront zur Neuen Rechten

1 http://www.zeit.de/zeit-magazin/2017/12/antideutsche-israel-linke-deutschland/

2 *konkret* 5/02

3 https://quotenqueen.wordpress.com/2016/12/11/geheimdienst-schnueffelte-wegen-wilders-israel-verbindung/

18 Zensur für Israel?

1 In: »Israelkritik oder Antisemitismus? Kriterien für eine Unterscheidung«, in: *Kirche und Israel. Neukirchener Theologische Zeitschrift*, Heft 1/2013.

19 Haben Juden Anlass zur Sorge?

1 Gusch Emunim, der »Block der Getreuen«, ist eine jüdische, außerparlamentarische, nationalreligiöse Organisation in Israel. Sie wurde 1974 von Absolventen der Jerusalemer Jeschiwa Merkas HaRaw Kook gegründet. Ziel des Gusch Emunim ist die jüdische Besiedlung ganz Eretz Israels, des Gebietes, das nach biblischer Überlieferung den Juden von Gott als Land verheißen wurde. Als geistige Väter des Gusch Emunim gelten Abraham Isaak Kook (1865–1935), der erste aschkenasische Oberrabbiner Palästinas während der britischen Mandatszeit, und sein Sohn Zwi Jehuda Kook (1891–1982).

2 Hillel war einer der bedeutendsten pharisäischen Rabbiner aus der Zeit vor der Zerstörung des zweiten Tempels, Vorsteher des Sanhedrin und Gründer einer Schule zur Auslegung der Schrift, auf den sich Juden bis heute oft berufen. Er lebte um 30 v. Chr.